UTB 5039

Eine Arbeitsgemeinschaft der Verlage

Böhlau Verlag · Wien · Köln · Weimar
Verlag Barbara Budrich · Opladen · Toronto
facultas · Wien
Wilhelm Fink · Paderborn
A. Francke Verlag · Tübingen
Haupt Verlag · Bern
Verlag Julius Klinkhardt · Bad Heilbrunn
Mohr Siebeck · Tübingen
Ernst Reinhardt Verlag · München
Ferdinand Schöningh · Paderborn
Eugen Ulmer Verlag · Stuttgart
UVK Verlag · München
Vandenhoeck & Ruprecht · Göttingen
Waxmann · Münster · New York
wbv Publikation · Bielefeld

Georg Eckert / Thorsten Beigel

Historisch Arbeiten

Handreichung zum Geschichtsstudium

Vandenhoeck & Ruprecht

PD Dr. Georg Eckert lehrt Neuere Geschichte an der Bergischen Universität Wuppertal.

Dr. Thorsten Beigel ist Wissenschaftlicher Mitarbeiter für Alte Geschichte an der Bergischen Universität Wuppertal.

Online-Zusatzmaterialien zum Buch finden Sie unter http://www.utb-shop.de/9783825250393.

Bibliografische Information der Deutschen Nationalbibliothek:
Die Deutsche Nationalbibliothek verzeichnet diese Publikation in der Deutschen Nationalbibliografie; detaillierte bibliografische Daten sind im Internet über http://dnb.de abrufbar.

© 2019, Vandenhoeck & Ruprecht GmbH & Co. KG,
Theaterstraße 13, D-37073 Göttingen

Umschlagbild: „Der Pferdedieb von Berlin" – Karikatur auf Napoleons Raub der Quadriga vom Brandenburger Tor. Radierung (um 1813). © bpk/Kunstbibliothek, SMB/Knud Petersen

Umschlaggestaltung: Atelier Reichert
Satz: SchwabScantechnik, Göttingen
Druck und Bindung: Plump Druck & Medien GmbH, Rheinbreitbach
Printed in the EU

Vandenhoeck & Ruprecht Verlage | www.vandenhoeck-ruprecht-verlage.com

UTB-Band-Nr. 5039
ISBN 978-3-8252-5039-3

Inhalt

Einleitung: Historisch! Arbeiten!

Historisch Arbeiten ist kein Hexenwerk, sondern ein Handwerk: ein facettenreiches und kreatives, dessen Ausübung ein ungeheures Privileg darstellt, eines der schönsten Handwerke überhaupt. Man kann es erlernen. Man muss es geduldig erlernen, wenn man es mit Freude und Erkenntnisgewinn betreiben möchte – für sich selbst und für andere.

Zum Zweck des Buches: Geschichtswissenschaft als Handwerk

Übung macht den Meister.[1] Wie jedes Metier hat auch Historisch Arbeiten seine eigenen Techniken und Methoden. Das nötige Handwerkszeug stellt diese Handreichung zum Geschichtsstudium vor: anhand von Beispielen aus der konkreten Quellenarbeit und getragen von vielfältigen Erfahrungen aus dem Alltag universitärer Lehrveranstaltungen in mittlerweile gut achtzig Semestern – zunächst als Studenten, später als Hochschullehrer.

Historisch Arbeiten will also gelernt und geübt sein: über viele Semester hinweg, nicht von einem Tag auf den anderen. Zu Lernprozessen gehören auch Fehler. Manche davon sind nachgerade nötig, viele indes unnötig – sie lassen sich durch gründliches Nachdenken und stete Aufmerksamkeit vermeiden. Das gilt zumal für Fehler jenseits der besonderen Regeln unseres Metiers und der Wissenschaft. Rechtschreibfehler beispielsweise braucht man nicht erst zu begehen, um sie vermeiden zu können. Hier heißt es schlichtweg: Arbeiten! Und erst dann: Historisch!

Deshalb weist das vorliegende Buch auch und gerade auf zahlreiche kleine Fehlerquellen hin, aus denen große Enttäuschungen resul-

---

1 Auch den großen Meister macht die Übung, wie etwa die folgende Sammlung von Schreiberfahrungen prominenter Gelehrter lehrt: Narr, Wolf-Dieter/Stary, Joachim (Hg.): Lust und Last des Wissenschaftlichen Schreibens. Hochschullehrerinnen und Hochschullehrer geben Studierenden Tips, Frankfurt am Main ²2000.

tieren können: für denjenigen, der historisch arbeitet, ebenso wie für sein Publikum. In dieser Praxisnähe und in seiner unmittelbaren Orientierung am konkreten Arbeitsprozess ergänzt es die mannigfachen Einführungsdarstellungen ins Studium der Geschichte und in die Geschichtswissenschaft.[2] Es versucht, exemplarisch darzustellen, was eigentlich gar nicht darstellbar ist. In einer Manufaktur gleicht kein Produkt exakt dem anderen.

Kurzum

Jedes Produkt des Historisch Arbeitens entsteht als Unikat, als kleines Kunstwerk für sich – weil jede Quelle einzigartig ist und ebenso jeder, der darüber nachdenkt. Entwickeln Sie also getrost Handwerkerstolz!

Historisch Arbeiten: Einheit in der Vielheit der Epochen

Historisch Arbeiten ist eine Einheit. Gleichwohl präsentiert sich Geschichte in den Universitäten eher als Vielheit: in eigenen Abteilungen für Alte Geschichte, für Mittelalterliche Geschichte, für Neuere Geschichte und für Zeitgeschichte.[3] Diese übliche, oftmals noch weitaus differenziertere Einteilung in Epochen resultiert auch aus praktischen Gründen. Wie jede Wissenschaft ist die Geschichtswissenschaft arbeitsteilig organisiert. Schon einzelne Epochen umfassen ungeheuer viel Quellen-Material, in dem ungeheuer viele Ereignisse und Entwicklungen greifbar werden – handzuhaben wiederum erst mit speziellen Fertigkeiten wie Sprachkenntnissen und Spezialwissen aus der anwachsenden Fachliteratur. Außerdem hat die Geschichte

---

2 Darunter wären etwa zu empfehlen: Jordan, Stefan: Einführung in das Geschichtsstudium, Stuttgart 2005; Freytag, Nils/Piereth, Wolfgang: Kursbuch Geschichte. Tipps und Regeln für wissenschaftliches Arbeiten, Paderborn [5]2011. Mit Blick auf das Internet: Danker, Uwe/Schwabe, Astrid: Geschichte im Internet, Stuttgart 2017.
3 Daran orientieren sich auch empfehlenswerte praxisnahe Einführungsdarstellungen wie: Blum, Hartmut/Wolters, Reinhard: Alte Geschichte studieren, Konstanz [2]2011; Hartmann, Martina: Mittelalterliche Geschichte studieren, Konstanz 2004; Emich, Birgit: Geschichte der Frühen Neuzeit studieren, Konstanz 2006; Wolbring, Barbara: Neuere Geschichte studieren, Konstanz 2006.

eine Sonderstellung unter den Wissenschaften: Geschichte wird zwar nicht jeden Tag besser, aber wächst mit jedem Tag an! Vergangenheit veraltet nicht, auch „alte" Deutungen tragen kein Verfallsdatum in sich. Sie verlieren keineswegs ihre Relevanz und Überzeugungskraft, bloß weil sie „alt" sind.

Man kann die steigende Spezialisierung beklagen, weil der Zusammenhang der gesamten Geschichte immer weniger sichtbar und darstellbar gerät. Aber sie wird mit jedem Fortschritt in Wissen und Methoden unvermeidlicher und schlägt sich zuerst in der Konzentration auf bestimmte Epochen nieder. Manche Historiker beschäftigen sich vornehmlich mit der griechisch-römischen Antike (ca. 1500 v. Chr. bis 600 n. Chr.), andere mit dem christlichen Mittelalter (ca. 600 bis 1450), andere mit der Frühen Neuzeit (ca. 1450 bis 1850), weitere wiederum mit der Geschichte unserer Gegenwart. Zusätzlich zu solchen Spezialisierungen in der Zeit bestehen unzählige andere wie etwa solche im Raum: für die Geschichte bestimmter Orte, Städte, Landschaften, Territorien, Länder, Staaten, Kontinente, ja der Welt insgesamt. Historisch Arbeiten reicht von der Früh- bis zur Zeitgeschichte, von der Lokal- bis hin zur Globalgeschichte.

Mitunter quer zu diesen Spezialisierungen liegen solche, die an bestimmte Quellen, an bestimmte Methoden und an besondere Gegenstände gebunden sind. Das spiegeln die Binnenfächer der Geschichtswissenschaft wider, darunter Politik-, Ideen-, Wirtschafts-, Sozial-, Kultur-, Wissenschafts-, Technik-, Migrations- oder Geschlechtergeschichte und viele mehr. Diese Auflistung gibt nur einen Vorgeschmack auf unterschiedliche Herangehensweisen.[4] Letztere stehen überdies oft in engem Kontakt mit Disziplinen außerhalb der Geschichtswissenschaft, die selbst historisch arbeiten: zum Beispiel die Literatur- oder die Rechts- oder die Religions- beziehungsweise Theologiegeschichte oder die Ethnologie.

Diese Zugänge zur Vergangenheit unterscheiden sich weniger im Prinzip als in den jeweiligen Quellen und im konkreten Umgang damit. Kunsthistoriker brauchen zur Analyse ihrer Bildquellen andere

---

4   Details etwa bei: Jordan, Stefan: Theorien und Methoden der Geschichtswissenschaft, Stuttgart ³2015; Cornelißen, Christoph (Hg.): Geschichtswissenschaften. Eine Einführung, Frankfurt am Main ⁴2000.

Kenntnisse und Methoden als Historiker, die aus Staatsverträgen und amtlichen Korrespondenzen die Geschichte der Internationalen Beziehungen rekonstruieren. Gleichwohl bestehen zwischen allen Binnenfächern sinnvolle Verbindungen, auch zwischen diesen exemplarisch genannten: Rembrandt war Künstler und Diplomat zugleich.

Historiker, die mit seriellen Quellen wie Taufregistern oder Steuerlisten arbeiten, nutzen wiederum andere Analysemethoden: quantitative, im weitesten Sinne statistische. Sie setzen eher sozialwissenschaftliche Verfahren ein als hermeneutische, die ihrerseits auf den Sinn einer Text-, Bild- oder sonstigen Quelle gerichtet sind. Wie viele Quellentypen, so viele besondere Merkmale, die es bei der Deutung zu beachten gilt. Deshalb widmet sich eine eigene Subdisziplin, die sogenannten Historischen Hilfswissenschaften,[5] der Nutzbarmachung vor allem vormoderner Quellen mit ihren spezifischen Bestandteilen: zum Beispiel Inschriften (Epigraphik), Münzen (Numismatik) oder Siegel (Sphragistik) – während sich „Digital Humanities"[6] einerseits mit digitalen Quellen, andererseits mit der digitalen Aufbereitung von nicht-digitalen Quellen auseinandersetzen.

Zu vielen Teilfächern der Geschichtswissenschaft gehören daher spezielle Konventionen beziehungsweise Praktiken, die in anderen Teilfächern wiederum keine wesentliche Funktion hätten und deshalb kaum genutzt werden (können). Wer römische Inschriften studiert, bedarf anderer Werkzeuge als ein Filmhistoriker – beide brauchen Zitationsweisen, die ihren Quellen gerecht werden, beide benötigen eigene Standardwerke, Fachzeitschriften, Datenbanken und vieles mehr. Sämtliche Spezialdisziplinen und ihre Instrumente aufzulisten, würde den Rahmen dieser Einführung sprengen;[7] deshalb finden Sie im Folgenden nur gelegentlich kursorische Verweise auf das jeweils epochen-, disziplin- und quellenspezifische Hand-

---

5 Brandt, Ahasver von: Werkzeug des Historikers. Eine Einführung in die Historischen Hilfswissenschaften, Stuttgart [18]2012.

6 Jannidis, Fotis/Kohle, Hubertus/Rehbein, Malte (Hg.): Digital Humanities. Eine Einführung, Stuttgart 2017.

7 Orientierung stiften etwa: Eibach, Joachim/Lottes, Günter (Hg.): Kompass der Geschichtswissenschaft. Ein Handbuch, Göttingen [2]2011; Goertz, Hans-Jürgen (Hg.): Geschichte. Ein Grundkurs, Reinbek bei Hamburg [3]2007.

werkzeug – und Beispiele, an denen sichtbar wird, was alle Teilfächer eben doch verbindet.

Denn egal, welche Epoche Sie anhand welcher Quellen und mit welcher Fragestellung untersuchen: Das Prinzip bleibt sich gleich. Historisch Arbeiten verbindet alle, die sich der wissenschaftlichen Erforschung der Geschichte beziehungsweise spezifischer Geschichten widmen. Es bezeichnet eine Denkweise, die wir gemeinsam pflegen – unabhängig vom Gegenstand, an dem wir arbeiten: Wir wollen Vergangenes erklären. Das ureigene Material aller Historiker dazu sind Quellen. Jenseits aller notwendigen Spezialisierungen lautet das besagte gemeinsame Prinzip: „ad fontes", das heißt: „zu den Quellen"!

Kurzum

Wer historisch arbeitet, richtet seinen Blick immer ad fontes: Jede Untersuchung muss von Quellen ausgehen, dem Rohstoff aller historischen Erkenntnisbildung – und sich mit ihnen auf dem jüngsten Stand der Literatur befassen, also den Werkzeugen der Erkenntnis. Bindeglied zwischen beiden Elementen ist die jeweilige Fragestellung: der Aspekt, unter dem Sie die von Ihnen ausgewählte Quelle untersuchen und erklären.

Was heißt „Historisch Arbeiten"? Zur Orientierung

Umgangsweisen mit Geschichte gibt es viele. Nicht alle davon sind wissenschaftlich angeleitet. Das ist so, und wahrscheinlich muss es sogar so sein. Geschichte gehört nicht den Historikern allein, sondern ist formender Bestandteil kollektiver und individueller Identitäten. Sie dient persönlicher wie gesellschaftlicher Selbstverständigung. Deshalb werden selbst tagespolitische Diskussionen immer wieder im Medium der Geschichte geführt, deshalb betreiben Geschichtsphilosophien[8] historische Standortbestimmungen.

---

8   Baberowski, Jörg: Der Sinn der Geschichte. Geschichtstheorien von Hegel bis Foucault, München 2005. Einen Überblick anhand von Quellentexten ermöglichen: Hardtwig, Wolfgang (Hg.): Über das Studium der Geschichte, München 1990; Rau, Susanne/Studt, Birgit (Hg.): Geschichte schreiben. Ein Quellen- und Studienhandbuch zur Historiographie (ca. 1350–1750), Berlin 2010.

Historisch Arbeiten hingegen meint mehr und zugleich weniger. Es beschränkt sich nicht auf die Geschichtswissenschaften, sondern lässt sich in allen Disziplinen anwenden. Ein Biologe, der die Entstehung der Arten erforscht, arbeitet im weitesten Sinne historisch, ebenso ein Ökonom, der frühere Wirtschaftskrisen untersucht. Beide möchten Phänomene der Vergangenheit erklären, ebenso wie ein Historiker – idealiter „sine ira et studio", „ohne Zorn und Parteieifer",[9] wie es der römische Geschichtsschreiber Tacitus formuliert hat. Dieser Rat soll vor einer großen Versuchung bewahren. Sie ist menschlich. Man darf ihr zwar nachgeben, muss es bisweilen womöglich gar: Es ist die Versuchung eines Richteramtes, das Gestalten oder Geschehnisse aus der Vergangenheit für gut oder schlecht, für fortschrittlich oder rückschrittlich befinden zu müssen meint. Jede Gegenwart urteilt über die Vergangenheit und vor allem über deren angebliche Moral oder Unmoral. Aber daraus kann kein wissenschaftlicher Beruf entstehen; Wissenschaft ist kein Weltgericht. Darauf haben die Pioniere der wissenschaftlichen Geschichtsschreibung bestanden, die Gelehrten des Historismus im 19. Jahrhundert.[10] **Schauprozesse über die Vergangenheit sind das Gegenteil des Historisch Arbeitens, das verstehen statt verurteilen will.**

Ähnliche Vorbehalte gelten für respektive wider Patentrezepte, die sich vermeintlich aus der Vergangenheit für die Gegenwart gewinnen ließen. Derlei gehört gewiss ebenso unvermeidlich zur gesellschaftlichen Auseinandersetzung mit Geschichte, gewiss aber ebensowenig zur wissenschaftlichen: Der Historiker ist eher „rückwärts gekehrter Prophet"[11] als qualifizierter Glaskugelleser für die Zukunft. Wer Gedanken aus den Quellen als angemessen oder gar objektiv richtig beziehungsweise falsch bewerten möchte, arbeitet desgleichen nicht mehr historisch. Moralische, religiöse, ideologische oder psychologische Programmaussagen haben hier keinen Platz. Die Antike für besser oder kultivierter zu halten als das

---

9 Tac. Ann. I 1.
10 Jaeger, Friedrich/Rüsen, Jörn: Geschichte des Historismus. Eine Einführung, München 1992; Nordalm, Jens (Hg.): Historismus im 19. Jahrhundert. Geschichtsschreibung von Niebuhr bis Meinecke, Stuttgart 2006.
11 So besagt das vielzitierte Fragment: Schlegel, Friedrich: Athenaeum, Band 1 (1798), Zweites Stück, S. 20.

angeblich so dunkle Mittelalter, ist eher ein Urteil des Geschmacks als der wissenschaftlichen Präzision. **Historisch Arbeiten heißt Beschreiben, nicht Bewerten.**

Daraus folgt nicht, dass man jeder Quelle beizupflichten hätte oder gar gut respektive richtig finden müsste, was sie behauptet – ganz im Gegenteil: Manche Historiker arbeiten an entsetzlichen Quellen. Holocaust-Historiker beispielsweise nutzen die abstoßende Kraft ihrer Quellen, andere hingegen die anziehende. Aus dieser Reibungsenergie gewinnen sie Verständnis dafür, warum es so gekommen ist, wie es gekommen ist. Wer wirklich historisch arbeitet, muss sich seine Helden und seine Ideale vom Leibe halten. **Historiker machen sich nicht einmal mit der besten Sache gemein.**

Das ist auch der Sinn eines vielfach und vielfach falsch zitierten Mottos, das einer der wirkungsmächtigsten deutschen Historiker des 19. Jahrhunderts ausgegeben hat, Leopold von Ranke: „Man hat der Historie das Amt, die Vergangenheit zu richten, die Mitwelt zum Nutzen zukünftiger Jahre zu belehren, beygemessen: so hoher Aemter unterwindet sich gegenwärtiger Versuch nicht: er will bloß sagen, wie es eigentlich gewesen".[12] Das schließt ein, Aussagen der Zeitgenossen nicht für bare Münze zu nehmen. Vielmehr gilt es, sie zu durchschauen und unausgesprochene Absichten oder Annahmen zwischen den Zeilen zu entdecken. **Am Ende kommt es darauf an, die Zeitgenossen zu verstehen: eigentlich sogar besser, als sie selbst ihr eigenes Handeln verstanden hätten.**[13]

In diesem Sinne heißt Historisch Arbeiten also: Geschehnisse, Entwicklungen, Strukturen, Personen et cetera aus der Vergangenheit nachvollziehen und verstehen zu wollen. Das bedeutet vor allem, sich auf die zeitgenössische Sicht der Dinge einzulassen, statt posthume Besserwisserei zu betreiben; es beinhaltet auch, das nachträg-

---

12 Ranke, Leopold von: Geschichten der romanischen und germanischen Völker von 1494 bis 1514, Leipzig/Berlin 1824, S. Vf.

13 Oder in Humboldts Formulierung: Der Historiker sucht nach „Ideen, die, ihrer Natur nach, ausser dem Kreise der Endlichkeit liegen, aber die Weltgeschichte in allen ihren Theilen durchwalten und beherrschen": Humboldt, Wilhelm von: Über die Aufgabe des Geschichtsschreibers, in: Wilhelm von Humboldt: Werke in fünf Bänden, Band 1: Schriften zur Anthropologie und Geschichte, hg. v. Andreas Flitner/Klaus Giel, Darmstadt 1960, S. 585–606, hier: S. 601.

liche Wissen um die spätere Entwicklung hintanzustellen – und alles aus seiner Vor- statt Nachgeschichte zu erklären. **Historisch arbeitet, wer zu fragen versucht, wie es hat kommen können, nicht aber, wer zu beweisen strebt, wie es habe kommen müssen.**

Zahlen, Daten, Fakten sind dabei höchst relevant – als Voraussetzung jeglicher Erkenntnis. Historisch Arbeiten erfordert unbedingt die Kenntnis der handelnden Personen, der Chronologie der Ereignisse, der Geographie und vieler Aspekte mehr. Aber intellektuelle Ordnung entsteht nicht durch bloße Aneinanderreihung von Phänomenen, sondern letztlich durch die Suche nach kausalen Zusammenhängen. Abzuwägen, wo sich tatsächlich Ursache und Wirkung aufeinander beziehen lassen und wo eher nicht, gehört zu den anspruchsvollsten Anforderungen an den Historiker. **Das Wissen darum, was geschehen ist, ist erst die notwendige Bedingung für das Ringen um Erklärungen, wie und warum es wahrscheinlich geschehen ist.**

Kurzum

Historiker sammeln keine Fakten. Historiker machen Fakten: indem sie entscheiden, welche vergangenen Ereignisse und Entwicklungen ihre Aufmerksamkeit verdienen – und welcher weiterer Ereignisse und Entwicklungen es wiederum bedarf, um sie zu erklären. Historiker müssen begründen, welche ausgewählten Phänomene der Vergangenheit sie für darstellenswert halten und welche nicht. Historisch Arbeiten zwingt zum Weglassen!

Zum Aufbau des Buches: Ein Wegweiser

Dieses Buch folgt idealtypisch den drei großen Schritten auf dem Weg zu einer guten schriftlichen Arbeit oder zu einem gelungenen Vortrag – den gängigsten Darstellungsformen für Erkenntnisse, die aus Historisch Arbeiten entstehen. In der Realität finden diese Schritte nicht nacheinander, sondern nebeneinander statt: nur eben mit unterschiedlichen Schrittweiten in den unterschiedlichen Etappen. Am Anfang des Weges steht meist „Suchen und Finden", darauf folgt „Lesen und Denken", am Ende steht „Reden und Schreiben".

> **Kurzum**
>
> Wissenschaft ist ein Prozess, der niemals abgeschlossen ist. Er endet immer nur vorläufig – als großer Dialog mit allen, die schon einmal zum Thema gearbeitet haben.

Dass der Weg zur Hausarbeit im Folgenden besonders anschaulich dargestellt wird, beruht auf zwei pragmatischen Erwägungen. Erstens stellt die Hausarbeit in allen Teilgebieten der Geschichtswissenschaft eine Art Königsdisziplin des Studiums dar. Dieser auch in vielen Prüfungsordnungen festgelegte Vorrang ist zweitens gut zu rechtfertigen: Wer eine Hausarbeit zu erstellen und also die Resultate seiner Quellenanalyse kompetent darzulegen versteht, wird um so leichter einen anregenden Essay verfassen oder ein überzeugendes Referat halten – oder gar eine Doktorarbeit[14] erstellen können.

Suchen und Finden begleitet das Historisch Arbeiten fortwährend, prägt es indes von Anfang an. Die Recherche ist nicht bloß Voraussetzung, sondern bereits wesentlicher Bestandteil des Historisch Arbeitens: Je besser die „Rohstoffe", desto besser am Ende das „Produkt". Vorzügliche Bedeutung trägt also die Recherche nach Quellen – sowie nach dem jeweils passenden Instrumentarium: vor allem einschlägige Literatur und Bearbeitungsmittel wie Wörterbücher, Kommentare oder Nachschlagewerke. Anregungen aus anderen Epochen und Disziplinen können eine informierte und interessante Thesenbildung enorm bereichern.

> **Kurzum**
>
> Wer gut sucht, hat also schon gefunden: reichhaltige Quellen, das passende Instrumentarium der Fachliteratur, Anregungen für die eigene Deutung und bereits die erste inhaltliche Ausrichtung der eigenen Studien.

Darauf folgen **Lesen und Denken:** die konkrete Analyse der entdeckten Quellen mithilfe der recherchierten Literatur – inklusive der Ent-

---

14 Dazu unübertroffen und auch im Digitalzeitalter unverändert gültig: Eco, Umberto: Wie man eine wissenschaftliche Abschlußarbeit schreibt. Doktor-, Diplom- und Magisterarbeit in den Geistes- und Sozialwissenschaften, Heidelberg [12]2007.

wicklung einer klaren, im Laufe des Arbeitsprozesses verfeinerten Leitfrage. Sie stellt den Ausgangspunkt jeder Untersuchung dar und bereitet den Weg zur These, das heißt zur umfassenden Erklärung der Quellenbefunde. Erster, aber keineswegs letzter Schritt ist die Be- und Umschreibung der Quellen: um jenen Aspekt zu identifizieren, dem sich die Deutung dann im Besonderen widmet.

Kurzum

Jede Auseinandersetzung mit Quellen zielt darauf ab, ein bestimmtes, genauer: selbst zu definierendes historisches Phänomen besser erklärbar zu machen.

Reden und Schreiben heißt, den sprichwörtlichen roten Faden in die verschiedenen Darstellungsformen hineinzuweben. Indem Sie historisch arbeiten, arbeiten Sie für sich – und zugleich für andere. Wer eine Hausarbeit einreicht, kommuniziert auf wissenschaftlichem Niveau mit seinem Hochschullehrer. Egal ob universitärer Essay oder Zeitungsbeitrag, ob Fachvortrag oder Museumsführung, ob private Diskussionsrunde oder Schulstunde: Vermittlung meint einerseits, sich an den fachlichen Standards für gängige Genres zu orientieren. Andererseits gilt es, die eigene Darstellung dem jeweiligen Publikum und dessen Vorwissen anzupassen – und so in einen Dialog einzutreten.

Kurzum

Worin besteht das Ziel einer historischen Darstellung?
► Lehren: Dem Publikum etwas in klarer, wissenschaftlich nachvollziehbarer Weise erklären – zum Beispiel ein Ereignis, eine Entwicklung oder eine Struktur aus der Vergangenheit.
► Bewegen: Das Publikum zum Nachdenken bringen, zur Diskussion anregen – nicht darüber, ob „gut" war, was geschehen ist, sondern darüber, wie und warum es geschehen ist.
► Erfreuen: Dem Publikum durch eine schöne Erzählung großes Vergnügen bereiten – also durch eine gute, überzeugende Sprech- und Schreibweise, die eine These erst diskutabel macht.

Die äußere Form ist keine lästige Nebenwirkung des Historisch
Arbeitens, sondern gehört zu seiner Eigenart. Formalia schaffen
einen äußeren Rahmen für jedwede Erkenntnis. Dazu gehört neben
Rechtschreibung, Zeichensetzung & Co. vor allem: eine angemes-
sene, eine präzise, ja eine schöne und gute Sprache, ein Bewusstsein
für Stile und Formen überhaupt. Die diversen wissenschaftlichen
Genres weisen ihre spezifischen Eigenheiten auf und unterscheiden
sich durch ein wesentliches Merkmal von nichtwissenschaftlichen
Darstellungen: durch den sogenannten Apparat. Er beinhaltet vollständige, eindeutige Nachweise von Zitaten und Paraphrasen aus
Quellen wie Literatur – üblicherweise in Gestalt von Fußnoten, einer
Bibliographie, gegebenenfalls Abbildungsnachweisen et cetera. Fehlt
der Apparat, verkommt der Künstler zum Banausen, zum Imitator,
im schlimmsten Fall gar zum Plagiator.

Konkrete Beispiele, die freilich keinerlei Anspruch auf die ohnehin
unmögliche vollständige Erfassung der jeweiligen Quelle erheben,
veranschaulichen im Folgenden die einzelnen Arbeitsschritte. Sie
beziehen sich in diesem Buch vorwiegend auf den Ersten Weltkrieg:
ein intensiv erforschtes Geschehen, das unsere Welt und unsere Welt-
auffassung bis heute formt, das deshalb auch bis in unsere Gegenwart
hinein immer wieder zu großen Debatten führt, unter Historikern
wie in der Gesellschaft,[15] das sich multiperspektivisch und weit jenseits der eigentlichen Kriegshandlungen untersuchen lässt – und ein
Geschehen, an dem besonders deutlich wird, inwiefern Historiker
sich in die Wahrnehmung der Zeitgenossen hineinversetzen müssen.
Selbst Fotografien aus dem Krieg waren keine Abbilder, sondern auf
ihre Weise jeweils Simulationen und Stimulationen der Wirklichkeit;
wer historisch arbeitet, befasst sich nicht allein, aber eben auch mit
vergangenen Bedeutungszuweisungen, wie sie etwa auf einer Feldpostkarte mit der Motivbeschriftung „Mittagspause im Feindesland"
erfolgte (siehe S. 143).

---

15 Wie etwa im Falle von: Clark, Christopher: Die Schlafwandler. Wie Europa in
den Ersten Weltkrieg zog, München 2013 – zur kontroversen Rezeption exemplarisch: Winkler, Heinrich August: Und erlöse uns von der Kriegsschuld, in: Die
Zeit, 31. Juli 2014, S. 14.

Bei allen Aha-Erlebnissen, die sich aus den Beispielen ergeben mögen, gilt: Historisch Arbeiten geschieht in der Manufaktur, nicht am Fließband. 08/15 ist eine höchst ungeistige Angelegenheit – und als Metapher übrigens ein Beleg für die anhaltende Bedeutung des Ersten Weltkriegs: 08/15 war ursprünglich nur die Bezeichnung eines deutschen Maschinengewehres, ist aber zur Chiffre für die im Krieg forcierte Standardisierung geworden.[16] Auch deshalb lädt dieses Buch zu verschiedenen Lektüren ein. Die Lektüre primär anhand der typographisch abgesetzten Beispiele (vor allem im Abschnitt „Lesen & Denken") ist eine unter mehreren Möglichkeiten. Wer mag, kann umgekehrt vorgehen und auf die konkreten Beispiele gerade verzichten – um sich an den etwas abstrakter gefassten Regeln zu orientieren. Wer sich einen ersten Überblick verschaffen möchte oder bereits intensive eigene Erfahrungen erworben hat, mag wiederum nur einzelne Teile des gesamten Buches ausführlich studieren und seine Lektüre auf die Rubrik Kurzum konzentrieren wollen, oder sich von **fett gedrucktem Merksatz zu fett gedrucktem Merksatz** hangeln. Wer hingegen ganz am Anfang des Studiums (oder vielleicht auch einer Hausarbeit in der Schule) steht, dürfte von einer geschlossenen Lektüre des Buches von der ersten bis zur letzten Seite besonders profitieren: Es soll als genereller Ratgeber ebenso dienen wie als konkreter Begleiter für die einzelnen Arbeitsschritte. Ein Anhang mit diversen Checklisten, die auch unabhängig von der weiteren Lektüre zur Anwendung kommen können, soll eine Selbst-Überprüfung ermöglichen; dieser Anhang umfasst zudem Reflexionen zu den diversen Vertiefungs-Übungen, die am Ende der einzelnen Buchkapitel stehen.

Suchen und Finden, Lesen und Denken, Schreiben und Reden sind die tragenden Elemente des Historisch Arbeitens. Sie ruhen auf dem Fundament der Formalia. So wie die nebenstehende Abbildung ist auch dieses Buch insgesamt notwendigerweise idealtypisch angelegt. Es beschreibt das Wesen des Historisch Arbeitens und bildet es auf einen idealen und zugleich einen typischen Verlauf eigener

---

16 Die bis heute bestehenden DIN-Normen gehen auf den im Jahre 1917 gegründeten Normenausschuß für den Maschinenbau zurück: Berz, Peter: 08/15. Ein Standard des 20. Jahrhunderts, München 2001, S. 73–76.

Studien ab. Die drei Elemente Suchen und Finden, Lesen und Denken sowie Schreiben und Reden stellen drei Arbeitsphasen dar – die sich in der Theorie gut scheiden lassen, in der Praxis allerdings zeitlich wie gedanklich überlagern. Die Recherche, die hier am Anfang dargestellt ist, begleitet selbstverständlich den gesamten Arbeitsablauf; gelesen und gedacht werden muss bereits beim Suchen und Finden. Während des Schreibens, ja selbst beim Reden wiederum findet immer ein Denkprozess statt, der bisweilen zu neuen Rechercheaufträgen führt. Das geschieht nicht, weil man es sich vornimmt, sondern ist eine List der Vernunft, gegen die sich niemand schützen kann: glücklicherweise!

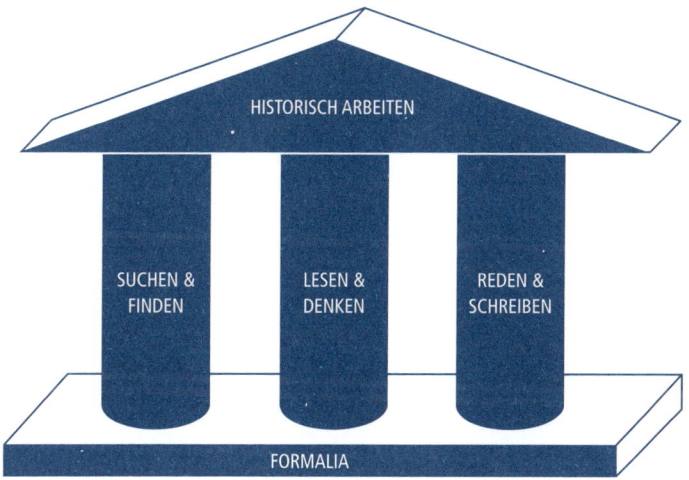

Abb. 1: Elemente des Historisch Arbeitens

Daraus geht hervor, was das vorliegende Buch nicht darstellen kann: eine Patentlösung für alle denkbaren Fälle des Historisch Arbeitens oder für die Analyse einzelner Quellen. Jeder Handwerker hat seine eigenen Fertigkeiten, individuell angeeignet aus allgemeinen Anleitungen; er passt seinen Werkzeugkasten stets an seine Erkenntnisbedürfnisse und die Beschaffenheit seines Materials an, nutzt seine eigenen Methoden, seine eigenen Kniffe, seine eigenen Techniken der Selbstüberlistung. Zu jeder Fragestellung und Darstellung gehört immer auch die Persönlichkeit des Fragenden beziehungsweise Darstellenden. Deshalb versteht sich dieses Buch vornehmlich als erfahrungsgesättigte und systematisierte Sammlung von Hinweisen, worauf es beim Historisch Arbeiten ankommt.

Kurzum

Historisch Arbeiten macht Lust: zunächst einmal Ihnen selbst, dann aber Ihrem Publikum – konkret etwa durch einen neugierig stimmenden Titel, durch eine anregende (gerne auch kontroverse) These, durch eine transparente Gliederung Ihrer Darstellung, nicht zuletzt durch eine schöne sprachliche Ausgestaltung.

Suchen & Finden

Die Materialrecherche ist die Voraussetzung für ein gutes und erfolgreiches Studium, mithin auch die Kernkompetenz für gelungene Hausarbeiten sowie alle anderen Genres. Zum einen weisen Sie mit der eigenständigen Recherche eine wesentliche Befähigung zur Wissenschaft nach. Zum anderen entscheidet die Qualität Ihres Materials über die Qualität Ihrer Arbeit – also auch über deren Benotung. In der Regel erhalten Sie von Ihrem Hochschullehrer zwar bereits Hinweise auf wichtige Werke, die Sie aber keineswegs von der Pflicht zur eigenständigen, vertieften Suche entbinden.

Am Anfang einer wissenschaftlichen Arbeit stehen das Interesse für ein bestimmtes Thema und die Entwicklung einer provisorischen Fragestellung. Darauf folgt die Recherche des Materials, also der Quellen und Literatur – rasche Rückwirkungen auf die Definition Ihres Themas eingeschlossen. Auch wenn wir im Folgenden Quellen- und Literaturrecherche separat vorstellen, gehen in der Praxis beide Formen meist Hand in Hand.

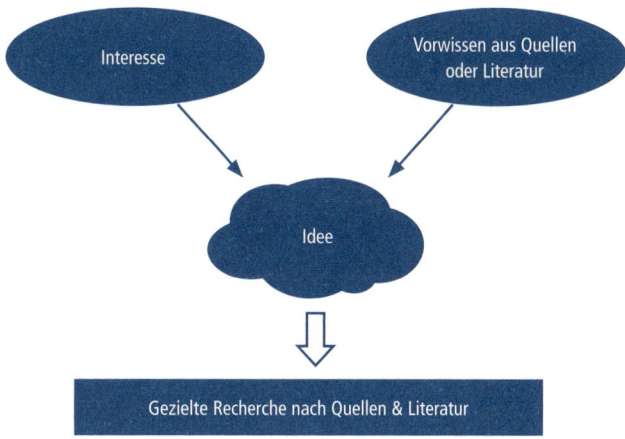

Abb. 2: Der Einstieg in die Arbeit

1. Recherchestrategien

Bei allen Themen lohnt es sich, verschiedene Strategien für die Suche in Bibliothekskatalogen und Datenbanken anzuwenden. Das heißt zum Beispiel, freie Suche, Schlagwortsuche, Suche nach Erscheinungsdatum und anderes zu kombinieren. Außerdem lohnt es sich stets, die Suchworte etwa auch in englischer und französischer Schreibweise einzugeben. Erstens ist gerade bei älteren Datensätzen die Verschlagwortung bisweilen suboptimal, so dass Sie einschlägige Titel verfehlen könnten. Zweitens sollten Sie grundsätzlich fremdsprachige Literatur in die Recherche einbeziehen, denn Wissenschaft darf nicht an Sprachgrenzen enden. Häufig sind nur kleinere Änderungen nötig, bisweilen unterscheiden sich die Begrifflichkeiten deutlich: Der „Delisch-attische Seebund" heißt im Englischen „Delian League", die „Dunklen Jahrhunderte" der Bronzezeit sind indes von den „Dark Ages" des Mediävisten zu unterscheiden – und der „Erste Weltkrieg" wird als „Great War" bezeichnet.

Mit zunehmender Erfahrung werden Sie Ihre Suchstrategien und dadurch Ihre Ergebnisse verbessern. Wie Sie Ihre Recherchefähigkeiten erhöhen und die Angebote der Kataloge über die triviale Titelstichwortsuche hinaus besser nutzen, müssen Sie selbst ausprobieren. Dabei helfen Ihnen Einführungskurse, die es an den meisten Universitätsbibliotheken gibt, Online-Hilfen etwa bei den Verbundkatalogen und eigene Bücher.[17]

2. Ad fontes! – Wege zu den Quellen

Quellen stellen die Basis jedweder historischen Arbeit dar. Entsprechend bedeutsam ist die Suche nach geeigneten Quellen – ob Sie nun für eine konkrete Fragestellung einschlägige Quellen suchen oder Quellenbestände auf der Suche nach lohnenden Fragestellungen systematisch durchforsten. Die Wege zu den Quellen sind so vielfältig wie die Quellen selbst.

---

17 Kühmstedt, Estella: Klug recherchiert für Historiker, Göttingen 2013, insbesondere S. 151–173 (Kapitel 7).

2.1 Quellenformen

Quellen können in verschiedenen Formen vorliegen – im Original oder vervielfältigt, gegenständlich, gedruckt, digital. Für die Quellenrecherche ist zunächst die Trennung zwischen edierten und unedierten Quellen bedeutsam. Unedierte Quellen liegen gewissermaßen in Rohform vor, im Originalzustand oder was im Laufe der Zeit davon übrigblieb. Das können Originalschriftquellen sein, Bilder oder materielle Quellen (Orden, Kleidung, Denkmäler oder Ruinen und vieles andere mehr), auch immaterielle Quellen (wie Sitten, Gebräuche, mündlich tradierte Erzählungen). Manche Quellen werden in Museen und Archiven aufbewahrt, andere auch auf dem Dachboden Ihrer Großeltern oder (im Falle von Bauwerken und Monumenten) in aller Öffentlichkeit, andere stecken wortwörtlich in den Menschen: Sagen, Volkslieder, Manieren und mehr.

Edierte Quellen – zumeist Schrift- oder Bildquellen, aber auch materielle Zeugnisse – stellen eine nach wissenschaftlichen Kriterien aufbereitete Form von Quellen dar, ob gedruckt oder digital. Erst die Edition macht die Originale einem breiteren Nutzerkreis zugänglich. Außerdem vermittelt sie wichtige zusätzliche Informationen über Zustand, Überlieferungswege (Fundkontext bei archäologischen Zeugnissen, handschriftliche Überlieferung bei Texten) und dergleichen. Bei vielen schriftlichen Quellen beginnt die Edition mit Entzifferungsarbeit, etwa bei antiken Papyri oder mittelalterlichen Handschriften. Doch selbst neuzeitliche Schriftquellen wie eine Feldpostkarte müssen zunächst im Wortsinne genau gelesen und entschlüsselt werden. **Quelleneditionen sind Produkte historisch-kritischer Forschung und daher nicht identisch mit der Originalquelle.** Gute Editionen zeichnen den Weg vom Original zur Edition nach.

Je nach Quellentypus und Quellengattung unterscheidet sich die Gestaltung der Editionen. Bei **Bildquellen** besteht sie zumeist aus einer gedruckten oder digitalen Reproduktion, kombiniert mit ergänzendem Textkommentar, dessen Umfang sehr unterschiedlich ausfallen kann. Bei **gegenständlichen Quellen** ist eine genaue Beschreibung des Objektes sowie der Fund- und Überlieferungsumstände angefügt (insbesondere bei Quellen, die durch archäologische Grabungen zutage gefördert wurden).

Suchen & Finden

Schriftquellen werden wissenschaftlich durch sogenannte kritische Editionen erschlossen, in denen in der Regel ein kritischer Apparat erläutert, wie die Original-Quelle in gedruckte Form gebracht wurde – angefangen mit der Definition, was denn das „Original" sei. Bei einer mittelalterlichen Urkunde aus dem Archiv scheint die Frage noch leicht beantwortbar (wenngleich deren Echtheit und die mögliche Existenz weiterer handschriftlicher Exemplare auch hier zu prüfen sind). Doch welches ist das „Original" eines geläufigen Quellentextes wie Caesars Bericht über den Gallischen Krieg? Die Antwort lautet in diesem Fall schlicht: keines! Das Original-Manuskript, das Caesar seinen Schreibern diktierte, ist unwiederbringlich verloren. Wir besitzen lediglich Abschriften aus späterer Zeit, die durch einen jahrhundertelangen Abschreibeprozess auf uns gekommen sind; in diesem Beispiel datieren die ältesten Handschriften, deren gemeinsame spätantike Vorlage nicht mehr erhalten ist, aus dem 9. Jahrhundert. Der Text von Caesars Commentarii, den Sie möglicherweise im Lateinunterricht in Buchform vorliegen hatten, resultiert aus Versuchen, den wenigstens teilweise entstellten – sei es durch Abschreibfehler, sei es durch aktive „Korrekturen" – „Originaltext" auf Basis viel jüngerer Handschriften zu rekonstruieren. Über diese Versuche legen in wissenschaftlichen Editionen die kritischen Apparate Rechenschaft ab, indem sie verschiedene Lesarten wiedergeben und bewerten: bei Caesars Commentarii wie bei sämtlichen anderen antiken literarischen Texten.

Doch nicht nur antike Quellen oder mittelalterliche Urkunden bedürfen einer solchen Edition, um über einen engen Kreis von Spezialisten hinaus für Historisch Arbeiten benutzbar zu werden. Selbst moderne, gedruckte Quellen haben eine mitunter komplexe Entstehungsgeschichte: so beispielsweise Ernst Jüngers Bestseller „In Stahlgewittern" – die mehrfach überarbeiten Kriegstagebücher des Autors aus dem Ersten Weltkrieg, bei denen sich die Auflagen erheblich voneinander unterscheiden. Kritische Ausgaben versetzen Sie also in die Lage, selbst ad fontes zu gehen, ohne das jeweilige Original selbst in der Hand zu haben.

Kurzum

Benutzen Sie – wo immer möglich – eine solide, wissenschaftliche Quellenedition!

2.2 Archive: Schatzkammern des Historikers

Wer die Maxime „ad fontes!" ernst nimmt, findet auch den Weg ins Archiv. Archive sind die Schatzkammern der Quellenarbeit. Quellen aus Archiven sind zwar nicht „besser" oder „schlechter" als Quellen aus Editionen, die ihrerseits wiederum meist aus Archivbeständen erarbeitet werden – aber weitaus weniger genutzt: Hier besteht die Chance zu echten Pioniertaten. In Archiven können Sie Quellen entdecken, an denen bislang kaum jemand oder vielleicht noch niemand gearbeitet hat. Nutzen Sie die Gelegenheiten, die Ihnen Archive in der Umgebung bieten – fast immer sogar unentgeltlich!

Woher weiß man, welches Archiv für die eigenen Studien relevant ist? Erste Hinweise geben Quelleneditionen oder Fachliteratur: Sie weisen die Herkunft ihrer Quellen nach. Am Fundort können Sie oft ähnliche oder weitere Quellen finden. Einen zentralen Katalog für die Bestände aller Archive gibt es freilich nicht, auch keine Datenbank, die alle Archivalien erfasste – aber doch Portale, die diesem Zwecke für einzelne Länder oder Themen zumindest nahekommen: darunter der Kalliope-Verbund für Nachlässe und Autographen (http://kalliope-verbund.info) oder das Archivportal-D (https://www.archivportal-d.de). Größere Archive, insbesondere das Bundesarchiv (http://www.bundesarchiv.de) und die Archive der Bundesländer, ermöglichen oft online eine erste Bestandsübersicht; kleinere Archive können diese Aufgabe selten leisten, haben aber oft faszinierende Bestände.

Am Anfang steht die Überlegung, welche Quellen in welcher Art von Archiven am ehesten erhalten sein könnten. Viele Faktoren sind dabei zu beachten: der erwartete Inhalt der Quelle, die erwartete Art der Quelle, nach der Sie suchen, ihre Provenienz (Herkunft), das Schicksal ihrer Überlieferung – etwa Beute-Archivalien aus Kriegszeiten. Quellen, die unmittelbar mit dem Staat verbunden sind, finden Sie naturgemäß am ehesten in staatlichen Archiven, Quellen über unternehmerische Aktivitäten in Unternehmensarchiven, Taufregister und Vergleichbares in kirchlichen Archiven. Einen Überblick über die wichtigsten Archive und einen ersten Einblick in die Archivkunde erhalten Sie andernorts

Suchen & Finden

leicht.[18] In Deutschland bestehen unter anderem folgende Arten von wichtigen Archiven:

▶ Staatsarchive: Bundesarchiv, Archive der Bundesländer, Stiftung Preußischer Kulturbesitz.

▶ Kommunale Archive (bei kleinen Gemeinden ohne eigenen Archivar oftmals im zuständigen Kreisarchiv integriert).

▶ Kirchliche Archive: meist in den jeweiligen Landeskirchen oder Bistümern organisiert (bisweilen auch in staatlicher Obhut).

▶ Wirtschaftsarchive: Größere Unternehmen verfügen oftmals über eigene Firmenarchive, ebenso manche Verlage. Es gibt aber auch eigenständige Archive wie das Rheinisch-Westfälische Wirtschaftsarchiv zu Köln.

▶ Adelsarchive: Traditionsreiche Adelshäuser unterhalten bisweilen eigene, mitunter ungenutzte Archive, bisweilen wird ihre Überlieferung als Depositum in Staatsarchiven aufbewahrt.

▶ Universitätsarchive: Viele Universitäten führen eigene Archive, wichtige einschlägige Quellen lagern indes oft in Staatsarchiven.

▶ Wissenschaftliche Institutionen: beispielsweise das Deutsche Literaturarchiv in Marbach oder das Deutsche Musikarchiv, das der Deutschen Nationalbibliothek angegliedert ist.

▶ Parteien, Verbände, Stiftungen, Vereine und Gewerkschaften besitzen oft eigene Archive.

▶ Gedenkstätten sind in mancher Hinsicht selbst Archive, manchmal sind ihnen eigene Archive angegliedert (etwa unter Begriffen wie „Dokumentationszentrum").

▶ Private Nachlässe aller Art: Der Deutsche Bundestag hat Stiftungen für die Pflege der Archivalien einiger besonders bedeutender Politiker gegründet (derzeit namentlich: Otto von Bismarck, Friedrich Ebert, Konrad Adenauer, Theodor Heuss, Willy Brandt, Helmut Schmidt) – doch die meisten Nachlässe unter anderem

---

18 Zum Beispiel über die Homepage der Archivschule Marburg (https://www.archivschule.de). Zur Einführung in die Archivkunde und den Umgang mit archivalischen Quellen eignen sich unter anderen Werken: Beck, Friedrich: Die archivalischen Quellen. Mit einer Einführung in die Historischen Hilfswissenschaften, Wien/Weimar/Köln ⁵2012; Lepper, Marcel/Raulff, Ulrich (Hg.): Handbuch Archiv. Geschichte, Aufgaben, Perspektiven, Stuttgart 2016; Lux, Thomas: Einführung in die Archivkunde, Darmstadt ⁹2018.

bedeutender Politiker und Künstler werden als Deposita in einschlägigen Archiven (wie Parteistiftungen) oder in Privatregie aufbewahrt.

Die Benutzung der Archive ist in Benutzungsordnungen geregelt. Machen Sie sich damit am besten vertraut, ehe Sie eine weite Reise zum Archiv antreten: Zum Beispiel gibt es oftmals feste Bestellzeiten für die Lesesäle und andere Regularien. Sie sind für Ihre Recherchen ebenso wichtig wie generelle Regeln. Staatliche (und manche kirchlichen) Archive unterscheiden sich prinzipiell von privaten. Letztere dürfen willkürlich selbst entscheiden, wem sie welche Quellen vorlegen, und bestimmen selbst über die Bedingungen der Benutzung und Verwertung; vielfach müssen Sie zunächst Ihr Forschungsinteresse benennen, ehe Sie Zugang bekommen oder eben auch nicht. Anderes verhält es sich bei ersteren: Hier haben Sie als Staatsbürger einen Rechtsanspruch auf Einsicht in Archivalien, der seine Grenzen nur in gesetzlich genau fixierten Einschränkungen findet – wie insbesondere dem Schutz der Privatsphäre (ein großes Streitthema etwa bei der Nutzung der „Stasi-Unterlagen", von denen manche gar nicht oder nur teilweise geschwärzt zugänglich sind) und Sperrfristen (meist 30 Jahre, in manchen Fällen auch länger, potentiell ewig, so laut Bundesarchivgesetz dann, wenn „das Wohl der Bundesrepublik Deutschland oder eines ihrer Länder gefährdet würde"[19]).

Übrigens verfügen viele Archive auch über mehr oder weniger umfangreiche Bibliotheken, die zu den jeweiligen Beständen passen: Nutzen Sie auch diese Möglichkeiten! Und vor allem: Nehmen Sie vorab Kontakt zu den Experten auf – die jeweiligen Archivare freuen sich über die Zusammenarbeit mit Archivbenutzern und kennen die Bestände selbst meist so gut, dass sie oft geradezu sprechende Findbücher sind. Sie geben Ihnen wertvolle Tips für Ihre Recherche. Zuvor sollten Sie sich freilich mit der Bestände-Übersicht befassen und, falls verfügbar, mit den einschlägigen Findmitteln: Repertorien oder Findbücher verzeichnen die Bestände eines Archives und erfassen sie bisweilen bereits so feingliedrig, dass Sie vorab gezielt

---

19 § 13 Bundesarchivgesetz, Absatz 1, Satz 1.

bestimmte Bestände (mit entsprechenden Signaturen erfasst) zur Einsicht vor Ort im Archiv bestellen können.

Für die Suche nach Nachlässen bestimmter Personen eignen sich etwa der Kalliope Verbundkatalog (http://kalliope-verbund.info) oder die Nachlassdatenbank des Bundesarchives (http://www.nachlassdatenbank.de). Wenn Sie beispielsweise mehr über die Entstehung des „Aufrufs an die Kulturwelt" (siehe S. 142) erfahren wollen, könnten Sie nach Nachlässen der Unterzeichner suchen. Dazu zählte auch der renommierte Archäologe Wilhelm Dörpfeld, dessen Unterlagen teilweise im Wuppertaler Stadtarchiv aufbewahrt werden.[20]

2.3 Digitale Sammlungen und Editionen

Internet und Digitalisierung haben die Suche nach Quellen einerseits erleichtert. Andererseits verliert man in der schieren Unübersichtlichkeit der Angebote leicht den Überblick. Insbesondere in der scheinbar mühelosen Verfügbarkeit liegen Gefahren. So verführerisch es ist, eine Suchanfrage bei Google abzuschicken und dem erstbesten Treffer zu folgen, so groß ist auch die Gefahr, aufs Glatteis zu geraten.

„Der Staatshaushalt muss ausgeglichen sein. Die öffentlichen Schulden müssen verringert werden. Die Arroganz der Behörden muss gemäßigt und kontrolliert werden. Die Zahlungen an ausländische Regierungen müssen reduziert werden, wenn der Staat nicht Bankrott gehen will." Auf unzähligen Webseiten finden Sie dieses oder ein ähnliches Pseudo-„Zitat" dem römischen Staatsmann Cicero zugeschrieben – gerne garniert mit dem Verweis, dass schon die alten Römer eine Diskussion zur Staatsschuldenproblematik geführt hätten. Sie werden jedoch nirgends eine konkrete Stellenangabe zu diesem Zitat finden, aus gutem Grund: Es ist nämlich eine Fälschung! Sie wird dank zügellosem Copyand-Paste wohl für alle Zeiten durch das Netz geistern; Sie als quellenkritischer Historiker werden dieser Fälschung aber nicht auf den Leim gehen.

---

20 Stadtarchiv Wuppertal, Nachlass Wilhelm Dörpfeld, NDS 23, Kasten 8.

Selbstverständlich gibt es zahlreiche seriöse, wissenschaftliche Angebote im Netz, die Ihnen den Zugang zu Quellen und Literatur erleichtern. Man kann dabei grob zwei Sorten unterscheiden: einerseits digitalisierte Versionen analoger Angebote, andererseits neu erstellte digitale Quelleneditionen. Zur ersten Gruppe gehören etwa die Digitalisate der Monumenta Germaniae Historica, aber auch Ebook-Ausgaben diverser Quellenautoren. Zur zweiten Gruppe zählen explizite Online-Publikationen (wie die antiken Inschriften von Aphrodisias: http://insaph.kcl.ac.uk), Digitalisate von Bildmedien (Postkarten, Handschriften, wie sie etwa die Bayerische Staatsbibliothek anbietet: https://www.digitale-sammlungen.de, zum Ersten Weltkrieg auch die Württembergische Landesbibliothek: http://www.wlb-stuttgart.de/sammlungen/bibliothek-fuer-zeitgeschichte/themenportal-erster-weltkrieg) und manches mehr.

Abb. 3: Screenshot: Themenportal Erster Weltkrieg, Württembergische Landesbibliothek Stuttgart

Angesichts der Bandbreite und Volatilität digitaler Angebote wäre eine heutige Auflistung morgen schon überholt. Statt einer repräsentativen Darstellung finden Sie im Folgenden daher Anhaltspunkte, mit denen Sie wissenschaftlich brauchbare Angebote auch künftig selbst identifizieren können:

▶ **Fragen Sie sich, was und wozu Sie etwas suchen.** Anders gesagt: nicht ziellos googeln, sondern überlegen, welche wissenschaftlichen Institutionen besonders eng mit Ihrem Thema verbunden sind.

▶ **Achten Sie darauf, wo Sie suchen.** Nutzen Sie nicht nur die freie Internetsuche via Google oder in anderen Suchmaschinen, sondern bemühen Sie vor allem die einschlägigen Fachportale.

▶ **Achten Sie auf die Urheber der Quellen sowie der Edition.** Seriöse Angebote lassen sich immer zuordnen, in der Regel zu wissenschaftlichen Einrichtungen (Universitäten, Akademien, Fachportale) oder als Produkte wissenschaftlicher Fachverlage.

▶ **Achten Sie auf Quellenangaben!** Ohne diese sind Online-Quellen nicht brauchbar.

▶ **Achten Sie auf die Aufbereitung der Quelle selbst:** Genügt sie wissenschaftlichen Ansprüchen an eine kritische Edition?

Kurzum

Entscheidend ist: Die Grundregeln wissenschaftlicher Recherche gelten auch und gerade im Digitalen!

2.4 Quellenrecherche konkret

Die Formen der Recherche sind vielfältig. Unterscheiden lassen sich unter anderem eine unsystematische und eine systematische Suche. Unsystematisch bedeutet dabei keineswegs unüberlegt, sondern bezeichnet eine mit einem Zufallsfund ansetzende Recherche, die in sich systematisch verläuft – während die systematische Suche einen gezielten Ansatzpunkt wählt, abhängig von den Vorkenntnissen des Suchenden. Wer sich bereits gut auskennt, kann anders einsteigen als jemand, der erst am Anfang seiner Studien beziehungsweise seines Studiums steht!

Die unsystematische Suche

Der Einstieg in die unsystematische Suche kann vielfältig sein. Meist verweisen Handbücher und Gesamtdarstellungen Sie auf vielversprechende Quellen (Einführungswerke weniger, da in der Regel ohne Anmerkungsapparat). Häufig lohnt es sich auch, direkt in Textausgaben von Quellen zu stöbern, die Sie im Seminar auszugsweise gelesen haben. Schauen Sie getrost nach, was Sie vor und nach den behandelten Stellen noch finden – wenn etwas nicht im Seminar behandelt worden ist, heißt das noch lange nicht, dass es nicht aufschlussreich wäre. Hochschullehrer und Lehrer müssen bei der Quellenauswahl immer auch pädagogisch-praktische Erwägungen wie den Zeitrahmen einer Sitzung im Blick behalten. Quellensammlungen thematischer oder chronologischer Art eignen sich ebenfalls für eine erste Suche.[21] Achten Sie allerdings darauf, dass viele solcher Sammlungen vor allem auf bequeme Zugänglichkeit ausgelegt sind und daher den Anforderungen an eine wissenschaftliche Quellenedition mitunter nicht genügen. Schließlich können Sie selbstverständlich auch auf das Internet zurückgreifen: vorausgesetzt, Sie nutzen einschlägige Fachportale und etablierte Datenbanken als Ausgangspunkt.

Die unsystematische Suche ist vor allem zur ersten Orientierung und zur Inspiration bei der thematischen Eingrenzung hilfreich. Verlassen Sie sich aber niemals auf die unsystematische Recherche, sondern ergänzen Sie sie unbedingt mit einer systematischen Recherche über die einschlägige Literatur. Sonst laufen Sie womöglich Gefahr, wichtige Quellen für Ihr Thema zu übersehen.

---

21 Für die deutsche Geschichte etwa die zahlreichen Bände der Freiherr vom Stein-Gedächtnisausgabe (Darmstadt 1955 ff.) oder: Müller, Rainer A. (Hg.): Deutsche Geschichte in Quellen und Darstellung, 11 Bände, Stuttgart 1995–2001. Solche Reihen bestehen für viele Länder, Regionen und Epochen: für die Antike etwa die Sammlung Tusculum oder die Loeb Classical Library, für die englische Geschichte die English Historical Documents. In einschlägigen Handbüchern können Sie rasch nachlesen, welche Editions-Reihen für Ihre Thematik besonders bedeutend sind, mitunter auch in Einführungsdarstellungen wie etwa: Goetz, Hans-Werner: Proseminar Geschichte. Mittelalter, Stuttgart ⁴2014, S. 96–106.

Die systematische Suche

Wenn Sie sich bereits für ein hinreichend konkretes Thema entschieden haben, wissen Sie unter Umständen schon, dass Sie bestimmte Quellen benötigen. In diesem Fall durchforsten Sie gezielt die entsprechenden Editionen oder suchen in den Beständen eines bestimmten Archives.

Für eine Untersuchung des Kriegsausbruches im Juli 1914 können Sie etwa gezielt die Diplomatischen Akten des Auswärtigen Amtes nach interessanten Funden durchsehen – oder die Presseberichte jener Tage, die Sie zum Teil gedruckt, zum Teil digitalisiert vorfinden. Oder Sie nutzen die Motive von Feldpostkarten als Quellen für die Untersuchung der vermeintlich allgemeinen Kriegsbegeisterung. Vielleicht zieht es Sie aber auch in ein Archiv, wo der Nachlass eines Zeitzeugen auf Sie wartet. Fündig werden könnten Sie jeweils etwa in:

▶ Einschlägigen gedruckten Editionen[22]

▶ Archiven: in staatlichen Archiven (etwa: https://ersterweltkrieg.bundesarchiv. de) oder in Archiven großer Zeitungen (wie etwa der Londoner „Times": http:// gale.cengage.co.uk/times.aspx)

▶ Museen wie etwa dem Imperial War Museum mit einem Photo-Archiv (https:// www.iwm.org.uk/collections/item/object/205088323)

▶ Portalen wie historicum.net (https://www.historicum.net/themen/erster-weltkrieg/quellen/feldpostkarten-agv-muenchen) oder clio-online (https://www. hsozkult.de/webreview/id/rezwww-163[23])

▶ Nachlässen wie demjenigen des Archäologen Wilhelm Dörpfeld (1853–1940): Im Wuppertaler Stadtarchiv liegt eine Kladde zur Kriegsschuldfrage, in der Dörpfeld nach 1918 Material zur Rechtfertigung Deutschlands gegen den Vorwurf der Alleinschuld sammelte. Diesen und weitere Treffer zeigt etwa die Nachlassdatenbank des Bundesarchivs an.

---

22 Lepsius, Johannes/Bartholdy, Albrecht Mendelssohn/Thimme, Friedrich (Hg.): Die Große Politik der Europäischen Kabinette 1871–1914. Sammlung der Diplomatischen Akten des Auswärtigen Amtes, Band 39: Das Nahen des Weltkrieges 1912–1914, Berlin 1926.

23 Götter, Christian/Eberhard, Andreas: Rezension zu: The Great War Archive/ Europeana (Hrsg.): Europeana 1914–1918 (Erster Weltkrieg in Alltagsdokumenten)/Hacken, Richard (Hrsg.): The World War I Document Archive/Ministero per i Beni e le Attività Culturali (Hrsg.): 1418 – documenti e immagini della grande guerra/Gallica, in: H-Soz-Kult, erschienen am 11. Februar 2012, via: https://www. hsozkult.de/webreview/id/rezwww-163 (Stand: 24. Juni 2018).

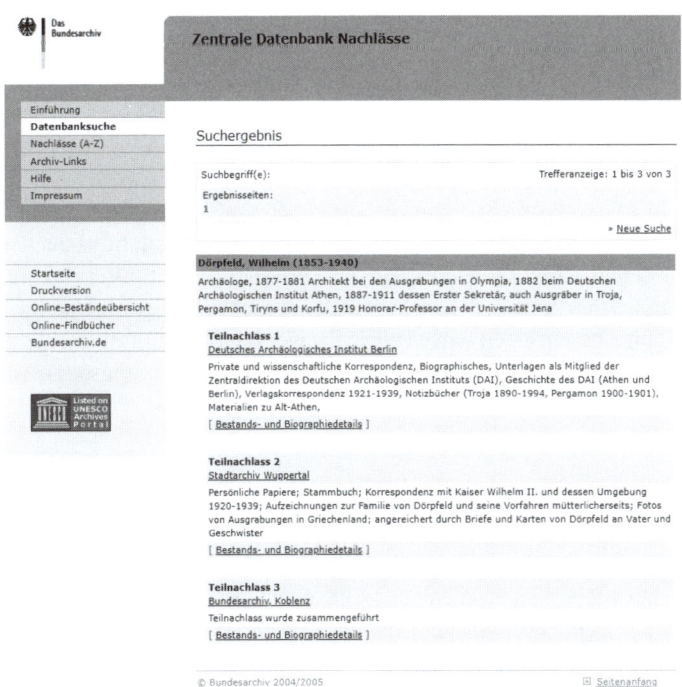

Abb. 4: Screenshot: Zentrale Datenbank Nachlässe, Bundesarchiv

Mutatis mutandis gilt dies auch für andere Zeiten und andere Themen: Für eine Studie zur Münzprägung des Kaisers Augustus wird man gezielt einschlägige Münzcorpora zur Hand nehmen, zur Politik Kaiser Heinrichs IV. die Regesten seiner Urkunden und für das Ende des Dreißigjährigen Krieges die Acta Pacis Westphalicae. In diesen Beispielen würden Sie etwa hier fündig:

- Roman Imperial Coinage (RIC): Sutherland, Carol H. V. (Hg.): Roman Imperial Coinage, Band 1: From 31 BC to AD 69, London 1984. Ergänzendes digitales Angebot: http://numismatics.org/ocre
- Regesta Imperii: http://www.regesta-imperii.de, etwa den Teilband: Böhmer, Johann F.: Regesta Imperii III. Salisches Haus 1024–1125. Tl. 2: 1056–1125. 3. Abt.: Die Regesten des Kaiserreichs unter Heinrich IV. 1056 (1050) – 1106. 5. Lief.: Die Regesten Rudolfs

von Rheinfelden, Hermanns von Salm und Konrads (III.), Wien/
Weimar/Köln 2018.
▸ Acta Pacis Westphalicae, hg. v. der Nordrhein-Westfälischen Aka-
demie der Wissenschaften und der Künste, 48 Bände, Münster
1962 ff. Digital via: http://www.pax-westphalica.de

Ein solches Vorgehen braucht Vorwissen und Vertrautheit mit den
verfügbaren Editionen und Archiven. Wo dieses fehlt, führt bei der
systematischen Quellensuche der **Umweg über die Literatur** am
schnellsten zum Ziel: Das bedeutet, Sie suchen – wie im folgenden
Kapitel beschrieben – nach einschlägiger Literatur zu Ihrem Thema
und werten deren Quellengrundlage über Anmerkungsapparate
sowie gegebenenfalls die Indices aus.

3. Formen der Literatur-Recherche

Grundsätzlich kann man bei der Suche nach Fachliteratur zwei Vor-
gehensweisen unterscheiden: die unsystematische Literaturrecherche
(auch „Schneeballsystem" genannt) und die systematische Literatur-
recherche (über Kataloge, Datenbanken und einschlägige Bibliographien). In der Praxis ergänzen sich beide gegenseitig – bei der Erstellung Ihrer Materialgrundlage wie auch bei späteren Nachrecherchen.

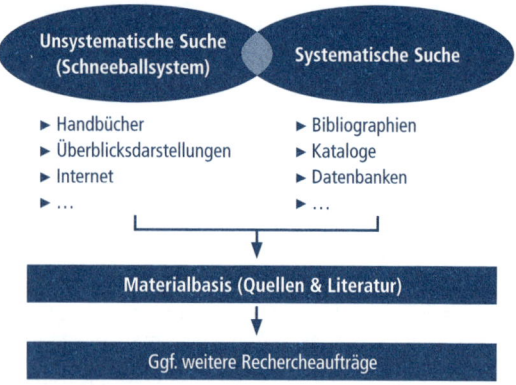

Abb. 5: Formen der Literatur-Recherche

3.1 Die unsystematische Recherche

Bei der unsystematischen Recherche oder „Schneeballsuche" wertet man den bibliographischen Apparat von einem oder mehreren, möglichst aktuellen und einschlägigen Werken aus: Handbücher, allgemeine Darstellungen, spezialisierte Aufsätze und andere Literatur verweisen ihrerseits auf weitere einschlägige Titel (und in Quellenverzeichnis sowie Anmerkungsapparat auch auf Quellen). Mit den daraus gewonnenen Angaben verfährt man wiederum ebenso und überprüft die jeweiligen Literaturverzeichnisse der nun eingesehenen Werke auf all' jene Titel, die für das eigene Thema von Interesse sein könnten – von dort aus geht das Verfahren potentiell in immer weitere Runden. Die Qualität der erhaltenen Literatur hängt sowohl von der Aktualität der Ausgangswerke ab als auch von deren Einschlägigkeit. Beginnen Sie Ihre Suche also mit möglichst aktuellen Handbüchern und Einführungswerken. Aber nutzen Sie auch – sofern existent – jüngere Spezialstudien zu dem Thema, über das Sie recherchieren.

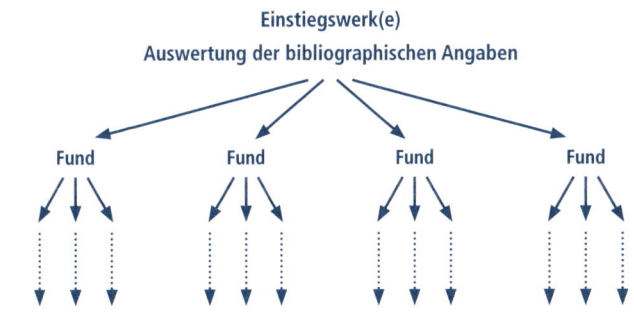

Abb. 6: Die Schneeballsuche

3.2 Die systematische Recherche

Waren früher gedruckte Bibliographien und Zettelkataloge die wichtigsten Hilfsmittel bei der systematischen Recherche, so sind es heute digitale Angebote – schon der hohen Frequenz an Neuerscheinungen wegen. Für manche Themen erscheinen zwar immer noch gedruckte

Bibliographien,[24] doch bestätigen solche Ausnahmen mittlerweile eher die digitale Regel – wiewohl Bibliographien von Quellen[25] ihre Aktualität nicht verlieren. Zur Verfügung stehen Ihnen online jedenfalls:

- ▶ Der lokale **OPAC Ihrer Universitätsbibliothek** (Online Public Access Catalogue).
- ▶ Die deutschen **Verbundkataloge.**
- ▶ **Nationale und internationale Kataloge** wie der Katalog der Deutschen Nationalbibliothek, die Kataloge ausländischer Nationalbibliotheken oder der Karlsruher Virtuelle Katalog (KVK).
- ▶ Spezielle **Fachdatenbanken** und **Fachportale** insbesondere zur Recherche unselbständig erschienener Literatur.

Auch bei der systematischen Recherche gilt: Verlassen Sie sich niemals auf eine einzige Ressource, sondern verbinden Sie verschiedene Ressourcen miteinander. Ein flüchtiger Blick in den Seminarapparat der Veranstaltung mag zwar zur spontanen Ideenfindung geeignet sein, zählt aber keinesfalls als systematische Recherche!

Machen Sie sich zunächst klar, wonach Sie suchen. Benötigen Sie aktuelle Monographien zu Ihrem Oberthema? Suchen Sie schon nach spezifischer Forschungsliteratur wie Aufsätzen (also unselbständig erschienene Literatur)? Sind Sie auf der Suche nach Quellen zu Ihrem Thema? Oder brauchen Sie zunächst noch Hilfsmittel zur Bearbeitung der Quellen (wie Fachlexika, Kommentare et cetera)?

Je nach Stadium und Zweck Ihrer Recherche werden Sie zu unterschiedlichen Ressourcen und Suchstrategien greifen beziehungsweise diese miteinander kombinieren; verfeinern können Sie Ihre Recherchekünste natürlich mithilfe einschlägiger Literatur.[26] Ver-

---

24 Zum Beispiel auch zum Ersten Weltkrieg: Regulski, Christoph: Bibliographie zum Ersten Weltkrieg, Marburg 2005. Seit Erscheinen dieser Übersicht sind freilich schon derart viele neue Studien erschienen, dass diese Bibliographie in vielen Teilen (nicht aber im Quellen-Teil) veraltet ist.

25 So etwa: Follner, Michaela: Papierkrieg. Quellen zur Geschichte des Ersten Weltkrieges in Archiven Österreichs, Deutschlands und Tschechiens, Innsbruck 2014.

26 Darunter etwa: Schröter, Marcus: Erfolgreich recherchieren – Altertumswissenschaften und Archäologie, Berlin 2017; Kühmstedt, Estella: Klug recherchiert für Historiker, Göttingen 2013; Öhlmann, Doina: Erfolgreich recherchieren – Ge-

schiedene Typen von Katalogen, Datenbanken und Fachressourcen stellen wir Ihnen auf den nächsten Seiten vor. Achten Sie auf Änderungen, die sich in der weiteren Digitalisierung generell und speziell der Geschichtswissenschaft ergeben werden!

3.3 Lokale Kataloge der Universitätsbibliotheken

Der naheliegendste Weg ist zumeist die Recherche über den lokalen OPAC der jeweiligen UB: schon deshalb, weil die dort verzeichneten Werke auch vor Ort vorhanden sind. Dieses insbesondere bei eiligen Recherchen sinnvolle Vorgehen hat aber einen gravierenden Nachteil. Je nach Angebot beschneiden Sie dadurch unnötig Ihre Recherche-Ergebnisse: Erstens beschränken Sie Ihre Recherche a priori auf die Bestände der örtlichen UB. In sehr großen Bibliotheken mag das ausreichen, in den meisten indes nicht: weil Kassenlage und Einkaufspolitik darüber bestimmen, welche Titel angeschafft werden. Darunter befinden sich keineswegs alle für Ihre Studien relevanten.[27] Zweitens erscheinen in den lokalen OPACs häufig nur Monographien und sonstige selbständig erschienene Literatur – also keine Zeitschriftenaufsätze oder anderweitig unselbständig erschienene Literatur.

Der bessere und zugleich effektivere Weg ist daher eine kombinierte Suche mit lokalen OPACs, Verbundkatalogen und Datenbanken. Machen Sie sich mit den Recherchefunktionen und -möglichkeiten Ihres lokalen UB-Katalogs vertraut. Nutzen Sie Angebote wie Einführungen und Tutorien; Universitätsbibliotheken bieten häufig Kurse zur Recherche an. Informieren Sie sich über den Fach-Bestand Ihrer UB und über den Datenpool, in dem Sie über den lokalen OPAC suchen: Ist er auf den Bestand der UB beschränkt? Werden zusätzliche Kataloge, Datenbanken oder bibliographische Dienste eingebunden?

---

schichte, Berlin 2012; Busse, Laura u. a. (Hg.): Clio Guide. Ein Handbuch zu digitalen Ressourcen für die Geschichtswissenschaften, Berlin [2]2018 – digital via: https://guides.clio-online.de/guides (Stand: 24. Juni 2018).

27 So umfasste der gedruckte Bestand der Universitätsbibliothek in Wuppertal im Jahr 2017 etwa 1,216 Mio. Titel – derjenige der Universitätsbibliothek in Tübingen hingegen 3,751 Mio. Titel. Solche und andere Zahlen sind für die meisten großen Bibliotheken zu ermitteln via: https://www.bibliotheksstatistik.de/.

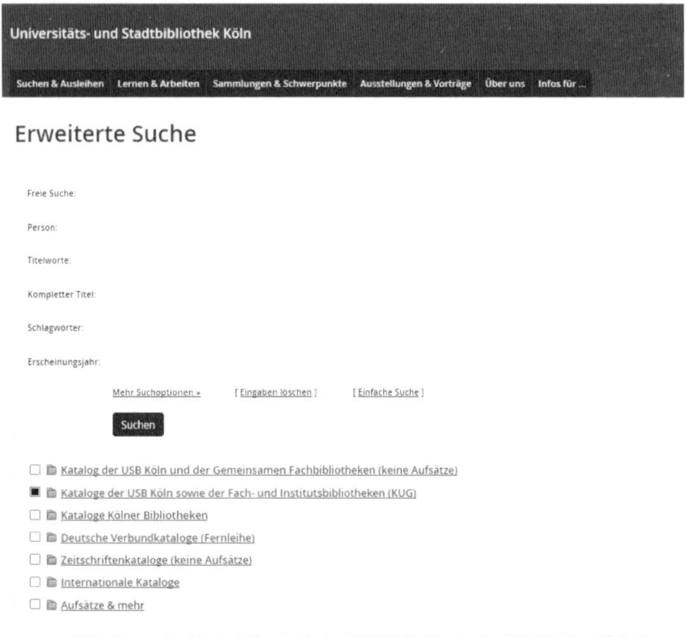

Universitäts- und Stadtbibliothek Köln

Suchen & Ausleihen   Lernen & Arbeiten   Sammlungen & Schwerpunkte   Ausstellungen & Vorträge   Über uns   Infos für ...

Erweiterte Suche

Freie Suche:

Person:

Titelworte:

Kompletter Titel:

Schlagwörter:

Erscheinungsjahr:

Mehr Suchoptionen »   [Eingaben löschen]   [Einfache Suche]

Suchen

☐ 🖿 Katalog der USB Köln und der Gemeinsamen Fachbibliotheken (keine Aufsätze)

☑ 🖿 Kataloge der USB Köln sowie der Fach- und Institutsbibliotheken (KUG)

☐ 🖿 Kataloge Kölner Bibliotheken

☐ 🖿 Deutsche Verbundkataloge (Fernleihe)

☐ 🖿 Zeitschriftenkataloge (keine Aufsätze)

☐ 🖿 Internationale Kataloge

☐ 🖿 Aufsätze & mehr

Abb. 7: Screenshot: Erweiterte Suche, Universitäts- und Stadtbibliothek Köln. Nutzen Sie vor allem die Möglichkeiten, die eine „Erweiterte Suche" jeweils bietet. Hier können Sie (abhängig davon, welche der Kataloge Sie einbinden) auswählen, ob Sie nur in den Kölner Beständen oder darüberhinaus recherchieren wollen!

3.4 Verbundkataloge

Aufgrund dieser Einschränkungen mancher lokaler OPACs ist eine Recherche in den Verbundkatalogen sinnvoll. Bibliotheksverbünde sind regionale, zumeist nach Bundesländern gegliederte Zusammenschlüsse wissenschaftlicher Bibliotheken (sowie mitunter weiterer öffentlicher Bibliotheken), die ihre jeweiligen Bestände in gemeinsamen Katalogen zur Recherche zur Verfügung stellen – und unter anderem den Fernleihverkehr koordinieren. Der Vorzug einer solchen Recherche liegt auf der Hand: Mit Ihrer Suchanfrage recherchieren Sie in einem wesentlich größeren Bestand (müssen die recherchierten Werke allerdings oft per Fernleihe bestellen). Zudem unterscheiden sich die Angebote. Beachten Sie, dass die Suche auch in den Verbundkatalogen häufig auf selbständig erschienene Literatur beschränkt ist! So listet das Hochschulbibliothekszentrum (hbz) nur selbständig erschienene Literatur auf, wohingegen der Gemeinsame Bibliotheksverbund (GBV) auch eine Suche nach unselbständig erschienener Literatur ermöglicht.

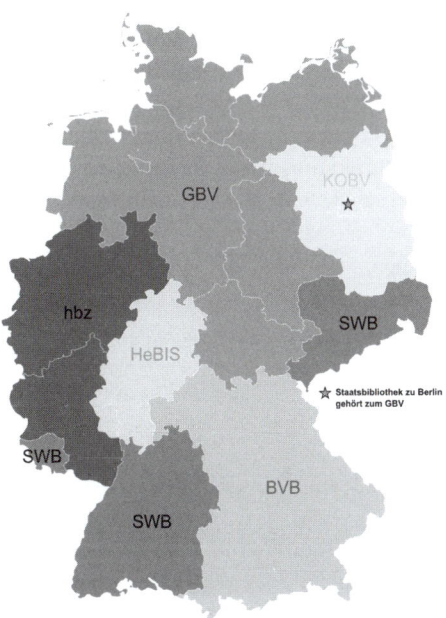

Abb. 8: Deutsche Bibliotheksverbünde. Dazu gehören:
- ▶ Bibliotheksverbund Bayern (BVB): https://www.bib-bvb.de
- ▶ Gemeinsamer Bibliotheksverbund (GBV) für Niedersachsen, Hamburg, Bremen, Schleswig-Holstein, Mecklenburg-Vorpommern, Sachsen-Anhalt und Thüringen: https://www.gbv.de
- ▶ Hochschulbibliothekszentrum des Landes Nordrhein-Westfalen (hbz), inklusive Rheinland-Pfalz: https://www.hbz-nrw.de
- ▶ Hessisches BibliotheksInformationsSystem (HeBIS): https://www.hebis.de
- ▶ Kooperativer Bibliotheksverbund Berlin-Brandenburg (KOBV): https://www.kobv.de
- ▶ Südwestdeutscher Bibliotheksverbund (SWB) für Baden-Württemberg, das Saarland und Sachsen: https://www.bsz-bw.de

3.5 Nationale und internationale Kataloge

Über eine noch breitere Datenbasis verfügen diverse nationale und internationale Kataloge. Der Katalog der **Deutschen Nationalbibliothek** verzeichnet seit dem Jahre 1913 jedes in Deutschland erschienene Buch, einsehbar in Frankfurt am Main respektive Leipzig. Der **Karlsruher Virtuelle Katalog** (KVK) schaltet die Kataloge der Bibliotheksverbünde zu einer gemeinsamen, deutschlandweiten Suchanfrage zusammen und bietet überdies auch noch eine Suche in verschiedenen ausländischen Nationalbibliotheken an: Er ist rein virtuell, präsentiert also „nur" die gesammelten Bestände anderer Bibliotheken. Sie können die Bücher nicht in Karlsruhe einsehen!

Weitere Einschränkungen gibt es auch hier: Vollständigkeit ist ein Ideal, doch zugleich eine Illusion. Selbstredend verzeichnet die

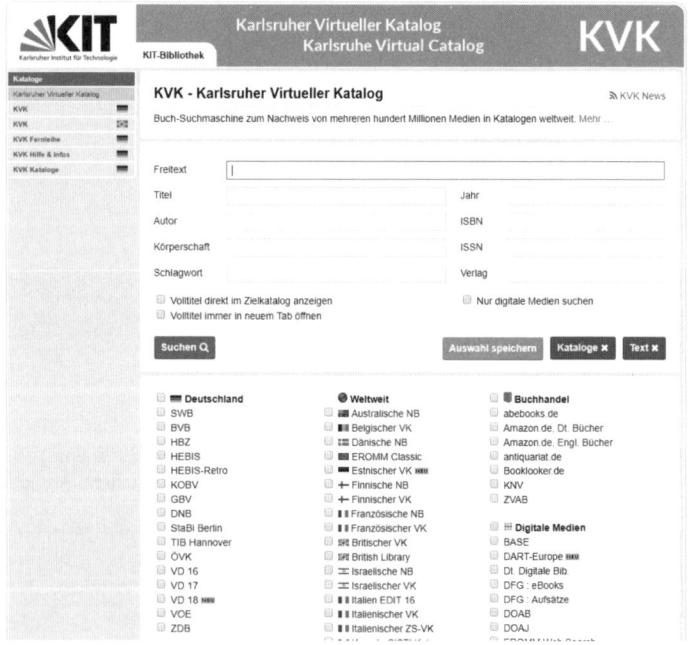

Abb. 9: Screenshot: Karlsruher Virtueller Katalog. Im unteren Feld können Sie auswählen, in welchen Katalogen Sie recherchieren wollen.

Deutsche Nationalbibliothek nur in Deutschland erschienene Literatur. Beim KVK hangt der Datenbestand von Ihrer Auswahl (und der Qualität der ausgewählten Kataloge, bisweilen sind etwa Altbestände nur unzureichend erfasst) ab. Die meisten zuschaltbaren Kataloge stellen Ihnen ebenfalls nur selbständig erschienene Literatur zur Verfügung. Eine Ausnahme bildet beispielsweise der GBV. Mit der **Zeitschriftendatenbank (ZDB)** wiederum ermitteln Sie deutschlandweit in den Beständen wissenschaftlicher Bibliotheken nach Fachzeitschriften (also die Verfügbarkeit einzelner Zeitschriftenbände, Sie finden hier keine einzelnen Aufsätze!).

3.6 Fachportale

Fachinformationsdienste (FID) sind disziplinär ausgerichtete, DFG-finanzierte Angebote zur Recherche und Bereitstellung digitaler Ressourcen. Sie bieten einerseits wissenschaftlich betreute Rubriken, die in Literatur und Quellen zu einzelnen Themen (etwa Hexenforschung oder Reformation) einführen. Andererseits stellen sie Recherchefunktionen zur wissenschaftlichen Literatur zur Verfügung.

Die Mediävistik und die Neuere Geschichte betreut der **FID Geschichte** (via https://www.historicum.net); die Alte Geschichte deckt der **FID Altertumswissenschaften** (https://www.propylaeum. de) ab. Beide Angebote befinden sich derzeit noch im Aufbau, ein

Abb. 10: Screenshot: Portale wie historicum.net helfen bei der Orientierung in den aktuellen digitalen Angeboten. Wie rasch sich die digitalen Angebote ändern, zeigt diese Momentaufnahme (Stand: 24. Juni 2018) nebenbei auch.

Blick lohnt sich dennoch. Sie ersetzen die ehemaligen Sondersammelgebiete (SSG), deren Bestände bis 2015 gepflegt wurden.

Für die Recherche nach Literatur wie nach Quellen eignen sich auch **Fachportale** wie clio-online (https://www.clio-online.de). Dieses Portal verweist zudem auf weitere digitale Angebote aus dem Bereich der Geisteswissenschaften, unter anderem auf h-soz-u-kult (https://www.hsozkult.de): als Kommunikations-Plattform konzipiert, aber gerade für Rezensionen eine wichtige Fundgrube bei der Suche und Einordnung von Literatur.

3.7 Bibliographische Datenbanken

Für manche Epochen beziehungsweise Teilfächer bestehen umfangreiche bibliographische Datenbanken. Auch hier gilt: Behalten Sie Veränderungen, die sich innerhalb oder außerhalb dieser Datenbanken ergeben, im Blick. Bislang kann man grob zwischen zwei Formaten unterscheiden – einerseits fächer- und teilfächerübergreifende Datenbanken, andererseits epochenspezifische.

Zu den wichtigsten übergreifenden Datenbanken gehören:

▶ **Jstor** (https://www.jstor.org): Jstor ist ein Online-Archiv für Zeitschriftenartikel verschiedenster Disziplinen, das zur Literaturrecherche genutzt werden kann, gleichzeitig aber auch (lizenzpflichtig) Volltexte der Artikel als PDF-Dateien bereitstellt. Es umfasst eine Reihe wichtiger historischer und altertumswissenschaftlicher internationaler Zeitschriften. Der Zeitschriftenbestand und damit der recherchierbare Pool ist deutlich kleiner als bei herkömmlichen Datenbanken, dafür bietet Jstor eine Volltextsuche innerhalb der einzelnen Artikel – ein Vorteil besonders bei sehr speziellen Suchanfragen. Aufgrund des angelsächsischen Schwerpunktes von Jstor sollten Sie immer auch mit englischen Suchbegriffen arbeiten.

▶ **Periodicals Index Online** (PIO: https://search.proquest.com/pio) und **Periodicals Archive Online** (PAO: (https://search.proquest.com/pao): Der PIO verzeichnet die Inhaltsverzeichnisse von mehreren tausend Zeitschriften aus dem Bereich der Geistes- und Sozialwissenschaften. Via PAO erhalten Sie Volltext-Zugriff auf bis zum Jahre 2000 erschienene Artikel. Der Zugang zu beiden lizenzpflichtigen Angeboten wird in Deutschland über die wissenschaftlichen Bibliotheken gewährt.

▶ Die **Internationale Bibliographie der geistes- und sozialwissenschaftlichen Zeitschriftenliteratur** (IBZ) liefert bibliographische Treffer und zum Teil auch durchsuchbare Abstracts zu Zeitschriftenartikeln aus dem Bereich der Geistes- und Sozialwissenschaften. Zugang (lizenzpflichtig) via: https://www.degruyter.com/databasecontent?dbid=ibz&dbsource=%2Fdb%2Fibz.

▶ **DigiZeitschriften** (https://digizeitschriften.de) ist als deutschsprachiges Äquivalent zu Jstor konzipiert, reicht derzeit aber hinsichtlich des Umfanges bei weitem nicht an dieses heran.

▶ **Persée** (https://www.persee.fr) ist eine Online-Plattform für Inhalte verschiedener französischer Fachzeitschriften.

▶ **ProjectMuse** (https://muse.jhu.edu) ist ähnlich wie Jstor ein Online-Archiv für Zeitschriften.

Spezifisch für die Altertumswissenschaften:

▶ **Année Philologique** (http://cpps.brepolis.net/aph): Die Anneée Philologique ist die umfangreichste bibliographische Datenbank zu den Klassischen Altertumswissenschaften. Ihr lizenzpflichtiges Angebot umfasst selbständig wie unselbständig erschienene Literatur. Neben den bibliographischen Angaben stellt sie überdies kurze Abstracts in Englisch, Deutsch, Französisch oder Italienisch zu den Treffern zu Verfügung. Daher sollten Sie unbedingt mit mehrsprachigen Suchanfragen arbeiten. Aufgrund des Umfangs der Datenbank sind Publikationen der letzten zwei bis drei Jahre oftmals noch nicht aufgenommen.

▶ **Gnomon online** (http://www.gnomon-online.de) ist eine frei nutzbare umfangreiche Literaturdatenbank, die sich besonders durch ihre hohe Aktualität auszeichnet.

▶ **Zenon DAI** (https://zenon.dainst.org): Als zentrale Literaturdatenbank des Deutschen Archäologischen Instituts (DAI) verzeichnet Zenon schwerpunktmäßig archäologische Literatur.

Spezifisch für die Mediävistik:

▶ **Monumenta Germaniae Historica** (http://www.mgh.de/dmgh): Die Monumenta Germaniae Historica (MGH) bieten Ihnen nicht nur Zugang zu den digitalisierten Quellen-Bänden, sondern über den OPAC auch die Recherchemöglichkeit in der weltweit größten mediävistischen Fachbibliothek.

▸ **Regesta Imperii** (http://www.regesta-imperii.de): Das Projekt zur Bearbeitung der Urkunden der deutschen Könige und Kaiser stellt eine umfangreiche, durchsuchbare Bibliographie zur Verfügung, die quasi als Datenbank verwendet werden kann.

▸ **International Medieval Bibliography** (IMB) (http://cpps.brepolis.net/bmb): umfangreiche, lizenzpflichtige bibliographische Datenbank, die zeitlich von der Spätantike bis zum Beginn der Frühen Neuzeit reicht.

Spezifisch für die (Neuere) Geschichte:

▸ **Historical Abstracts** (https://www.ebsco.com/products/research-databases/historical-abstracts) ist ein lizenzpflichtiges Datenbank-Angebot, das selbständig wie unselbständig erschienene Literatur umfasst und mit Abstracts zusätzlich aufbereitet. Je nach Lizenz ist auch ein Volltextzugriff auf Texte möglich; es handelt sich um eines der umfangreichsten bibliographischen Angebote im Bereich der Geschichtswissenschaft.

▸ **Historische Bibliographie/Jahrbuch der historischen Forschung** (http://historische-bibliographie.degruyter.com): Die Historische Bibliographie war eine von der Arbeitsgemeinschaft historischer Forschungen (AHF) herausgegebene Bibliographie von in Deutschland publizierter historischer Fachliteratur (Monographien und Aufsätze). Das Jahrbuch der historischen Forschung verzeichnete dagegen erst noch entstehende Forschungsergebnisse. Beide Angebote sind weiter recherchierbar, werden jedoch seit 2013 nicht weiter aktualisiert – jüngere Literatur ist dort also nicht verzeichnet!

▸ **Jahresberichte für deutsche Geschichte** (http://www.jdg-online.de): umfangreiche bibliographische Datenbank für selbständig und unselbständig erschienene Literatur. Der Datenbestand endet allerdings mit dem Jahr 2015 und wird nicht mehr aktualisiert!

▸ **Deutsche Historische Bibliografie** (https://beta.historicum.net/dhb): Nach dem Auslaufen der Historischen Bibliographie und den Jahresberichten für deutsche Geschichte ist die Deutsche Historische Bibliografie (DHB) als Nachfolgeprojekt im Aufbau, das sukzessive die Datenbestände der Jahresberichte aufnehmen soll.

4. Freie Internetrecherche: Fluch und Segen

Die Recherche im Internet ist keineswegs per se schlecht. Es kommt allerdings immer darauf an, wie Sie mit den Resultaten umgehen. Der Nutzer ist weitaus stärker gefordert, die inhaltliche Qualität seiner Suchergebnisse zu beurteilen als bei der Suche über die wissenschaftlichen Kataloge und Datenbanken. Der souveräne, kritische Umgang mit solchen Internetressourcen – wie selbstverständlich auch mit gedruckter Literatur – gehört zu den elementaren Fähigkeiten, die Sie im Laufe Ihres Studiums erwerben.

Mitunter kann es in schwierigen Fällen durchaus angebracht sein, eine Suche über Google-Books, Google-Scholar oder Wikipedia ergänzend zur klassischen Recherche durchzuführen. Achten Sie dann aber besonders kritisch darauf, welcher Provenienz und Art Ihre Suchergebnisse sind, und fragen Sie sich, ob diese wirklich als zuverlässig gelten können und wissenschaftlichen Standards entsprechen. Kataloge von Online-Buchhändlern eignen sich dagegen kaum für eine sinnvolle Recherche: Sie liefern bequeme, aber von Verkaufszahlen abhängige Zusatztreffer. Außerdem bekommen Sie auch als Ebooks vertriebene Seminararbeiten von Kommilitonen angeboten und Nachdrucke älterer, lizenzfreier Werke, die vom ungeübten Benutzer häufig nicht sofort als solche erkannt werden.

Wikipedia hat das gegenteilige Problem: Die Inhalte einzelner Artikel können sich täglich ändern. Die Seite Wikiwatch (http://de.wiki-watch.org) ermöglicht eine Überprüfung einzelner Wikipedia-Artikel anhand gewisser Merkmale wie der Anzahl der Autoren, der Querverweise oder der verwendeten Literatur. Ebenso lohnt häufig ein Blick in die Versionsgeschichte und die Diskussionsseite eines Wikipedia-Artikels: Wann wurde er zuletzt überarbeitet? Wie viele Autoren haben mitgeschrieben? Wo sehen sie selbst noch Arbeitsbedarf? Gibt es im Artikel inhaltlich strittige Punkte oder ist der Artikel gar selbst Gegenstand eines „Edit-Wars"?

Suchen & Finden

Auch wenn dieses Angebot das eigene Nachdenken nicht ersetzen darf, kann es dennoch einen ersten Anhaltspunkt bieten und schärft gleichzeitig das Bewusstsein für die mitunter immensen Qualitätsunterschiede, die bei Texten im Netz zu finden sind. Im besten Falle bietet Ihnen diese Enzyklopädie einen soliden Überblick und die wichtigste Literatur, im schlimmsten Fall jedoch unsauber recherchierte oder veraltete Artikel und Hinweise auf unwissenschaftliche Literatur (siehe unten, Abb. 11). Mehr als das, was ohnehin in der wissenschaftlichen Literatur steht, kann Ihnen Wikipedia jedenfalls kaum bieten – anders gesagt: Wikipedia hat keinen Mehrwert jenseits rascher, ortsunabhängiger Verfügbarkeit. Ihre Verwendung dient eher der kursorischen Überprüfung, ob Ihnen bei anderen Recherchen womöglich wichtige Hinweise entgangen sein könnten; in einzelnen Fällen finden Sie zudem Links auf zitierfähige Quellen, mitnichten in allen!

Abgesehen davon gilt: Wichtige wissenschaftliche Nachschlagewerke wie Der Neue Pauly oder die Enzyklopädie der Neuzeit sind längst online verfügbar – zwar lizenzpflichtig, aber größere Bibliotheken verfügen meist über einen Campus-Zugang.

Schriften [Bearbeiten I Quelltext bearbeiten]

- Wolfgang Foerster (Hrsg. u. Bearb.): *Mackensen: Briefe und Aufzeichnungen des Generalfeldmarschalls aus Krieg und Frieden.* Bibliographisches Institut, Leipzig 1938.

Literatur [Bearbeiten I Quelltext bearbeiten]

- Joachim Niemeyer: *Mackensen, August von.* In: *Neue Deutsche Biographie* (NDB). Band 15, Duncker & Humblot, Berlin 1987, ISBN 3-428-00196-6, S. 623 f. (Digitalisat).
- Hans-Joachim Böttcher: *Mackensen, A. L. F. August (von).* In: *Bedeutende historische Persönlichkeiten der Dübener Heide.* (= *Schriftenreihe der Arbeitsgemeinschaft für Mitteldeutsche Familienforschung.* Nr. 237), Leipzig 2012, S. 63–64.
- Otto Kolshorn: *Unser Mackensen. Ein Lebens- und Charakterbild.* E. S. Mittler & Sohn, Berlin 1916.
- Theo Schwarzmüller: *Zwischen Kaiser und „Führer". Generalfeldmarschall August von Mackensen. Eine politische Biographie.* Ferdinand Schöningh, Paderborn/München/Wien/Zürich 1995; Taschenbuchausgabe nach der 2. durchgesehenen Auflage Deutscher Taschenbuch Verlag, München 2001, ISBN 3-423-30823-0.

Weblinks [Bearbeiten I Quelltext bearbeiten]

- Commons: August von Mackensen – Sammlung von Bildern
- **Levke Harders:** *August von Mackensen.* Tabellarischer Lebenslauf im LeMO (DHM und HdG)
- Literatur von und über August von Mackensen im Katalog der Deutschen Nationalbibliothek
- Zeitungsartikel über August von Mackensen in der Pressemappe 20. Jahrhundert der Deutschen Zentralbibliothek für Wirtschaftswissenschaften (ZBW).
- August von Mackensen in der Internet Movie Database (englisch)

Abb. 11: Screenshot: Wikipedia: Artikel August von Mackensen, Auszug. Kolshorn: Unser Mackensen – „Literatur"?

Eine schlichte Suche per Google schließlich ist meist zu unspezifisch und verweist Sie allzu häufig auf nicht verwertbare Seiten wie diverse Geschichtsforen, private Projekte und so weiter. Mit Google-Scholar (https://scholar.google.com) haben Sie die Möglichkeit, Ihre Recherche auf wissenschaftliche Texte zu begrenzen. Für sehr spezifische Suchanfragen ist auch Google-Books (https://books.google.com) hilfreich. So können Sie damit recht schnell überprüfen, wo etwa eine bestimmte Quelle oder eine Stelle aus einem größeren Werk gerade auch in der neueren Literatur behandelt wird. Wer etwa zu Caesars Gallischem Krieg „Meuterei von Vesontio", zu Karls Sachsenkriegen „indiculus obsidum" oder zum Ersten Weltkrieg „Langemarck OHL" eingibt, erhält einige einschlägige Treffer, jedoch ohne Gewähr der Vollständigkeit. Hier ist also Vorsicht geboten: Eine solche Anfrage kann nur eine Ergänzung zur klassischen Katalog- und Datenbank-Recherche sein, kein Ersatz. Ihre Ergebnisse bemessen sich einerseits daran, welche Werke Google digitalisiert hat, andererseits tauchen hier auch digitale Seminararbeiten als Treffer auf – von denen Sie sich nicht abhängig machen sollten. Sie können selbst mehr!

Kurzum

Bislang gilt in der Regel zumindest für Literatur: Was Sie im Netz finden, finden Sie leicht auch gedruckt – und zwar solider!

5. Der Weg zum Material: Ein Beispiel

Die Materialrecherche kennt verschiedene Wege – die mitunter zunächst parallel verlaufen, sich manchmal aber auch kreuzen. Sie enden allesamt in einer soliden Literatur- und Quellenbasis, auf der Sie Ihre nächsten Arbeitsschritte (siehe Abschnitt „Lesen & Denken") aufbauen können.

Gehen wir eine solche Recherche einmal an einem konkreten Beispiel durch. Sie suchen nach einem Seminar über den Ersten Weltkrieg ein Hausarbeitsthema. Sofern Sie nicht auf ein vorgegebenes Thema verpflichtet sind, überlegen Sie zunächst, welche im Semi-

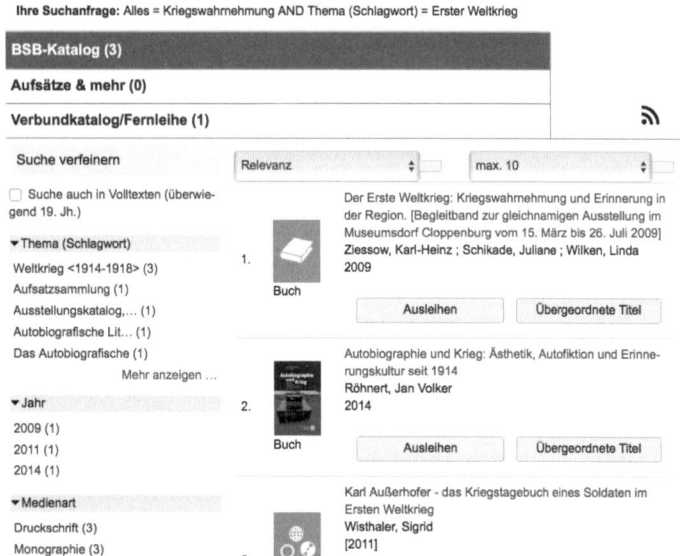

Ihre Suchanfrage: Alles = Kriegswahrnehmung AND Thema (Schlagwort) = Erster Weltkrieg

BSB-Katalog (3)

Aufsätze & mehr (0)

Verbundkatalog/Fernleihe (1)

Suche verfeinern | Relevanz ▲ | max. 10 ▲

☐ Suche auch in Volltexten (überwiegend 19. Jh.)

▼ Thema (Schlagwort)
Weltkrieg <1914-1918> (3)
Aufsatzsammlung (1)
Ausstellungskatalog,... (1)
Autobiografische Lit... (1)
Das Autobiografische (1)
Mehr anzeigen ...

▼ Jahr
2009 (1)
2011 (1)
2014 (1)

▼ Medienart
Druckschrift (3)
Monographie (3)

1. Buch — Der Erste Weltkrieg: Kriegswahrnehmung und Erinnerung in der Region. [Begleitband zur gleichnamigen Ausstellung im Museumsdorf Cloppenburg vom 15. März bis 26. Juli 2009] Ziessow, Karl-Heinz ; Schikade, Juliane ; Wilken, Linda 2009
[Ausleihen] [Übergeordnete Titel]

2. Buch — Autobiographie und Krieg: Ästhetik, Autofiktion und Erinnerungskultur seit 1914 Röhnert, Jan Volker 2014
[Ausleihen] [Übergeordnete Titel]

Karl Außerhofer - das Kriegstagebuch eines Soldaten im Ersten Weltkrieg
Wisthaler, Sigrid
[2011]

Abb. 12: Screenshot: Kombinierte Stichwort-/Schlagwortsuche (Kriegswahrnehmung + Erster Weltkrieg) im OPAC der Bayerischen Staatsbibliothek.

nar angesprochenen Aspekte Sie besonders interessiert haben. Vielleicht möchten Sie lieber ein Thema wählen, das im Seminar gerade nicht oder nur am Rande berücksichtigt werden konnte. Vielleicht greifen Sie zwecks Inspiration noch einmal zu Handbüchern und Überblickswerken neueren Datums. Sie eignen sich gleichzeitig zur ersten Literaturrecherche nach dem Schneeballsystem – so beispielsweise die nachstehende Auswahl einschlägiger Werke, bei deren Einschätzung Ihnen fachwissenschaftliche Rezensionen helfen können. Sie sehen daran zugleich, welche Treffer Ihnen bei einer bloßen Katalogsuche nach dem Stichwort „Erster Weltkrieg" entgehen dürften. Denn dieses Stichwort kommt keineswegs in allen relevanten Titeln vor:

▶ Clark, Christopher: Die Schlafwandler. Wie Europa in den Ersten Weltkrieg zog, München 2013.

▶ Friedrich, Jörg: 14/18. Der Weg nach Versailles, Berlin ²2014.

- Hirschfeld, Gerhard/Krumeich, Gerd/Renz, Irina (Hg.): Enzyklopädie Erster Weltkrieg, Paderborn [2]2014.
- Leonhard, Jörn: Die Büchse der Pandora. Geschichte des Ersten Weltkriegs, München 2014.
- Münkler, Herfried: Der Große Krieg. Die Welt 1914 bis 1918, Berlin 2013.
- Schöllgen, Gregor: Das Zeitalter des Imperialismus, Berlin 2014 (Oldenbourg Grundriss der Geschichte, Band 15).
- Winter, Jay (Hg.): The Cambridge History of the First World War, 3 Bände, Cambridge 2014.

Vielleicht führen Ihre Überlegungen und Ihre Lektüre zur Idee, sich näher mit der zeitgenössischen Wahrnehmung des Krieges zu beschäftigen. Schon eine erste grobe Recherche in einem der gängigen Kataloge zeigt die Vielfalt des Themas (Abb. 12). Kriegswahrnehmung kann national geprägt sein, sie kann sich unter anderem auch nach Alter, sozialer Herkunft und Geschlecht unterscheiden.

Ebenso vielfältig – formal wie inhaltlich – sind die verschiedenen Quellen, auf die sich Historiker bei ihren Untersuchungen stützen, darunter:

- Tagebücher oder Memoiren – wie Ernst Jüngers „In Stahlgewittern", wegen der komplexen Entstehungsgeschichte unbedingt in der kritischen Edition zu nutzen.[28] Jünger, für den der Erste Weltkrieg zum großen Thema seines Œuvres wurde, hat unter anderem auch in „Das Wäldchen 125" (1924) und in Bildbänden[29] seine Kriegsansichten verbreitet.
- Lieder – wie Walter Flex' jugendbewegtes Gedicht „Wildgänse rauschen durch die Nacht", das zu einem bekannten und beliebten Lied vertont wurde.[30]

---

28 Jünger, Ernst: In Stahlgewittern. Historisch-kritische Ausgabe, hg. v. Helmuth Kiesel, 2 Bände, Stuttgart 2013.

29 Darunter: Jünger, Ernst (Hg.): Das Antlitz des Weltkrieges. Fronterlebnisse deutscher Soldaten. Mit etwa 200 photographischen Aufnahmen auf Tafeln, Kartenanhang sowie einer chronologischen Kriegsgeschichte in Tabellen, Berlin 1930.

30 Kurz, Gerhard: „Wildgänse rauschen durch die Nacht". Graue Romantik im Lied von Walter Flex, in: Stambolis, Barbara/Reulecke, Jürgen (Hg.): Good-Bye Memories? Lieder im Generationengedächtnis des 20. Jahrhunderts, Essen 2007,

▶ Literatur beziehungsweise Filme – wie Erich Maria Remarques Roman „Im Westen nichts Neues", mehrfach verfilmt.[31]

▶ Postkarten – Abertausende von Feldpostkarten wurden mit patriotischen Motiven versehen, mittlerweile sind viele davon digitalisiert.[32] Vielleicht finden sich noch Exemplare in Ihrem „Familienarchiv"?

▶ Materielle Quellen wie Denkmäler oder Produkte jener Zeit – wie ein Stahlhelm als Sinnbild des modernen Maschinenkrieges.

Bei der Recherche und ersten Sichtung Ihrer Ergebnisse fällt Ihnen möglicherweise die Diskrepanz zwischen anfänglich vielfach vorhandener Kriegsbegeisterung und der Ernüchterung im weiteren Kriegsverlauf auf. Bereits eine erste Recherche zeigt die große Bandbreite der Forschung auf (Abb. 13).

Die „Nebenbefunde" der Recherche zeigen, dass Sie Ihr Thema für eine gelungene Hausarbeit enger eingrenzen müssen. Möglicherweise stoßen Sie bei der Sichtung der Ergebnisse auf das berühmte Gefecht bei Langemarck im Oktober 1914. Obschon weder sonderlich erfolgreich noch bedeutsam für den Kriegsverlauf, erfuhr es schnelle und nachhaltige Resonanz. In der deutschen Öffentlichkeit machte es Furore als Exempel nationaler Begeisterung und des Heldenmutes junger Kriegsfreiwilliger.

Nachdem Sie sich mit dem Mythos von Langemarck vertraut gemacht haben, erscheint er Ihnen einerseits hinreichend begrenzt für eine Hausarbeit. Andererseits bietet er noch immer vielfältige Ausgestaltungsmöglichkeiten, so dass Sie sich zu einer gezielten Recherche entschließen:

S. 79–97; Schepping, Wilhelm: „Wildgänse rauschen durch die Nacht". Neue Erkenntnisse zu einem alten Lied, in: ebenda, S. 99–114.

31 Oesterle, Günther: Das Kriegserlebnis im für und wider. „Im Westen nichts Neues" von Erich Maria Remarque (1929), in: Laak, Dirk van (Hg.): Literatur, die Geschichte schrieb, Göttingen 2011, S. 213–223.

32 Hinweise gibt etwa: https://www.historicum.net/themen/erster-weltkrieg/quellen/feldpostkarten-agv-muenchen/digitalisate (Stand: 24. Juni 2018).

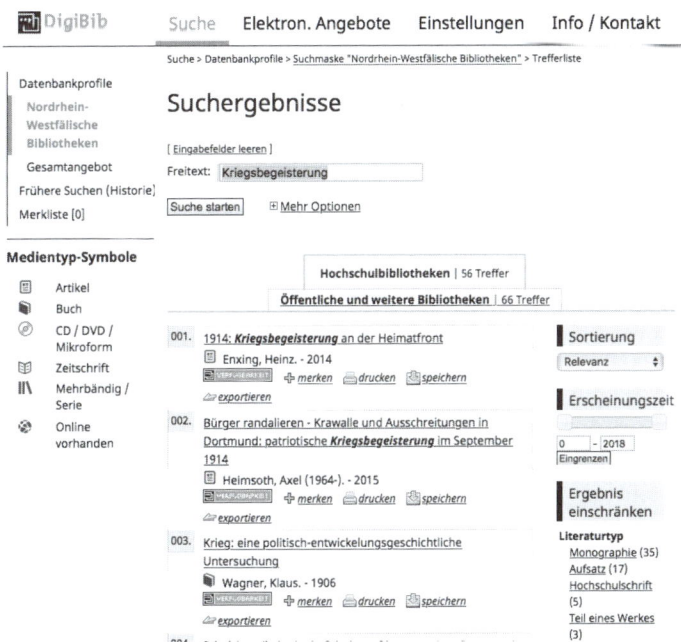

Abb. 13: Screenshot: Ergebnis einer Recherche im OPAC des hbz, Stichwortsuche Kriegsbegeisterung

▶ Durchforsten Sie bereits erfasste Literatur (die erwähnten Handbücher sowie Ihre Treffer zu den Schlagworten Kriegswahrnehmung und Kriegsbegeisterung) gezielt nach Informationen und weiterführender Literatur zu Langemarck. Nutzen Sie insbesondere Inhaltsverzeichnisse, Anmerkungen, Literaturangaben und Indices.

▶ Durchsuchen Sie die gängigen Kataloge nach geeigneten Schlagworten. In unserem führt der Suchbegriff „Langemarck" schon zu zahlreichen Treffern. Denken Sie dennoch an alternative Begriffe und Schreibweisen („Langemark", „Bixschote").

▶ Nutzen Sie einschlägige Aufsatzdatenbanken und Fachportale! So bietet etwa historicum.net ein eigenständiges Themenportal zum Ersten Weltkrieg, das Sie nicht nur auf Literatur, sondern auch auf Quellen (darunter digitalisierte Feldpostkarten) verweist.

▶ Obschon Sie nun sicherlich schon reichlich Material gefunden haben, können Sie in einer freien Internetrecherche beispielsweise Wikipedia (Artikel: Mythos von Langemarck) und Google beziehungsweise Google-Books oder Google-Scholar bemühen. Gleichen Sie beispielsweise die Literaturangaben des Wikipedia-Artikels mit Ihren eigenen ab. Decken sie sich? Haben Sie etwas Wichtiges übersehen?

Gerade bei historisch brisanteren Einträgen lohnt sich auch ein Blick in die Versionsgeschichte beziehungsweise den Diskussionsverlauf bei Wikipedia. In der ersten Version aus dem Jahr 2004 war das Zitat aus dem Heeresbericht noch ohne Nachweis angegeben gewesen, ehe am 21. August 2007 ein Verweis auf einen wissenschaftlichen Artikel eingefügt wurde.[33] Blinde Übernahme kann zu peinlichen Ergebnissen führen – in besagtem Wikipedia-Eintrag etwa noch immer, wenn Sie den Bericht der Obersten Heeresleitung über die angegebenen Weblinks erschließen:[34] Dann geraten Sie auf eine obskure Website[35] statt auf eine wissenschaftliche Edition!

Vergleichen Sie die beiden Trefferbilder auf Basis eines Verbundkataloges (Abb. 14) und eines lokalen OPAC (Abb. 15). Achten Sie insbesondere auf folgenden Treffer: Kaufmann, Günther: Langemarck. Das Opfer der Jugend an allen Fronten, Berlin 1938. Wie würden Sie dieses Werk einordnen? Als Literatur? Als Quelle?

---

33 Die Versionsgeschichte zeigt zudem, dass ein übereifriger Bearbeiter durch die „Verbesserung" eines vermeintlichen Tippfehlers den Text der zitierten Quelle änderte (besser gesagt: verfälschte!), bevor dies einige Zeit später wieder rückgängig gemacht wurde.

34 https://de.wikipedia.org/wiki/Mythos_von_Langemarck (Stand: 24. Juni 2018).

35 http://www.stahlgewitter.com (Stand: 24. Juni 2018). Diese Homepage bezeichnet sich als „Das Archiv zum 1. Weltkrieg", ohne das zu leisten, was Aufgabe eines Archivs wäre: Quellen kompetent zu erschließen, das heißt unter Angabe ihrer Herkunft.

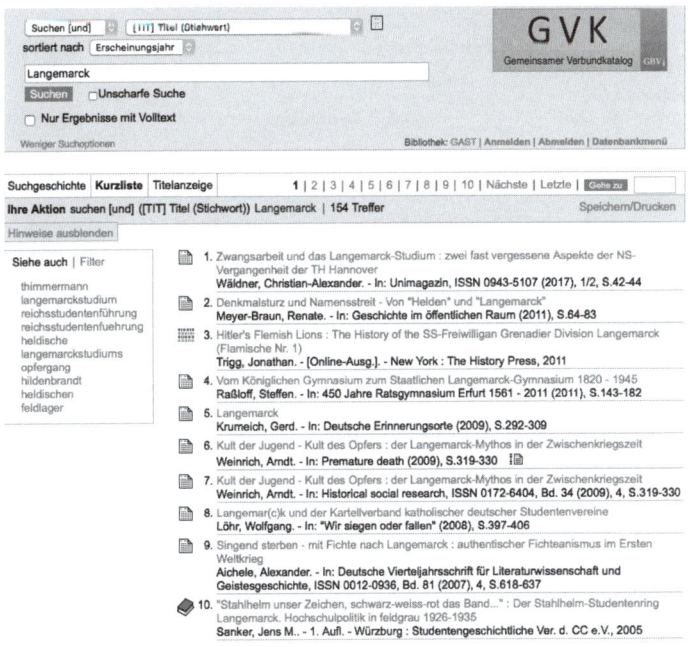

Abb. 14: Screenshot: Ergebnis einer Recherche im OPAC des GBV, Titelstichwortsuche „Langemarck"

Am Ende dieses Prozesses könnte Ihre Literaturliste um folgende Titel angewachsen sein (zugleich neuerliche Anfangspunkte für weitere Schneeballverfahren!):

▸ Bienert, Hans: Realität und Mythos im Ersten Weltkrieg. Das Beispiel Langemarck/Ypern, in: Leviathan, Band 44 (2016), S. 97–125.

▸ Dithmar, Reinhard: Der Langemarck-Mythos in Dichtung und Unterricht, Neuwied u. a. 1992.

▸ Faber, Michael (Hg.): Kriegs(er)leben im Rheinland. Zwischen Begeisterung und Verzweiflung (1914 – Mitten in Europa: Das Rheinland und der Erste Weltkrieg. Ausstellungskatalog LVR-Freilichtmuseum Kommern, 29. Juni 2014 bis 18. Oktober 2015), Köln 2014.

Abb. 15: Screenshot: Ergebnis einer Recherche im OPAC der Universitätsbibliothek Wuppertal, freie Suche nach „Langemarck". Achten Sie auf die massiven Treffer-Unterschiede, die allein in diesem Auszug zu den Rechercheergebnissen im OPAC des hbz oder des GBV erscheinen.

▸ Krumeich, Gerd: Langemarck, in: François, Etienne/Schulze, Hagen (Hg.): Deutsche Erinnerungsorte, Band 3, München 2001, S. 292–309.

▸ Jarausch, Konrad H.: German Students in the First World War, in: Central European History, Band 17 (1984), S. 310–329.

▸ Unruh, Karl: Langemarck. Legende und Wirklichkeit, Koblenz 1986.

▸ Weinrich, Arndt: Kult der Jugend – Kult des Opfers. Der Langemarck-Mythos in der Zwischenkriegszeit, in: Historical Social Research/Historische Sozialforschung, Band 34 (2009), S. 319–330.

Neben Literatur benötigen Sie selbstverständlich auch Quellen. An erster Stelle steht dabei die Meldung der Obersten Heeresleitung

(OHL), die in den zeitgenössischen Medien verbreitet wurde. Haben Sie Beispiele aus Zeitungen gefunden? Gibt es eine wissenschaftliche Edition dieser Meldung?

Denkbare Quellen sind auch archäologische Fundstücke aus der Schlacht wie ein Stahlhelm. Auch das im Jahre 1932 eingeweihte Denkmal auf dem Soldatenfriedhof von Langemarck wäre eine archäologisch-materielle Quelle. Möglicherweise existieren in Ihrer Stadt ähnliche Denkmäler oder Straßennamen, die an Langemarck oder andere Aspekte des Ersten Weltkriegs erinnern?

Gibt es literarische oder semi-literarische Zeugnisse wie Tagebücher oder Feldpost zur Schlacht? Bei der Recherche könnte Ihnen folgendes Werk begegnen: Neumann, Felix: Die Jugend von Langemarck: ein Heldenlied aus Flandern, Berlin 1917[36] – eine unter vielen literarischen Verarbeitungen des Geschehens, hier in Form eines „Epos", das den Angriff der deutschen Truppen verherrlichte. Obwohl in engem zeitlichen Zusammenhang mit dem Gefecht entstanden, stellt die Quelle schon eine Stufe der Rezeption dar. Für Fragen nach dem eigentlichen Geschehen ist sie keine sinnvolle Quelle, für Fragen nach der Deutung des Krieges hingegen eine ertragreiche. Wenn Ihr Forschungs- und Rechercheziel darin besteht, könnte Ihre vorläufige Arbeitsbibliographie wie auf der folgenden Seite (Abb. 16) aussehen:

---

36 Online verfügbar etwa bei der Französischen Nationalbibliothek: http://gallica. bnf.fr/ark:/12148/bpt6k9437138k (Stand: 24. Juni 2018).

Bibliographie (Angaben noch überprüfen und vereinheitlichen!)

Quellen

Publizierte Quellen

Felix Neumann: Die Jugend von Langemarck. Ein Heldenlied aus Flandern, Berlin 1917

Archivmaterial

(noch suchen)

Sekundärliteratur

Afflerbach, Holger: Falkenhayn: Politisches Denken und Handeln im Kaiserreich, München 1994. (noch lesen)

Bienert, Hans: Realität und Mythos im Ersten Weltkrieg. Das Beispiel Langemarck/Ypern, Leviathan 44, 2016, 97–125.

Dithmar, Reinhard: Der Langemarck-Mythos in Dichtung und Unterricht, Neuwied u.a.1992.

Fox, Colin: The myths of Langemarck, in: Imperial War Museum Review 10 (1995), 13-25. (Fernleihe!)

Fransecky, Tanja von: Der Langemarck-Mythos und seine Funktion als ideologischer Wegbereiter des Dritten Reiches. In: Siggelkow, Ingrid (Hg.): Erinnerungskultur und Gedächtnispolitik. Frankfurt am Main 2003, 51-78.

Hüppauf, Bernd: Schlachtenmythen und die Konstruktion des „Neuen Menschen". In: Hirschfeld, Gerhard / Gerd Krumeich / Irina Renz (Hg.): „Keiner fühlt sich hier mehr als Mensch…". Erlebnis und Wirkung des Ersten Weltkriegs. Essen 1996, 43-86.

Hüppauf, Bernd: Langemarck, Verdun and the Myth of a *New Man* in Germany after the First World War, in: War & Society, Band 6/2 (1988), 70-103.

Hüppauf, Bernd: Kriegsliteratur, in: Hirschfeld, Gerhard / Krumeich, Gerd / Renz, Irina (Hgg.): Enzyklopädie Erster Weltkrieg, Paderborn ²2014, 177-191.

Ketelsen, Uwe-K.: Die Jugend von Langemarck. Ein poetisch-politisches Motiv der Zwischenkriegszeit in Deutschland. In: Koebner, Thomas / Rolf-Peter Janz / Frank Trommler (Hg.): „Mit uns zieht die neue Zeit". Der Mythos Jugend. Frankfurt am Main 1985, 68-96.

Krumeich, Gerd: Langemarck, in: François, Etienne / Schulze, Hagen (Hg.); Deutsche Erinnerungsorte, Band III, München 2001, 292-309.

Nebelin, Manfred: Ludendorff: Diktator im Ersten Weltkrieg, München 2010. (vorgemerkt)

Rohkrämer, Thomas: August 1914 — Kriegsmentalität und ihre Voraussetzungen, in: Michalka, Wolfgang (Hg.): Der Erste Weltkrieg. Wirkung Wahrnehmung Analyse, München 1994, 759-777.

Weinrich, Arnd: Kult der Jugend - Kult des Opfers. Der Langemarck-Mythos in der Zwischenkriegszeit, in: Historical Social Research 34 (2009), 4, 319-330.

Ziemann, Benjamin: „Macht der Maschine" – Mythen des industriellen Krieges, in: Spilker, Rolf / Ulrich, Bernd (Hg.): Der Tod als Maschinist – Der industrialisierte Krieg 1914 -1918. Eine Ausstellung des Museums Industriekultur Osnabrück im Rahmen des Jubiläums „350 Jahre Westfälischer Friede" 17.Mai - 23. August 1998. Bramsche 1998, 176-189.

Abb. 16: Provisorische Arbeitsbibliographie – provisorisch in den Ergebnissen wie in der (noch uneinheitlichen) Darstellung!

6. Zur Vertiefung

Auch wenn wir hier ein eng begrenztes Beispiel angeführt haben, so gilt dieses Vorgehen – mutatis mutandis – auch für alle anderen Epochen. Versuchen Sie es selbst anhand dreier Beispiele aus verschiedenen Epochen: Caesar und die Germanen, die Sachsenkriege Karls des Großen und der Dreißigjährige Krieg. Recherchieren Sie selbst einschlägige Literatur zu den genannten Themenfeldern!

I. Ein Beispiel aus der Antike – Caesars Gallischer Krieg
Caesars Beschreibung seines Krieges gegen die Gallier enthält auch eine berühmte ethnographische Darstellung der Germanen und eine Schilderung seines Konfliktes mit dem suebischen Heerführer Ariovist. Welche Schritte zur Quellenrecherche würden Sie durchführen? Wie suchen und finden Sie einschlägige Literatur zu diesem Thema?

II. Ein Beispiel aus dem Mittelalter – Karl der Große und die Sachsenkriege
Die Sachsenkriege unter Karl dem Großen zwischen den Jahren 772 und 804 stellen für das Ausgreifen des Frankenreiches nach Osten eine wichtige Zäsur dar. Gleichzeitig hat die Forschung das mitunter brutale Vorgehen der Franken höchst kontrovers beurteilt. Was sind die einschlägigen Quellen zur Geschichte der Sachsenkriege? Wie gelangen Sie zur Literatur?

III. Ein Beispiel aus der Frühen Neuzeit – Der Dreißigjährige Krieg
Vor über 400 Jahren entwickelte sich aus dem berühmten Prager Fenstersturz vom 23. Mai 1618 der Dreißigjährige Krieg. Welche Quellen stehen Ihnen zur Verfügung, wenn Sie eine Arbeit zum Ausbruch jenes für das Konfessionelle Zeitalter zentralen Krieges planen? Welche Literatur hilft Ihnen bei der Recherche?

Suchen & Finden

Lesen & Denken

Ad fontes!

Quellen sind der Rohstoff aller geschichtswissenschaftlichen Produkte: für Fachbücher, populäre Darstellungen, Schulunterricht, Fernsehsendungen oder ganz andere Formate. Deshalb führt der Weg des Historikers immer zu den Quellen, ad fontes. Unter diesem Motto suchten Humanisten seit dem 15. Jahrhundert emsig nach authentischen Texten aus der Vergangenheit – um fingierte auszuscheiden. Berühmt geworden ist die „Konstantinische Schenkung", jenes vermeintliche Dekret Kaiser Konstantins, der dem Papst Silvester am Beginn des 4. Jahrhunderts auch die weltliche Herrschaft anvertraut habe: Auf diese angebliche Machtübertragung berief sich die Kurie später zur Rechtfertigung eigener Herrschaftsansprüche. Doch der Humanist Lorenzo da Valla entlarvte die schon zuvor bezweifelte Schenkungsurkunde um das Jahr 1440 als Fälschung.[37] Seine exakte philologische Analyse wies nach, dass das Latein der Urkunde sich deutlich vom Latein der angeblichen Entstehungszeit unterschied, der Text mithin erst später entstanden sein konnte.

Auf diese Weise betrieb Valla akkurate **Quellenkritik, Kerndisziplin des Historisch Arbeitens.** Zu den wesentlichen Aufgaben eines Historikers gehört es, echte von falschen Quellen unterscheiden zu können. Manchmal nimmt das spektakuläre Formen an: zum Beispiel bei den angeblichen Hitler-Tagebüchern, die der Kunstfälscher Konrad Kujau im Jahre 1983 an die Illustrierte „Stern" verkaufte –

---

37 Fried, Johannes: Die Konstantinische Schenkung, in: Fried, Johannes/Rader, Olaf B. (Hg.): Die Welt des Mittelalters. Erinnerungsorte eines Jahrtausends, München 2011, S. 295–311. Vallas Text ist in kritischen Editionen verfügbar: Valla, Lorenzo: De falso credita et ementita Constantini donatione, hg. v. Wolfram Setz, Weimar 1976 (Monumenta Germaniae Historica, Quellen zur Geistesgeschichte des Mittelalters, Band 10); Des Edlen Römers Laurentii Vallensis Clagrede wider die erdicht unnd erlogene begabung so von dem Keyser Constantino der Roemischen kirchen soll geschehen sein. Eine deutsche Übersetzung von Lorenzo Vallas Schrift „De falso credita et ementita Constantini donatione" aus der Reformationszeit, hg. v. Wolfram Setz, Basel/Frankfurt am Main 1981; Valla, Lorenzo: On the Donation of Constantine, hg. v. Glen Bowersock, Cambridge (Massachusetts) 2007.

ehe Forensiker erhebliche Zweifel an der Echtheit der Manuskripte durch den materiellen Nachweis bekräftigen konnten, dass Papier und Tinte erst nach Hitlers Tod hergestellt worden waren; zuvor hatten manche angesehene Fachhistoriker die vermeintliche Echtheit bestätigt, andere hingegen wegen inhaltlicher Unstimmigkeiten bezweifelt.

Selbst entlarvte Fälschungen lassen sich allerdings als historische Quellen nutzen, im Falle der Konstantinischen Schenkung etwa für die Analyse päpstlicher Legitimationsstrategien. Objektiv falsche Berichte über vermeintliche Tatsachen haben ihren eigenen Quellenwert. Auch Fake News geben relevante Auskünfte über ihren Urheber und dessen Zeit. Wer hatte ein Interesse an der Fälschung, wer wollte wen damit unter Zugzwang setzen? Kaum jemand wird wortwörtlich an das „Gespenst des Kommunismus" geglaubt haben, das Karl Marx und Friedrich Engels im „Kommunistischen Manifest" heraufbeschworen[38] – gewirkt hat die Drohung mit der Weltrevolution durchaus, ohne dass es zur proklamierten internationalen Vereinigung aller Proletarier gekommen wäre.

Derart aufwendige Untersuchungen sind im Alltag des Historisch Arbeitens selten zu leisten. Die Gefahr, auf falsche Quellen hereinzufallen, ist allerdings seit dem Humanismus immens gestiegen. Am geringsten ist sie bei Studien in Archiven und bei der Benutzung wissenschaftlicher Quelleneditionen. Am höchsten ist sie im Internet: Unzählige Seiten bieten unzählige ungeprüfte Quellen an. Im günstigsten Falle fehlen „nur" die Nachweise, die eine Quelle erst bearbeitungsfähig machen. Im ungünstigen handelt es sich um fehlerhafte Abschriften oder gar um Fälschungen (siehe das Cicero-Beispiel, S. 28). Bis heute kursieren im Netz zum Beispiel die antisemitischen, bereits am Beginn des 20. Jahrhunderts fingierten „Protokolle der Weisen von Zion", die ein angebliches Geheimtreffen einer jüdischen Weltverschwörung belegen sollten.[39]

---

38 Marx, Karl/Engels, Friedrich: Manifest der Kommunistischen Partei, in: Karl Marx/ Friedrich Engels: Werke, Band 4, hg. v. Institut für Marxismus-Leninismus beim ZK der SED, (Ost-)Berlin 1959, S. 459–493, S. 461.

39 Sogar für eine fingierte Quelle, die indes eine gewaltige Wirkung gehabt hat, existiert hier eine kritische Edition: Sammons, Jeffrey L. (Hg.): Die Protokolle der Weisen von Zion. Die Grundlage des modernen Antisemitismus. Eine Fälschung.

Jede Quelle bildet nur einen kleinen Auszug aus der Geschichte ab – auch wissenschaftlich vorzügliche Quelleneditionen, in denen schon aus Platzgründen viele Dokumente nur teilweise wiedergegeben werden können. Für solche Kürzungen haben die Bearbeiter jeweils gute Gründe. Aber es wäre jeweils auch eine andere Auswahl denkbar. Bisweilen sind die ausgelassenen Passagen – „[…]" – am interessantesten. Denn Auslassungen resultierten aus interpretatorischen Vorannahmen, ebenso kommentierte Korrekturen am Text (sogenannte Konjekturen). Eine weitere Unschärferelation betrifft übrigens die Sprache. Keine Variante oder Übersetzung ist deutungsneutral; so irgend möglich, sind Quellen in der Originalsprache zu erschließen. Darum sind Fremdsprachenkenntnisse für Historiker so bedeutsam, selbstredend auch besondere Fertigkeiten in der eigenen Sprache: „Freiheit" um das Jahr 2000 bedeutet schon etwas anderes als „Freiheit" im Jahre 1989, diese wiederum etwas anderes als „Freyheit" im Jahre 1789 oder als „Libertät" im Jahre 1689.[40]

Wenn Quellen der Rohstoff für alle geschichtswissenschaftlichen Produkte sind – dann ist die Literatur das Werkzeug für deren Bearbeitung: in ihren mannigfachen Formen, von kurzen Einträgen in Nachschlagewerken bis hin zu ausführlichen Darstellungen in Handbüchern oder ganzen Handbuchreihen, von kleineren Artikeln in Fachzeitschriften bis hin zu großen Monographien. Je umfangreicher der Werkzeugkasten, desto kunstvoller gelingt die Bearbeitung des Stoffes.

Das Produkt geschichtswissenschaftlichen Arbeitens an der Quelle ist eine These. These meint einen umsichtigen Deutungsvorschlag über historische Ereignisse oder Entwicklungen – aufbereitet für die Diskussion mit anderen. Sie antwortet auf eine spezifische Fragestellung, die am Anfang der Auseinandersetzung mit den Quellen stehen muss respektive in der Auseinandersetzung mit

---

Text und Kommentar, Göttingen 1998. Siehe auch: Benz, Wolfgang: Die Protokolle der Weisen von Zion. Die Legende von der jüdischen Weltverschwörung, München 2007.

40 Conze, Werner u. a.: Freiheit, in: Brunner, Otto/Conze, Werner/Koselleck, Reinhart (Hg.): Geschichtliche Grundbegriffe. Historisches Lexikon zur politisch-sozialen Sprache in Deutschland, Band 2, Stuttgart 1975, S. 425–542.

den Quellen entsteht. Die Funktion der Literatur besteht darin, der Quelle möglichst viele Erkenntnisse abzuringen – möglichst kundige und möglichst akkurate.

Literatur hilft zunächst beim Erschließen der Kontexte, der kleineren wie der größeren. Wer beispielsweise Quellen aus der Zeit des Ersten Weltkriegs studieren möchte, wird sich zunächst einen Überblick über den Verlauf dieses epochalen Konflikts und dann gezielt Studien über das Umfeld der Quellen verschaffen: darunter das räumliche, das zeitliche, das politische, das militärische, das soziale, das wirtschaftliche, das kulturelle. Zudem bringt Literatur in die Lektüre der Quellen bereits Deutungsvorschläge ein. Nur Vertrautheit mit einschlägigen Fachpublikationen ermöglicht echte Neuentdeckungen und schützt vor vermeintlichen. Zu solchen Neuentdeckungen gelangen übrigens nicht nur Professoren – sondern auch Studenten oder Lehrer gemeinsam mit ihren Schülern. Denn sie stellen anhand des aktuellen Wissensstandes (den Schulbücher leider nicht immer zu vermitteln vermögen) kluge Fragen an die Quellen, die sie mit Thesen beantworten; sie bringen argumentative Ordnung in eine Vielzahl von Quellenbeobachtungen!

1. Quellen: Material des Historikers

Quellen sind Zeugnisse aus der Vergangenheit – und damit über die Vergangenheit. Alles Erhaltene ist eine Quelle, wirklich alles! Selbst Gebrauchsgegenstände, Gebäude oder Geländeveränderungen verraten viel über einstige Umstände, nicht nur buchförmige oder handgeschriebene Texte. Zwar behandeln die meisten Seminararbeiten reproduzierte Quellen, zwar basieren die meisten Schulstunden auf gedruckten Quellenauszügen. Das aber sind didaktische Sonderfälle. Archäologen arbeiten schließlich auch historisch, jedoch selten mit gedrucktem Material: Inschriften, Grabkammern, Abfallhalden und vieles mehr sind ihre Quellen. Warum steht auf Mülleimern noch immer „Keine heiße Asche einfüllen"? Weil bis weit in die 1960er Jahre viele Haushalte mit Kohle befeuert wurden, deren Asche dann entsorgt werden musste. Wer eines Tages über das 21. Jahrhundert arbeitet, wird sich wohl auf digitale Quellen konzentrieren – genauer gesagt: auf das, was davon am Ende übrigbleiben mag.

Quellen müssen immer wieder neu gesucht, kritisch gelesen und befragt werden – im Dienste einer spezifischen Fragestellung. Anders gesagt: Keine Quelle ist jemals zu Ende gelesen. Was sie über die Vergangenheit kundgibt, hängt von der Leseweise ab. Andere Generationen finden andere Phänomene der Vergangenheit spannend und entwickeln andere Methoden, um dieselben Quellen zu befragen. Jede Epoche trifft zudem Entscheidungen über ihre eigene Überlieferung und diejenige früherer Epochen; jedes Zeitalter hinterlässt seine eigenen, eigentümlichen Quellen. Welche davon weitergegeben oder eines Tages wiederentdeckt werden, darüber bestimmen Nachwelt und Zufall. Pfusch am Bau hat beispielsweise die sorgsame Arbeit von Generationen von Archivaren zunichte gemacht, die das eingestürzte Kölner Stadtarchiv aufgebaut hatten; klimatische Zufälle haben dafür die Ladung gesunkener Schiffe im Mittelmeer erhalten, anhand deren man die Handelswege des Römischen Imperiums rekonstruieren kann.

Quellen lassen sich in Gattungen einteilen, prinzipiell, nach dem Material, nach der Form, nach der Funktion, bisweilen auch epochenspezifisch: von antiken Inschriften über mittelalterliche Codices bis hin zu gedruckten Texten aus der Neuzeit. Insbesondere Handbücher und Einführungsdarstellungen[41] verschaffen Orientierung in der Gattungsvielfalt der Quellen zu unterschiedlichen Zeiten. Quellen unterscheiden sich in Material und Form, aber auch in der Funktion. Marktplätze verraten etwas über die Wirtschaftsform, Hinrichtungsstätten etwas über den Umgang mit Strafe und Schuld, Gemälde in Kirchen etwas über theologische Präferenzen, gedruckte Pamphlete in der Sprache des einfachen Volkes etwas über Öffentlichkeit, kostbare lateinische Schriftrollen etwas über Elitenbildung, Quelleneditionen selbst wiederum etwas über den bevorzugten Umgang einer Epoche mit ihrer Vergangenheit.

---

41 So etwa aus den Reihen: Oldenbourg Grundriss der Geschichte, Enzyklopädie deutscher Geschichte, Handbuch der Geschichte Europas, Handbuch der europäischen Geschichte.

Lesen & Denken

Je weiter man sich auf die Gegenwart zubewegt, desto umfangreicher werden die Quellen. Manche sind alternativlos. Über den Ausbruch des römischen Bürgerkriegs nach der Ermordung Caesars liegen nur wenige zeitgenössische Überlieferungen vor – über den Ausbruch des Ersten Weltkriegs hingegen bereits abertausende Artikel aus der damaligen Tagespresse.

> **Kurzum**
>
> Wer die Wahl hat, hat keine Qual. Keine Quelle ist an und für sich besser als eine andere. Aber manche sind für Sie beziehungsweise für Ihre Fragestellung interessanter oder geeigneter.

Wie kann man unter vielen Quellen eine pragmatische Entscheidung treffen, die sich auch theoretisch rechtfertigen lässt? Eine erste Eingrenzung bei der Untersuchung eines umfangreichen Quellen-Corpus gibt die **Fragestellung** vor. Wer zum Beispiel die Ursachen des Kriegsausbruches im Jahre 1914 erforschen will, wird eher die Überlieferung der Regierungen als Quelle konsultieren; wer sich für die Darstellung der Julikrise und der ersten Kriegstage interessiert, wird eher Zeitungsartikel in den Blick nehmen – und dann vielleicht eine Auswahl nach Erscheinungszeitraum, Erscheinungsort, vielleicht auch nach dem mutmaßlichen Publikum vornehmen.

Die zweite Eingrenzung bestimmt das **Quellenmaterial** selbst. Was in den Quellen steht, kann man vorher nun einmal nicht wissen – und muss deshalb schlicht mit der Lektüre beginnen. Es gibt selten objektive Kriterien, mit denen man Quellen von vornherein als besonders aussagekräftig identifizieren kann, aber dafür eben gute subjektive Indizien im gelesenen Nachhinein: Wie bei jedem Handwerk braucht es Material-Gefühl, das man durch geduldige Übung gezielt entwickeln kann.

Es gibt gleichwohl gewisse Indikatoren für Quellen, die sich lohnen. Ob die Quellen bekannt oder unbekannt scheinen, ob andere sie für interessant oder uninteressant erachten, ist zunächst irrelevant. **Relevant ist, welche Quelle Sie zum Nachdenken bringt.** In fast jeder Quelle gibt es unweigerlich bestimmte Passagen, die Ihre Neugier erregen werden: sei es, dass Sie sich damit identifizieren können oder gerade nicht, sei es, dass Sie sich über sie wundern, sei es, dass sie Ihnen in unterschiedlichen Hinsichten unverständlich, sinnlos oder gar sinnwidrig erscheinen. Wenn eine Quelle Sie auf eine dieser (oder auf andere) Weisen besonders fasziniert, haben Sie für sich die richtige entdeckt – und schon einen Ansatzpunkt für eine spannende und gute Analyse, die Ihrer Neugier wissenschaftliche Geltung verleiht.

Kurzum

Am Ende entscheidet die Lektüre. Der Anfang ist nebensächlich.

Alle Recherche-Wege führen auf ihre Weise zum Quellenziel. Als Ausgangpunkt können getrost Quellen und Quelleneditionen dienen, die Sie in der jeweiligen Lehrveranstaltung kennengelernt haben. Wählen Sie möglichst eine neue Quelle – und nicht eine bereits aus der Seminardiskussion bekannte: Voreingenommenheit verdirbt Ihnen das Forschervergnügen! Als Ausgangspunkt eignet sich aber auch die Fachliteratur. Dann ist es indes ratsam, sich eher von Quellenverzeichnissen als von der eigentlichen Darstellung leiten zu lassen: Literatur vermittelt bisweilen das unzutreffende Gefühl, dass manche Quellen gar nicht weiter analysiert werden müssten, gar könnten. Diese Illusion kann auch entstehen, wenn man die Recherche im Internet beginnt: Hier droht der trügerische Eindruck, als seien manche Quellen schon „zu Ende" gedacht. Das sind sie aber niemals.

1.1 Quellen unterscheiden: Gattungen und Provenienz

Quellen lassen sich in verschiedene Gattungen einteilen, zunächst einmal nach dem **Gegenstand.** Die wenigsten Quellen lassen sich nur für eine Binnendisziplin beziehungsweise nur für eine Fragestellung nutzen. Selbst die zunächst einmal vor allem für wirtschaftsgeschichtliche Studien interessanten Rechnungsbücher eines Kaufmanns aus der Zeit des Ersten Weltkriegs ermöglichen Rückschlüsse auf unterschiedliche Aspekte: auf ökonomische Gegebenheiten, auf Konsumvorlieben mitsamt deren sozialer Bedeutung, auf staatliche Eingriffe, auf Versorgungsengpässe (so etwa der Rückgang des

Kaffee-Umsatzes und der Anstieg des Ersatzkaffee-Umsatzes) – ja überhaupt auf den zeitgenössischen Umgang mit Gütern und Geld. Quellen lassen sich dem **Material** nach unterscheiden. Epigraphische Studien gelten Inschriften, die besonders für die Antike relevant sind; Siegel wiederum dürften im Mittelalter eine höhere Bedeutung gehabt haben (erforscht von der Sphragistik, eine der zahlreichen weiteren sogenannten Historischen Hilfswissenschaften). Numismatische Quellen hingegen (von denen die Münzkunde handelt) finden sich von der Antike bis in die Neuzeit, die wiederum als einzige über audiovisuelle Aufzeichnungen als Quelle verfügt – selbst von Barockmusik sind eben nur Noten, zeitgenössische Berichte und musiktheoretische Darstellungen erhalten: Viele Kantaten-Partituren Johann Sebastian Bachs oder Autographen der Werke Wolfgang Amadeus Mozarts liegen uns heute noch immer vor, aufbereitet in kritischen Editionen – aber eben keine einzige Aufführung unter der Leitung der Komponisten.

Kurzum

Auch Musikstücke, Videoaufzeichnungen, Gemälde, Gebäude, Kleidung oder Besteck sind Quellen, ebenso Bräuche, Manieren und vieles mehr – nicht nur Texte!

Freilich ist die Unterscheidung nach dem Material nur eine unter vielen Klassifikationsmöglichkeiten. Gesetzbücher und Romane wurden in der Neuzeit auf Papier gedruckt, ohne dass aus dieser materiellen Gemeinsamkeit analytischer Mehrwert erwüchse. Die Unterscheidung nach dem Material ist also nur ein erster Schritt. Quellen lassen sich auch der äußeren **Form** nach einteilen: Gedruckte Quellen etwa in Zeitungen, Bücher und Flugblätter (und vieles mehr), Bildquellen in Gemälde, Stiche, Zeichnungen, Fresken, Drucke (und vieles mehr). Weil mit bestimmten Erscheinungsformen von Quellen meist bestimmte Funktionen verbunden waren, kann diese Klassifikation bereits bei der Eingrenzung des Untersuchungsgegenstandes höchst hilfreich sein. Wenn Sie die Darstellung der Julikrise des Jahres 1914 in verschiedenen europäischen Ländern erforschen möchten, erzwingt die ungeheure Masse an möglichen Quellen eine Einschränkung Ihrer Fragestellung auf bestimmte Quellen. Beispielsweise könnten Sie Ihre Untersuchung auf Bilder oder Karikaturen in Zeitschriften beschränken – und Ihre Fragestellung also auf ein bestimmtes Genre oder eine bestimmte Provenienz-Region verengen. Damit das gelingt, bedarf es vorab der Überlegung, wie sich die Quellen einteilen lassen; die folgende (unvollständige) Aufstellung deutet an, wie Sie sich in dieser Vielfalt auch mit graphischen Mitteln orientieren könnten.

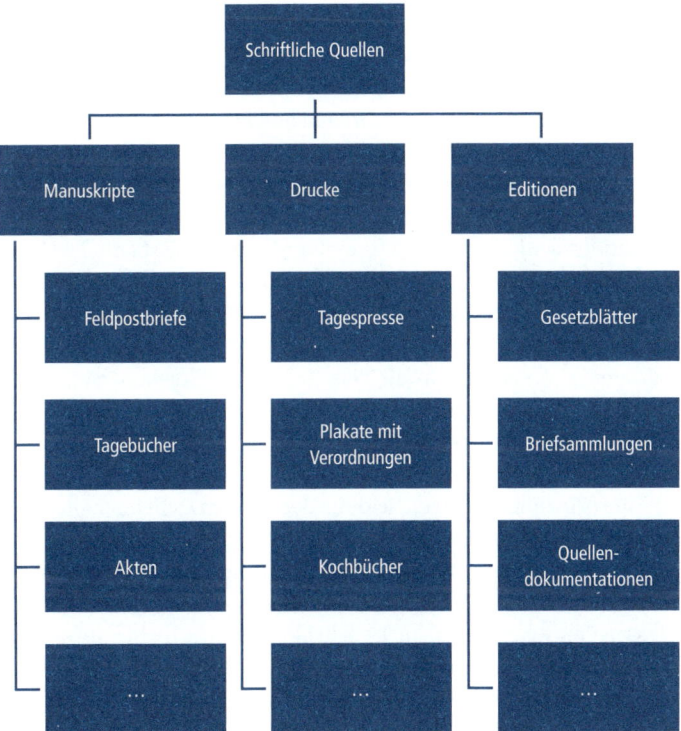

Lesen & Denken

Abb. 17: Schriftliche Quellen zum Ersten Weltkrieg: Ansätze zu einer schematischen Aufstellung

Quellen lassen sich zudem der **Funktion** nach unterteilen: zum Beispiel in öffentliche und private, in staatliche und literarische. Material und Form sind damit eng verbunden, je auf eigene Weise. Schließlich haben die Zeitgenossen jeweils überlegt, welchen Aufwand welche Zwecke erforderten. Verwaltungsdokumente wurden gewöhnlich nicht in Marmor gehauen. Wo sie in der Antike bisweilen eben doch in Stein gemeißelt und damit dauerhaft gemacht wurden, muss es sich um besonders bedeutsame Informationen gehandelt haben.

Quellen lassen sich auch der **sozialen Herkunft** nach unterteilen: Die meisten Überlieferungen stammen in der Regel von den jeweiligen Eliten beziehungsweise sind von ihnen gelenkt worden. Aber es gibt es eben auch Versuche, die Lebens- und Denkweisen der „einfachen" Bevölkerung festzuhalten – beispielsweise das britische „Mass Observation Archive" in Brighton,[42] das tausende Zeitzeugeninterviews mit Arbeitern und Hausfrauen aufbewahrt.

Schon diese generellen Einteilungen machen deutlich: Bereits bei der Quellensuche hilft **Kontextwissen** immens – angefangen mit der Überlegung, welche Quellen in der untersuchten Epoche überhaupt entstanden sein könnten. So ist in der Moderne die staatliche Überlieferung besonders umfangreich, in der Vormoderne sucht man danach eher vergeblich. Briefe römischer Soldaten sind nur wenige erhalten; dafür künden viele steinerne Epitaphe von ihrem Leben und Sterben. Je weiter man in die Geschichte zurückgeht, desto spärlicher werden schriftliche Quellen. Gegenständliche Quellen wie etwa Grab- und Denkmäler haben indes auch für den Neuzeit-Historiker eine große Bedeutung!

Eine prinzipielle Unterscheidung der Quellen steht über allen diesen Binnendifferenzierungen, nämlich die Unterscheidung der Herkunft nach, der sogenannten **Provenienz**. Diese Differenzierung hat insbesondere der einflussreiche deutsche Historiker Johann Gustav Droysen entfaltet, als er im 19. Jahrhundert Geschichte als methodengeleitete Wissenschaft zu verankern suchte.[43] Sie ist angeleitet von der Überlegung: Wie sind die Quellen jeweils auf uns gekommen? Prinzipiell lassen sich Quellen in **Tradition und Überrest** einteilen. Tradition setzt eine Überlieferungsabsicht voraus beziehungsweise handlungswirksame Entscheidung der Zeitgenossen und der nachfolgenden Generationen zugunsten der Weitergabe der betreffenden

---

42 Online: http://www.massobs.org.uk.

43 Droysen, Johann Gustav: Grundriss der Historik, Leipzig 1868, S. 14 (§ 21). Online via: http://reader.digitale-sammlungen.de/resolve/display/bsb10738094.html (Stand: 24. Juni 2018).

Quellen(n) – etwa Archivalien, Bücher in Bibliotheken, Denkmäler oder Sagen, deren Weitergabe lieb und teuer erschien. Damit ist eine Selektion verbunden, die umgekehrt auch Zerstörung bedeutet: in Archiven etwa die alltägliche Praxis der Kassation, bei der gezielt Quellen vernichtet werden, die für redundant oder wenig relevant befunden werden,[44] in der Politik bisweilen gar die Praxis der Bücherverbrennung, die nicht nur im Dritten Reich üblich war, oder der Damnatio Memoriae, also der gezielten Tilgung des Andenkens; manche römische Kaiser beispielsweise wurden nach ihrem Tod aus Schriftstücken getilgt, aus Inschriften gehauen, ihre Bildnisse zerstört oder umgewandelt. **Selbst Quellenvernichtung gehört zur vollzogenen Traditionsbildung. Überreste hingegen verdanken ihre Existenz letztlich dem Zufall.** Sie sind nicht absichtlich konserviert worden, sondern aufgrund günstiger Umstände – darunter etwa Privatbriefe, Rechnungsbücher oder Funde auf dem Dachboden der Urgroßeltern.

Warum ist diese Unterscheidung wichtig, warum verdient sie bei jeder Quelle Aufmerksamkeit? Sie schärft das Bewusstsein einerseits dafür, dass Historiker bei aller systematischen Vorgehensweise von Zufällen abhängig sind – und andererseits dafür, dass manche dieser Zufälle selbst Methode haben. Wer Quellen gezielt überliefert, möchte ein bestimmtes Bild (s)einer Epoche gezeichnet wissen: ein positives oder ein negatives, eines, in dem Eliten oder aber einfache Leute prominent erscheinen, eines, das eher kulturelle oder aber ökonomische Entwicklungen akzentuieren möchte. Anders gesagt: Jede Quelle bildet nur einen winzigen Ausschnitt aus der Geschichte ab – und bei Traditionen einen absichtsvoll gewählten, von dem man sich als Forscher leicht verleiten lässt, wenn man nicht auch nach Überresten Ausschau hält.

Lesen & Denken

Kurzum

Der einfachste Weg zur Quelle ist derjenige, der Tradition zu folgen. Zugleich ist es meist auch der eintönigste.

---

44 Zu solchen Aspekten siehe etwa: Franz, Eckhart G./Lux, Thomas: Einführung in die Archivkunde, Darmstadt ⁹2013.

Welche Erwägungen einer Traditionsbildung jeweils zugrunde liegen, erforscht übrigens eine eigene Binnen-Disziplin: Rezeptionsgeschichte befasst sich mit Phänomenen der stets selektiven Konstruktion von Traditionen (oder auch der gänzlichen Ablehnung von Traditionsbildung überhaupt). Sie macht zudem deutlich, dass die Grenzen zwischen Tradition und Überrest fließend verlaufen. Die Zuordnung ist jeweils eine Momentaufnahme. Traditionen können zu Überresten werden und umgekehrt. Schon deshalb lässt sich mitnichten sagen, dass Quellen aus der Tradition mehr oder weniger bedeutsam wären als Überreste; vielmehr ist die Unterscheidung meist eng mit der Funktion des Textes verschränkt – politische ausgebeutete Heldentaten gehörten meist zur Tradition, Alltagsquellen meist zu den Überresten.

Fließende Grenzen: Tradition und Überrest im Wandel

▶ Zufällig entdeckte Feldpostbriefe auf dem urgroßelterlichen Dachboden sind Überreste – aber geraten zur Tradition, sobald sie fortan absichtsvoll aufbewahrt, für alle Nachfahren kopiert oder gar ediert werden.

▶ Das Schlachtfeld von Verdun war ein Überrest des Ersten Weltkriegs. Die Entscheidung, diese zerstörte Landschaft nicht zu rekultivieren, sondern zur Mahnung künftiger Generationen so zu belassen, hat sie zur Tradition gemacht. Vielleicht werden sich künftige Generationen indes anders entscheiden?

▶ Das Forum Romanum in Rom war ein als Viehweide genutzter Überrest aus Steinruinen gewesen, ehe es die Humanisten zur bewahrenswerten Tradition erhoben haben.

Trennen kann man auch **Primär-** und **Sekundärquellen.** Primärquellen sind in unmittelbarer Nähe zu den berichteten Ereignissen entstanden, Sekundärquellen erst mit einem gewissen Abstand. Strikt definiert ist der Zeitpunkt indes nicht, der eine Quelle in eine der beiden Kategorien zwänge. Das ist insofern unproblematisch, als diese Unterscheidung zunächst keine Konsequenzen hat: Quellen sind so oder so subjektiv, egal, wann sie entstanden sind. Zeitliche Nähe oder Ferne tangieren den Quellenwert a priori nicht. Er hängt vielmehr von der jeweiligen Fragestellung ab. Just bei dieser Einordnung kann die Unterscheidung hermeneutisch hilfreich sein. Eine Feldpostkarte eines Soldaten ist per se nicht „wahrer" oder „realitätsnäher" als Memoiren, die Jahre später rückblickend entstanden sind – beide Quellen eignen sich lediglich für unterschiedliche Fragestellungen. Die Überlegung, ob es sich um eine Primär- oder Sekundärquelle handle, hat also einen Erkenntnismehrwert: Sie lenkt die Aufmerksamkeit darauf, dass der Kontext der Entstehung für die Quellenanalyse mindestens so wichtig ist wie die Quelle selbst.

Erinnerung im Wandel: Ein Beispiel

Der Offizier Ernst Jünger hat im Ersten Weltkrieg Tagebücher geführt – und später bearbeitet publiziert: „In Stahlgewittern" betitelte er sein vielfach aufgelegtes Erfolgsbuch. Die Druckversion unterscheidet sich signifikant vom Manuskript, die verschiedenen Auflagen wiederum weichen voneinander ab. Sie taugen alle als Quelle, doch eben mit spezifischen Fragestellungen zur jeweiligen Entstehungszeit: weil die Eingriffe in den Text jeweils aus dem Kontext der Jahre 1920, 1922, 1924, 1934, 1935, 1961 sowie 1978 zu erklären sind. In jeder Version betrieb Jünger eine Umdeutung der Vergangenheit, bemühte sich also um eine alternative Tradition.

Die verschiedenen Auflagen machen einerseits Entwicklungen im Schreiben des Autors nachvollziehbar, andererseits gewandelte Kontexte. Für Historiker gibt es – anders als für manche Literaturwissenschaftler – keine „authentische" oder „echte" Version, sondern viele Ausgaben, die im Lichte ihrer Erscheinungszeiten zu deuten sind. „In Stahlgewittern" vermittelt als Quelle manches über den Ersten Weltkrieg – aber aus der rückblickenden Sicht der jeweiligen Publikationszeit und ihrer wechselvollen Umstände.

Dieses Beispiel eröffnet eine weitere Dimension in der schwierigen Abwägung, was zur Tradition und was zum Überrest gehöre. Was als „Quelle" und was als „Literatur" dient, hängt letztlich nicht vom einzelnen Buch ab, sondern davon, wie Sie es verwenden.

So können beispielsweise die Bände der Publikationsreihe, mit der das Reichsarchiv der Weimarer Republik die Geschehnisse des Weltkriegs aufzubereiten suchte, ganz unterschiedlich genutzt werden. Der sechste Band daraus, der auch die Schlacht bei Langemarck behandelt,[45] lässt sich als Literatur nutzen: wenn Sie daraus den Verlauf einzelner Gefechte rekonstruieren. Er kann indes auch

---

45 Der Weltkrieg 1914 bis 1918. Bearbeitet im Reichsarchiv. Die militärischen Operationen zu Lande, Band 6, Berlin 1929, S. 16.

zu einer Quelle werden: wenn Sie eine Rezeptionsgeschichte der Schlacht bei Langemarck verfassen, also sich dafür interessieren, wie dieses Gefecht später neu bewertet und gedeutet wurde. Wenn Sie eine Geschichte der geschichtswissenschaftlichen Auseinandersetzung mit dem Ersten Weltkrieg schreiben, werden sogar all' jene Darstellungen, die Sie für andere Forschungszwecke als Literatur einsetzen, auf einmal zu Quellen. Wer die Geschichte der Geschichtswissenschaft erforscht, macht jede Literatur zur potentiellen Quelle!

1.2 Quellen suchen: Strategien der Recherche

Je sorgfältiger die Suche nach Quellen, desto spannender auch die Funde. Viele Wege führen dabei zum Ziel, systematische wie unsystematische (siehe oben, S. 30 ff.). Am besten gehen Sie diese Wege parallel – und vor allem: reflektiert. Recherche kann beginnen:

- ▸ im **Alltag.** Alles um uns herum ist Geschichte: die Anlage von Städten, einzelne Gebäude, prominente Denkmäler, Straßennamen, die längst niemand mehr erklären kann, und so vieles mehr!
- ▸ im **Museum** – oder in allem, was Geschichte anschaulich macht, bis hin zu Dokumentarfilmen. Lassen sich von dem leiten, was beim Besichtigen Ihr Interesse weckt!
- ▸ im **Archiv.** Das muss kein staatliches Archiv sein. Der Dachboden Ihrer Großeltern, auf dem Feldpostbriefe Ihres Urgroßvaters lagern, kann gewissermaßen Ihr persönliches Archiv sein – mit unpublizierten Quellen, über die noch kein anderer geforscht hat!
- ▸ mit **persönlichen Begegnungen:** zum Beispiel mit Erzählungen Ihrer Eltern, Großeltern oder Urgroßeltern – also mit Zeitzeugen, deren Befragung Wissenschaftler als „Oral History" bezeichnen.[46]
- ▸ mit Quellen beziehungsweise **Quelleneditionen** beziehungsweise Quelleneditionsreihen, die Sie in den Lehrveranstaltungen kennengelernt haben. Gleich mehrere Epochen der deutschen Geschichte deckt etwa die Freiherr vom Stein-Gedächtnisausgabe

---

46 Zur Orientierung – insbesondere dann, wenn Sie diese Erzählungen selbst kompetent festhalten wollen – und als anschauliches Beispiel, was aus solchen Untersuchungen entstehen kann, mag etwa dienen: Ritchie, Donald A. (Hg.): The Oxford Handbook of Oral History, Oxford 2010; Welzer, Harald/Möller, Sabine/Tschuggnall, Karoline: „Opa war kein Nazi". Nationalsozialismus und Holocaust im Familiengedächtnis, Frankfurt am Main 2002.

ab. Dieser Weg ist oft der einfachste, aber mitunter auch der langweiligste und darum langwierigste: weil Sie vom Zufall abhängig sind, welche Editionen in den Lehrveranstaltungen selbst eingeführt worden sind.

▶ als klassische **Katalogsuche** (siehe S. 35 ff.). Natürlich sind auch Quelleneditionen verzeichnet, vielfach tragen sie „Quellen" im Titel – aber eben keineswegs immer. Sogar die meisten potentiellen Quellen sind im Titel nicht als solche kenntlich gemacht. Wer im Katalog nach „Quellen" und „Erster Weltkrieg" sucht, wird die Werke Ernst Jüngers oder zeitgenössische Memoiren kaum finden.

▶ mit **Verweisen,** die der jeweilige wissenschaftliche Apparat einschlägiger Artikel, Monographien, Sammelbände und Handbücher aufführt: teils in den Fußnoten oder Endnoten, teils im bibliographischen Anhang. Der Erfolg Ihrer Quellensuche hängt hier vom Erfolg Ihrer Literaturrecherche ab.

▶ in einschlägigen **Bibliographien.**[47] Wo diese Möglichkeit besteht, muss man sie unbedingt nutzen. Leider besteht sie oftmals nicht.

▶ mit dem **Nachdenken über die Funktion** der Quellen, ausgehend von der Überlegung, in welchen Quellen-Arten sich niedergeschlagen haben könnte, wofür Sie sich interessieren. Daraus ergeben sich wertvolle Anhaltspunkte für die weitere Recherche: Wo könnten solche Quellen überliefert sein? In welchen Editionen? In welchen Bibliotheken? In welchen Archiven? Sie interessieren sich für Kriegspropaganda? Dann sind die regierungsamtlichen Mitteilungen über den Kriegsausbruch relevant. Sie interessieren sich für die Stimmung der Soldaten und der Bevölkerung beim Kriegsausbruch? Dann sind dieselben Dokumente eher irrelevant.

▶ mit dem **Zufall.** Er ist wohl das wichtigste Prinzip der Recherche. Bei allem planvollen Vorgehen gilt es, ausgerechnet eine gewisse Planlosigkeit einzukalkulieren. Quellensuche ist kein Wunschkonzert. Die erhoffte Quelle werden Sie nicht immer finden. Das geht Wissenschaftlern nicht anders. Zahlreiche wichtige Studien basieren auf Zufallsfunden, die Historiker gemacht haben, als sie

Lesen & Denken

---

47 Zum Beispiel: Baumgart, Winfried (Hg.): Quellenkunde zur deutschen Geschichte der Neuzeit von 1500 bis zur Gegenwart, Band 1: 1500 bis 1815, Paderborn 2018.

eigentlich nach etwas ganz anderem suchten. Kurzum: Lassen Sie sich anregen und umlenken!

Sich überraschen zu lassen, ist ohnehin die wichtigste Recherche-Art. Sie entdecken spontan irgendein Phänomen, das Ihre Aufmerksamkeit erregt – zum Beispiel besuchen Sie für ein Fußballspiel das Berliner Olympiastadion und kommen auf dem Weg auf die Tribüne an der imposanten „Langemarckhalle" vorbei und fragen sich, was es mit diesem für die Olympiade des Jahres 1936 erbauten, nach dem Krieg gesprengten und später wiedererrichteten Monument auf sich haben mag. Oder Sie hören zufällig eine Radiosendung (wie etwa: http://www.dradio.de/dlf/sendungen/feldpost/index.html) über Feldpostbriefe. Oder Sie finden in einer Ausstellung einen Stahlhelm, der im Laufe des Ersten Weltkriegs rasch die bis dahin üblichen ledernen Kopfbedeckungen ersetzte[48] – oder beim Blättern in der Illustrierten „Die Gartenlaube", deren erste Ausgabe des Jahres 1917 mit der nebenstehend auszugsweise wiedergegebenen Zeichnung (Abb. 18) betitelt war: Das ganzseitige Porträt, auf dem der Historienmaler Erich Mattschatz nur die Büste eines nicht näher benannten, offenkundig stereotyp zu verstehenden Soldaten abbildete, war unterschrieben mit „Im Sturmhelm" – es kommt also nicht nur auf den Gegenstand, sondern auch auf dessen Benennung an! Nun überlegen Sie, welche Arten von Quellen darüber erhalten sein könnten.

Einerseits also ist die Quelle absolute Herrscherin über Sie: Sie können nur erforschen, was sich in Quellen nachweisen lässt. Andererseits sind Sie absoluter Herrscher über die Quelle: Jedwedes Zeugnis aus der Vergangenheit können Sie zu Ihrer Quelle machen.

Der eigene Quellenfund: Ein Beispiel
Vielleicht finden Sie tatsächlich auf dem Dachboden ihrer Großeltern eine Feldpostkarte – und entwickeln erst Neugier, dann eine Fragestellung, vielleicht mithilfe einschlägiger[49] Literatur. In dieser Feldpostkarte berichtete ein Soldat über seine Erlebnisse, doch eben auf charakteristische Weise. Wir können zunächst

---

48 Siehe etwa Kataloge wie: Deutsches Historisches Museum (Hg.): Der Erste Weltkrieg in 100 Objekten, Berlin 2014.
49 So etwa: Didczuneit, Veit/Ebert, Jens/Jander, Thomas (Hg.): Schreiben im Krieg – Schreiben vom Krieg. Feldpost im Zeitalter der Weltkriege, Essen 2011.

Abb. 18: Der Stahlhelm als Untersuchungsgegenstand

nur erforschen, wie der einzelne Autor seiner Adressatin den Krieg schildern wollte – nicht, wie der Krieg „wirklich" war. Doch aus diesem kleinen individuellen Detail kann eine große wissenschaftliche Erkenntnis folgen: Wenn Sie zum Beispiel in der Literatur darauf stoßen, dass Ihre Quelle besonders typische oder untypische Formulierungen aufweist. Gleiches gilt auch für die weniger individuelle, weil gedruckte Seite derselben Postkarte: Das gewählte Motiv kann eine eigenständige Aussage ausdrücken, aber auch Materialknappheit – eine andere Postkarte stand im Feld vielleicht nicht zur Verfügung: Solche Details müssen immer einkalkuliert werden, lassen sich freilich nur selten beweisen. Geschichte geschieht oft eher banal als intentional.

Lesen & Denken

Kurzum

Egal, welche Suchstrategie Sie zunächst anwenden, geben Sie der Überraschung gebührenden Raum.

1.3 Quellen finden: Die Qual der Wahl

Mit welchen Quellen können Sie folglich arbeiten? Mit allen, sogar mit Fälschungen – indem Sie etwas über den Fälscher und dessen Umfeld herausfinden. Sie können Quellen nutzen, die wissenschaftlich ediert sind, ebenso wie solche, die noch nicht ediert sind. An allen Quellen werden Sie neue Facetten entdecken, auch an solchen, die schon viele andere erforscht haben. **Die einzige wesentliche Voraussetzung lautet: Die Quelle muss Sie interessieren.** Alles andere ist nebensächlich.

Unter allen recherchierten Quellen wählen Sie daher diejenige Quelle aus, mit der Sie wirklich arbeiten wollen. Das heißt meist, sich zwischen zahlreichen Quellen zu entscheiden; bei der Nutzung serieller Quellen wie etwa Rechnungsbücher oder Taufregister können Auslassungen allerdings rasch fatal-verzerrende Wirkungen entfalten. Wo es um Sinngebungen geht, ist die einzelne Quelle sich selbst hingegen oft genug. Das befreit aus einem Dilemma, das insbesondere Neuzeit-Historiker betrifft. In der Moderne herrscht meist – anders als in Antike oder Mittelalter, wo bisweilen nur ein kleines Corpus existiert – notorischer Quellenüberfluss, den Sie für Ihre Forschungszwecke irgendwie eindämmen müssen. Wenn Sie überlegen, warum eine bestimmte Quelle Sie mehr interessiert als andere Quellen, machen Sie bereits jene provisorische Fragestellung explizit, die Sie implizit schon eingenommen haben.

Kurzum

Quellen, die sich lohnen,
- ▶ müssen geduldig erlesen beziehungsweise erarbeitet werden. Lesen Sie, bis Sie etwas Spannendes gefunden haben! Wählen Sie keinesfalls die erstbeste Quelle – geschweige denn die am einfachsten erreichbare.
- ▶ bringen Sie zum Nachdenken: weil Sie scheinbar alles verstehen – oder nichts. Beides ist gleichermaßen verdächtig, beides sollte Ihre Neugier anleiten!

- ▶ lösen Überraschungen aus, entweder durch das Dargestellte oder die Art und Weise der Darstellung. Versuchen Sie, Ihre Überraschung einzuordnen. Was überrascht Sie warum?
- ▶ bewirken Begeisterung oder Irritation: zum Beispiel durch unerwartete Behauptungen oder merkwürdige Metaphern. Gerade dort, wo die Quelle mit Ihren Vorkenntnissen kollidiert oder nachweislich falsche Behauptungen aufstellt, verbirgt sich oft großes Erklärungspotential.
- ▶ motivieren Sie in jedem Falle, weitere Recherchen zu betreiben. Wissenschaft ist ja harte Arbeit. Dennoch gilt das Lust-Prinzip!

Haben Sie Mut zu „konventionellen", bekannten Quellen. Sie verdienen, von Ihnen erneut und genau gelesen zu werden. Haben Sie desgleichen Mut zu „unkonventionellen", weniger bekannten Quellen – und zum Besuch im Archiv!

Kurzum

Vorsicht, intellektuelle Trickdiebe! Je häufiger eine Quelle schon zum Studiengegenstand gemacht worden ist, desto größer gerät die Gefahr eines analytischen Kurzschlusses. Wenn die Literatur von Ihrer Quelle ausgeht, erklären Sie womöglich ein- und dieselbe Quelle lediglich aus ihr selbst.

Achten Sie bei edierten Quellen darauf, die im jeweiligen Teilfach üblichen Editionen zu nutzen, gegebenenfalls auch Zitierkonventionen (siehe S. 207 f.). Beispielsweise erfolgen Verweise auf Bibel-Zitate nach einer anderen Konvention (Matth. 5,9) als solche auf antike Klassiker (Thuk. 2, 40, 2), während die Werke Immanuel Kants wiederum nach der sogenannten Akademie-Ausgabe (AA IV, 421) zitiert werden – unabhängig davon, welcher konkreten Ausgabe sie entnommen sind. Solche Standards mitsamt den gängigen Abkürzungen sind unter anderem in wichtigen Nachschlagewerken oder Einführungsdarstellungen einsehbar. **Schließen Sie sich den jeweiligen Usancen an, die Sie der Fachliteratur entnehmen können.**

Bei Archivalien ist eine präzise Benennung Ihrer Funde besonders wichtig, auch eine Beschreibung, um was für ein Dokument es sich eigentlich handelt. Vor einem Archivbesuch steht die Überlegung, in welchem Archiv die erhofften Quellen überliefert sein könnten;

bei der genauen Recherche helfen Ihnen vielfach online einsehbare Bestandsübersichten beziehungsweise Findbücher. Noch mehr als Recherchen in anderen Beständen gleichen Archivbesuche einem Griff in die Wundertüte: Oft sind unerwartete Funde die erkenntnisträchtigsten und lenken Ihre Studien in eine ganz andere Richtung als geplant. Solche Erlebnisse sind die spannendsten Momente des Historisch Arbeitens – auch bei anderen Quellen!

1.4 Quellenkritik: Kern des Historisch Arbeitens

Jede Quelle braucht Quellenkritik, das Wesen des Historisch Arbeitens. Es besteht in der fachkundigen, systematischen Erforschung der Quelle. Quellenkritik beginnt daher mit der Quelle selbst und ihrer Überlieferung. Wo verfügbar, sind Quellen stets in einer wissenschaftlichen, historisch-kritischen Edition zu studieren (etwa Corpus Inscriptionum Latinarum, Monumenta Germaniae Historica, Freiherr vom Stein-Gedächtnisausgabe). Solche Ausgaben verzeichnen nebst Herkunft auch Überlieferungsvarianten und beinhalten bisweilen mehr oder weniger umfangreiche Kommentare. Wissenschaftliche Editionen benennen den Gang der Überlieferung bis zurück zum Original: Wo es sich nachweisen lässt, bis hin zur exakten Angabe, welche Bibliothek oder welches Archiv den Urtext unter welcher Signatur aufbewahrt. So eröffnen sie den direkten Weg ad fontes.

Zur Quellenkritik können Sie die folgenden Fragen nutzen: als bewährtes Mittel, um eigene Beobachtungen zu gewinnen und zu ordnen. Aus Ihren vorläufigen Antworten können später Leitfragen der Untersuchung hervorgehen. Sie behandeln die Quelle als Ganzes, aber auch im Detail. Oftmals arbeiten Historiker sogar lediglich mit Auszügen von Quellen, um anhand kleiner Einzelheiten große Entwicklungslinien deutlich zu machen.

▶ Welche **Überlieferung** liegt vor? Eine absichtliche (auch und gerade bei Fälschungen relevant) oder eine zufällige? Was bedeutet das für den Status der Quelle?
▶ Welcher **Quellentyp** liegt vor?
▶ Welche Eigenschaften der Quelle liegen im Wesen des **Genres**?
▶ Welche **Funktion** hatte die Quelle, was war „sagbar"?
▶ Für welchen **Adressaten** war die Quelle bestimmt?

▶ **Wer** war Urheber der Quelle? Welche Interessen verfolgten die Beteiligten?

▶ **Wann** und **wo** ist die Quelle entstanden, in welchem Kontext? Welche Vorgeschichte hatte die Quelle?

▶ **Warum** ist die Quelle entstanden? Welche Motive und Zwecke lassen sich entdecken?

▶ Welche besonderen **Merkmale** weist die Quelle auf? Welche Themen, Begriffe, Metaphern et cetera fallen Ihnen auf?

1.5 Digitale Quellen: Ein regulärer Sonderfall

Auch immer mehr Quellen werden digital verfügbar. Wer nur nach digitalen Quellen sucht, verdirbt sich indes das Forscher-Vergnügen. Insbesondere die riesigen Bestände vieler Archive werden auf absehbare Zeit, manche womöglich für immer nur im Original einsehbar sein. Bei sämtlichen Quellen gelten neben praktischen Einschränkungen auch gesetzliche, namentlich das Urheberrecht (lizenzpflichtige versus gemeinfreie Reproduktionen). Es reguliert auch die Digitalisierung. Hierzulande dürfen Werke eines Urhebers erst siebzig Jahre nach dessen Tod unentgeltlich nachgedruckt und digital verfügbar gemacht werden; die Werke des im Jahre 1998 verstorbenen Ernst Jünger also frühestens im Jahre 2068, die kritische Edition seiner „Stahlgewitter" erst siebzig Jahre nach dem Tod ihres Herausgebers.

Auch ansonsten gelten für digitale Quellen zahlreiche Regeln, die auch auf analoge Quellen zutreffen, insbesondere die Regeln der Quellenkritik – sogar verschärft. Zwar bieten zahlreiche Internetseiten Quellen an, aber oftmals (um nicht zu sagen: meist), ohne elementaren wissenschaftlichen Standards zu genügen. Der wichtigste Standard besteht im exakten Nachweis der digital eingelesenen Vorlage(n). Was diese Nachweise nicht enthält, ist prinzipiell nicht zitabel.

Im Digitalen gilt insbesondere, was im Prinzip auch analog gilt: Nichts bleibt, wie es ist – von technischen Möglichkeiten über gesetzliche Rahmenbedingungen bis hin zu ökonomischen Aspekten. Jede Bestandsaufnahme ist angesichts einer großen Vielzahl von Digitalisierungsprojekten am nächsten Tage schon wieder überholt. **Halten Sie sich auf dem Laufenden!** Einschlägige, regelmäßig aktualisierte Fachportale helfen Ihnen dabei. Dazu gehören für die deutschsprachige Geschichtswissenschaft etwa clio-online (https://www.clio-online.de), das am 15. Januar 2018 insgesamt 884 solcher Projekte aufgelistet hat, oder historicum.net (https://www.historicum.net) – oder in wenigen Jahren wiederum vielleicht schon wieder ein ganz anderes Portal: vergleiche Abb. 10, S. 41.

Wenn Sie gezielt nach digitalen Quellen recherchieren, lohnt übrigens eine Überlegung, wo „analoge" Bestände vorrätig sind und wer an deren Digitalisierung ein besonderes Interesse hegt. Zu den wichtigen Trägern von Digitalisierungs-Projekten gehören derzeit unter anderem:

▶ Große (wissenschaftliche) Bibliotheken im In- und Ausland, zum Beispiel Universitätsbibliotheken – umfassende Sammlungen digitalisierter Quellen pflegen etwa die Heidelberger Universitätsbibliothek (Heidelberger historische Bestände: http://hd-historische-bestaende-digital.uni-hd.de), die Bayerische Staatsbibliothek (Münchener Digitalisierungszentrum: https://www.digitale-sammlungen.de) und die Staatsbibliothek zu Berlin (unter anderem mit dem Zeitungsinformationssystem ZEFYS: http://zefys.staatsbibliothek-berlin.de).

▶ Nationalbibliotheken, zum Beispiel die Deutsche Nationalbibliothek (https://www.dnb.de), die Library of Congress (Digital Collections: https://www.loc.gov/collections), die British Library (Online Gallery: https://www.bl.uk/onlinegallery/onlineex/viewall/index.html) oder die Bibliothèque Nationale Française (Sammlung Gallica: http://gallica.bnf.fr).

▶ Forschungseinrichtungen innerhalb wie außerhalb der Universitäten: zum Beispiel die Digitale Bibliothek des Max-Planck-Instituts für Rechtsgeschichte in Frankfurt am Main (https://www.rg.mpg.de/bibliothek/digitale_bibliothek), die Regesta Imperii (http://www.regesta-imperii.de), The Perseus digital Library (http://www.perseus.tufts.edu), Prometheus (allerdings kostenpflichtig: http://www.prometheus-bildarchiv.de).

▶ Archive, zum Beispiel das Bundesarchiv (inklusive eines digitalen Film-, Bild- und Tonarchivs: https://www.bundesarchiv.de), The National Archives (GB: http://www.nationalarchives.gov.uk), National Archives (USA: https://www.archives.gov).

▶ Kommerzielle Betreiber, zum Beispiel die zahlreichen Datenbanken der Gale Group (unter anderem Early English Books Online: http://eebo.chadwyck.com) oder die Online-Archive großer Zeitungen und Zeitschriften, relevant insbesondere für Zeithistoriker. Gerade solche Datenbanken sind bisweilen für private Nutzer oft unerschwinglich, aber werden hierzulande von vielen Bibliotheken lizenziert.

▶ Mit einer DFG-Nationallizenz (https://www.nationallizenzen.de) erhalten Sie kostenfrei Zugang zu zahlreichen dieser Datenbanken, auch zu zahlreichen Fachzeitschriften.

1.6 Zur Vertiefung

IV. Tradition und Überrest

1) Römische Münzfunde bei einer Ausgrabung
2) Der Kölner Dom
3) Das Silberbesteck Ihrer Urgroßeltern
4) Eine Wehrmachts-Pistole hinter dem losen Stein einer Gartenmauer

Welche dieser Gegenstände gehören zur Tradition, welche sind Überrest? Begründen Sie Ihre Einordnung!

V. Ein Ereignis – unterschiedliche Sichtweisen: Caesar und Cassius Dio

Unmittelbar nach seinem Sieg über die Helvetier wandte sich Caesar im Jahre 58 v. Chr. gegen den germanischen König und Heerführer Ariovist. In seinen Commentarii berichtete er später, wie Erzählungen über die Körpergröße und Kampfkraft der Germanen unter seinen Truppen die Runde gemacht hätten: „[…] Sofort befiel eine solche Furcht das Heer, so dass Geist und Mut gehörig erschüttert wurden. Dies entstand zuerst unter den Militärtribunen, Präfekten und anderen, die Caesar durch private Verbundenheit aus Rom gefolgt waren und wenig militärische Erfahrung hatten. Von ihnen brachte ein jeder andere Gründe vor, weshalb er unbedingt aufbrechen müsse, und bat Caesar um Erlaubnis zur Abreise. Einige blieben aus Scham, um dem Verdacht der Feigheit zu entgehen. Sie konnten sich allerdings weder zusammenreißen noch in der Zwischenzeit ihre Tränen zurückhalten.

Lesen & Denken

Verborgen in den Zelten beklagten sie ihr Schicksal oder bejammerten mit Freunden ihre gemeinsame Gefahr. Im ganzen Lager wurden allenthalben Testamente gesiegelt. Durch ihr Gerede und ihre Panik wurden allmählich auch die erfahrenen Soldaten, Zenturionen und Kommandeure der Reiterei unruhig. Diejenigen von ihnen, die nicht als feige gelten wollten, sagten, dass sie zwar nicht die Feinde scheuten, wohl aber die Engpässe auf dem Marschweg, die ausgedehnten Wälder, die zwischen ihnen und Ariovist lagen, sowie die Nachschubprobleme fürchteten. Einige meldeten Caesar sogar, dass, wenn er den Marschbefehl gäbe, die Soldaten den Befehl verweigern und nicht abmarschieren würden."[50]

Caesar sah sich daher nach seinen eigenen Angaben zu einer Rede genötigt, in der er seine Offiziere und Zenturionen wegen ihrer Bedenken tadelte und darlegte, warum sie eine Auseinandersetzung mit Ariovist nicht zu scheuen bräuchten. Diese Rede endet mit dem psychologisch geschickten Hinweis, er würde zur Not allein mit der 10. Legion – seiner Lieblingslegion – in den Kampf ziehen. Derart bei der Ehre gepackt, habe das ganze Heer wieder Mut und Kampfeslust gefasst.[51]

Die gleiche Episode findet sich im am Anfang des 3. Jahrhunderts n. Chr. entstandenen Geschichtswerk des Senators Cassius Dio.[52] Auch diese Überlieferung beginnt mit den Gerüchten über die anrückenden Germanen: „Tiefe Niedergeschlagenheit erfasste das römische Heer. Die Körpergröße, die Anzahl, die Verwegenheit der Germanen und die daraus abgeleiteten kühnen Drohungen bestürzten sie [sc. die Römer] derart, dass sich unter ihnen die Stimmung verbreitete, sie würden nicht gegen Menschen, sondern gegen unwiderstehliche, wilde Bestien in den Krieg ziehen. Und es gab Gerede darüber, dass sie der Krieg gar nichts anginge, er nicht ordnungsgemäß beschlossen worden sei und sie ihn nur wegen Caesars eigenem Ehrgeiz in Angriff nähmen. Sie fügten daher die Drohung hinzu, ihn zu verlassen, wenn er seinen Sinn nicht ändere. Als Caesar davon erfuhr, diskutierte er nicht mit den einfachen Soldaten – er hielt es für keine gute Sache,

---

50 Caes. Gall. I 39, 1–7.
51 Caes. Gall. I 40–41.
52 Cass. Dio XXXVIII 35–47.

darüber vor vielen zu sprechen, zumal diese Dinge so dem Feind bekannt werden könnten, und weil er furchtete, die Soldaten könnten meutern, in Aufruhr geraten oder sonst etwas Schädliches anstellen – sondern ließ seine Offiziere und Zenturionen versammeln und sprach vor ihnen wie folgt:"[53] Die an diese Passage anschließende Caesar-Rede[54] ist deutlich länger als Caesars eigene Version und weicht zudem inhaltlich – bis auf die Erwähnung der 10. Legion – davon ab. Schließlich gelingt es Caesar aber auch in Cassius Dios Erzählung, die Kampfmoral seiner Truppen wiederherzustellen.

Vergleichen Sie beide Versionen – Was fällt Ihnen auf? Warum unterscheiden sich die Reden so deutlich voneinander? Wie erklären Sie die Unterschiede zwischen beiden Autoren? Helfen Ihnen die Kategorien „Primärquelle" (Caesars Commentarii) und „Sekundärquelle" (Cassius Dios Geschichtswerk) dabei?

VI. Quellenkritik im Exempel: Die Sachsenkriege

Die Einforderung von Geiseln zur Sicherung des Wohlverhaltens der sächsischen Führungsschicht gehörte zu den Standardmaßnahmen Karls des Großen während der Sachsenkriege – gleichwohl lange Jahre ohne durchschlagenden Erfolg. Vom Anfang des 9. Jahrhunderts, also kurz vor Ende der Sachsenkriege, hat sich eine Liste mit 37 sächsischen Geiseln erhalten:[55] „Von den Westfalen sollen Bischof Haito und Graf Hitto folgende (als Geiseln) in Empfang nehmen: Leudac, Sohn des Bodolo, Adalradus, Sohn des Marcrad, ihn hat Bischof Aino in Gewahrsam. […] Von den Ostfalen: Gerard, Sohn des Macco, ihn hat Bischof Sinbertus in Gewahrsam. […] Von den Engern: Buno, Sohn des Theodaker, ihn hat Wichart in Gewahrsam. […]"

Die Stellung von sächsischen Geiseln thematisieren auch die Reichsannalen regelmäßig. So notieren sie etwa zum Jahr 775:[56]

---

53 Cass. Dio XXXVIII 35, 1–3.

54 Cass. Dio XXXVIII 36.1–47.2.

55 Indiculus obsidum Saxonum Moguntiam deducendorum, MGH capit. I, Nr. 115, S. 233 f. Digital via: http://www.mgh.de/dmgh/resolving/MGH_Capit._1_S._233 (Stand: 24. Juni 2018).

56 Rau, Reinhold: Quellen zur Karolingischen Reichsgeschichte, Band 1 (Freiherr vom Stein-Gedächtnisausgabe 5), Darmstadt 1968, S. 31–33.

Lesen & Denken

„Damals hielt der fromme und treffliche König Karl eine Versamm-
lung auf dem Hofgut Düren. Von hier zog er durch Sachsen und
eroberte die Syburg, ließ die Eresburg wiederaufbauen und kam
bis Braunsberg an der Weser. Dort rüsteten die Sachsen zum Krieg,
indem sie das Ufer des genannten Flusses verteidigen wollten. Mit
Gottes Hilfe und durch den Sieg der Franken wurden die Sachsen
in die Flucht geschlagen, die Franken besetzten beide Ufer und viele
Sachsen wurden dort erschlagen. Dann teilte König Karl sein Heer,
nahm soviel er wollte mit und kam an die Ocker. Dorthin kamen alle
Ostleute der Sachsen unter Hassio, gaben Geiseln, soviel er wollte,
und schwuren, der Sache des obengenannten Königs Karl treu zu
bleiben. Ebenso kamen, als der genannte milde König von dort
zurückkehrte, in dem Gau Bucki die Engern mit Bruno und ihren
anderen Fürsten und stellten Geiseln wie die Ostleute. Und als der
genannte König von da zurückkehrte, traf er einen anderen Teil seines Heeres, der befehlsgemäß an der Weser das Ufer besetzt hielt. Die
Sachsen begannen mit diesen bei Lübbecke den Kampf, die Franken
behielten mit Gottes Hilfe den Sieg und erschlugen mehrere Sachsen von ihnen. Als das König Karl hörte, fiel er wieder mit seinem
Heer über die Sachsen her, brachte ihnen nicht weniger Verluste bei
und gewann reiche Beute von den Westfalen, und sie stellten Geiseln
wie die anderen Sachsen. Dann, nachdem er die Geiseln erhalten,
reiche Beute an sich genommen und dreimal ein Blutbad unter den
Sachsen angerichtet hatte, kehrte der genannte König Karl mit Gottes Hilfe heim nach Francien. […] Und er feierte Weihnachten auf
dem Hofgut Schlettstadt. Und die Jahreszahl änderte sich in 776.“

Wie unterscheidet sich die Perspektive beider Quellen auf die Stellung von Geiseln? Beziehen Sie Entstehungsgeschichte und Zweck-
bestimmung der beiden Texte in Ihre Erörterung ein!

VII. Quellen im Widerspruch: Zwei Langemarcks

Admiral Georg Alexander von Müller führte als Chef des kaiserlichen
Marine-Kabinetts während des Ersten Weltkrieges ein privates Tage-
buch. Die Bände mit seinen Aufzeichnungen trugen den Vermerk
„Ungelesen zu vernichten bei meinem Tode“. Im Jahr 1922 tilgte
Müller jedoch diesen Vermerk und versah seine Notizen sukzessive
mit umfangreichen redaktionellen Vermerken, die auf ein (zu sei-

nen Lebzeiten nicht realisiertes) Publikationsvorhaben schließen lassen.[57] Sind Müllers Tagebücher nun als Tradition oder Überrest, als
Primär- oder Sekundärquelle einzuordnen? Welche Konsequenzen
hätte die Genese der Quelle für eine kritische Edition?

Am 11. November 1914 veröffentlichte die Oberste Heeresleitung
(OHL) über Gefechte bei Langemarck (Belgien, nahe Ypern) einen
Tagesbericht, der unter anderem Folgendes beinhaltete: „Westlich
Langemarck brachen junge Regimenter unter dem Gesang „Deutsch-
land, Deutschland über alles" gegen die erste Linie der feindlichen
Stellungen vor und nahmen sie. Etwa 2000 Mann französischer
Linieninfanterie wurden gefangen und 6 Maschinengewehre erbeu-
tet".[58] Müllers Tagebuch vom 15. November 1914 notierte hingegen
ein ganz anderes Resultat des Gefechts:[59] „An der Front bei Ypern
schwere Verluste. […] Der Kaiser soll sehr deprimiert gewesen sein."

Wie ließe sich dieser Widerspruch untersuchen? Was stimmt nun?
Wägen Sie beide Passagen quellenkritisch gegeneinander ab!

VIII. Recherche nach gegenständlichen Quellen zum Ersten Weltkrieg

Der Erste Weltkrieg ist auch in zahlreichen gegenständlichen (**also
nicht textgebundenen**) Quellen fassbar. Versuchen Sie, Gattungs-
begriffe für solche Quellen zu entwickeln. Denken Sie dabei eher
an Funktionen (zum Beispiel: Gebrauchsgegenstände, Kunstgegen-

---

57 So vermerkt der Herausgeber: „Zahlreiche mit Grün-, Rot- oder Blaustift gegebene
    Ausklammerungen oder Hervorhebungen im Original der Kriegstagebücher lassen
    noch erkennen, wie eingehend der Admiral sich mit der Bearbeitung seiner Auf-
    zeichnungen befaßt hat. Dem aus dem Jahr 1926 datierten Vorwort zu der Kopie
    der Tagebücher in Maschinenschrift nach zu urteilen, hat er diese Arbeit damals
    abgeschlossen." – Görlitz, Walter: Einleitung, in: Regierte der Kaiser? Kriegsta-
    gebücher, Aufzeichnungen und Briefe des Chefs des Marine-Kabinetts Admiral
    Georg Alexander von Müller (1914–1918), hg. v. Walter Görlitz, Göttingen/Ber-
    lin/Frankfurt 1959, S. 9–28, hier: S. 10.
58 Aus: Der Weltkrieg, hg. v. General-Anzeiger Elberfeld-Barmen, Essen 1915, S. 175
    [Hervorhebungen im Original].
59 Tagebucheintrag vom 15. November 1914, in: Regierte der Kaiser? Kriegstagebü-
    cher, Aufzeichnungen und Briefe des Chefs des Marine-Kabinetts Admiral Georg
    Alexander von Müller (1914–1918), hg. v. Walter Görlitz, Göttingen/Berlin/Frank-
    furt 1959, S. 72.

stände, Konsumgegenstände) und Formen der Quellen als an das Material. In welche Kategorien könnten Sie diese Quellen einteilen?

IX. Eine Feldpostkarte entschlüsseln (Abb. 19)

Keine Angst vor ungewohnten Hand- oder Druckschriften! Sie zu entziffern, ist eine bloße Frage der Übung, der Geduld und der Recherche (Stichwort hier: Kurrentschrift, darauf folgte erst die sogenannte Sütterlinschrift). Gedruckt wie online auffindbare Schrifttabellen helfen Ihnen, auch vergleichende Lektüre von Texten in ähnlicher Schreibweise, von in Transkription edierten weiteren Feldpostkarten, zudem Kontextwissen und vor allem: Spürsinn! Wagen Sie getrost einen Versuch, die Auflösung finden Sie im Anhang.

X. „W-Fragen" im Beispiel: Ernst Jüngers „In Stahlgewittern"

Ernst Jüngers „In Stahlgewittern". Welche W-Fragen würden Sie sich schon anhand der Titelei der maßgeblichen Edition stellen und beantworten?[60]

Ernst Jünger

In Stahlgewittern

Historisch-kritische Ausgabe

Hrsg. von Helmuth Kiesel

Die gedruckten Fassungen unter Berücksichtigung

der Korrekturbücher

---

60 Jünger, Ernst: In Stahlgewittern. Historisch-kritische Ausgabe, hg. v. Helmuth Kiesel, Stuttgart [2]2014.

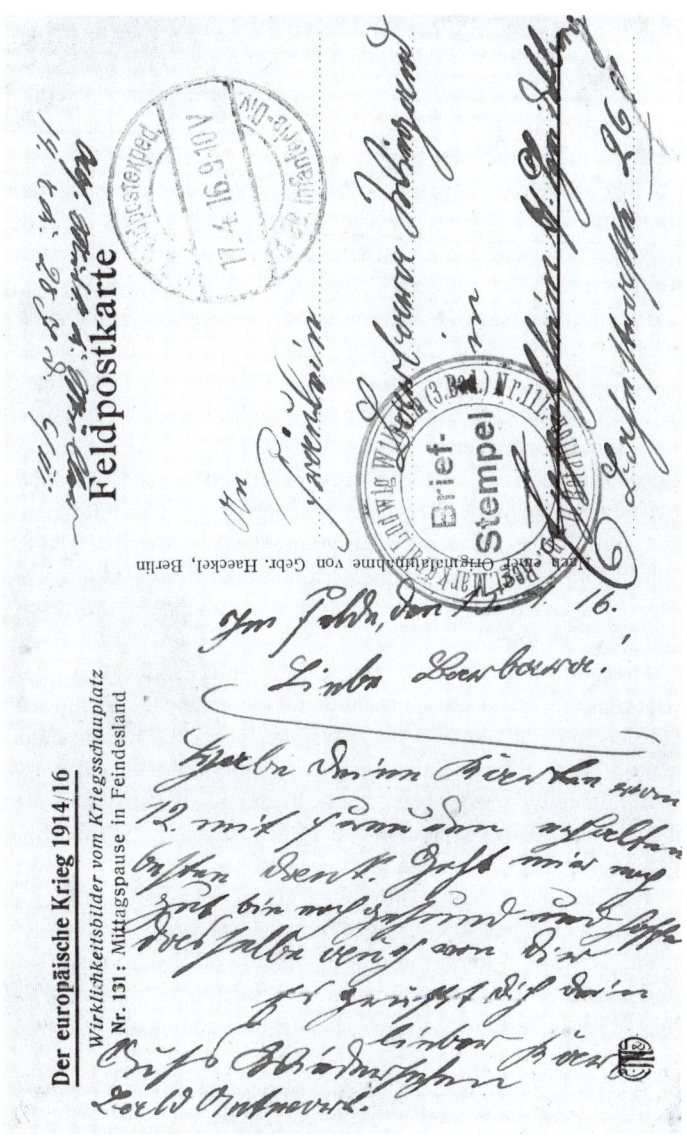

Abb. 19: Feldpostkarte, versandt am 17. April 1916: Mittagspause im Feindesland

Lesen & Denken

2. Literatur: Zugänge zur Wissenschaft

Mit Literatur – andere bevorzugen den wiederum nicht ganz unproblematischen Begriff „Sekundärliteratur" – ist hier stets gemeint: wissenschaftliche Ausführungen über die jeweilige Epoche, die jeweilige Region, den jeweiligen Autor und so weiter. Sie basiert ihrerseits (hoffentlich) auf Quellen. Also gilt der erste Blick beim Blick in die Literatur dem jeweiligen Quellenverzeichnis. Es gibt nämlich die Reichweite der Darstellung an. Wenn ein Überblickswerk über Feldpostbriefe beispielsweise wesentliche Quelleneditionen nicht verzeichnet, sollten Sie misstrauisch werden.

Woran erkennt man wissenschaftliche Literatur? Am **Inhalt** (nämlich an einer kompetenten Aufarbeitung des Forschungsstandes), am **Stil** (nämlich an einer sachlichen Formulierungsweise) und am **Apparat** (Nachweise und Literaturangaben, Fußnoten beziehungsweise Endnoten, in der Regel eine Bibliographie, oft auch Register). Dabei gilt: keine Regel ohne Ausnahme. Beispielsweise beinhalten Lehrbücher nicht immer Register, oftmals auch keine Fußnoten. Sie sollen der generellen Orientierung dienen – nicht der Erörterung von Spezialthemen.

Literatur veraltet nicht. Je jünger ein entsprechendes Werk, desto eher eignet es sich als Ausgangspunkt für die weitere Recherche nach Quellen und Literatur im Schneeballsystem – macht ältere Forschungen und deren Thesen indes nicht irrelevant. Vielmehr gilt umgekehrt: Jüngere Forschungen bauen auf älteren auf, haben also dort ihre Voraussetzungen, auch in den Thesen, denen sie sich anschließen oder von denen sie sich distanzieren.

Ein Text ohne Kenntnis der einschlägigen Literatur mag auch irgendwie gelingen. Aber er bleibt notwendigerweise inkompetent. Anders gesagt: „Literaturkenntnis schützt vor Neuentdeckungen und ist das Elementarste an jenem zweckmäßigen Verhalten, das man etwas hochtrabend historische Methode zu nennen pflegt."[61]

---

61 Heimpel, Hermann: Rezension zu: Friedrich August Freiherr von der Heydte, Die Geburtsstunde des souveränen Staates. Ein Beitrag zur Geschichte des Völkerrechts, der allgemeinen Staatslehre und des politischen Denkens. Verlag Josef Habbel, Regensburg 1952. VIII und 475 S., in: Göttingische Gelehrte Anzeigen, Band 208 (1954), S. 197–221, hier: S. 210.

Daraus folgt: Schulbücher, populäre Lexika, Wikipedia oder gar noch obskurere Internet-Publikationen sind – schon mangels vollständigen Apparats – keine tragfähige Literatur-Grundlage für wissenschaftlich informiertes Historisch Arbeiten. Es setzt vielmehr die genaue Kenntnis der Quellen sowie der einschlägigen Literatur voraus. Wer beide kennt, weiß erst, was bereits umfassend erforscht ist und was noch nicht. Hier muss die eigene Fragestellung ansetzen, wenn sie neue Erkenntnis bewirken soll.

Kurzum

Je qualifizierter die Literaturauswahl, desto perspektivenreicher die Quellenuntersuchung.

Literatur hat mehrere Funktionen. Alle müssen bereits bei der Recherche bedacht werden. Das betrifft sowohl das inhaltliche Ziel der These als auch den methodischen Weg dorthin. Literatur dient der **Information**, das heißt der gezielten Recherche nach bestimmten Begriffen, Personen, Ereignissen et cetera aus der Quelle. Dazu gehören Zahlen, Daten, Namen und Fakten, deren Kenntnis erst eine Deutung ermöglicht. Literatur dient der **Interpretation**, indem sie Erklärungsvorschläge für solche Phänomene unterbreitet – die Sie in vielen Fällen nur eingeschränkt, in manchen vielleicht gar nicht teilen, um die bestehenden Deutungen zu ergänzen, zu variieren oder gar zu ersetzen. Literatur dient zugleich der **Instruktion**, indem sie methodengeleitete Anregungen vermittelt, welche Art der Quellenbefragung welche Ergebnisse hervorbringen kann. Darin einbegriffen ist das Nachdenken über die Methode der Untersuchung und die damit verbundenen Chancen und Risiken. Nüchterner ausgedrückt, sie hilft bei der Überlegung, auf welche Fragestellung die gewählte Quelle ihrem Wesen nach überhaupt eine sinnvolle Antwort geben kann.

Kurzum

Zur kompetenten Analyse einer Quelle unter einer Fragestellung gehört die Reflexion über die Frageweise selbst.

Wer beispielsweise antike Inschriften zur Quelle wählt, wird sich in epigraphischen Handbüchern informieren; wer spätmittelalterliche Wappen erforscht, wird sich in die Wappenkunde (Heraldik) einlesen; wer wiederum Zeitungsberichte aus der Zeit des Ersten Weltkriegs studiert, wird sich vor der eigentlichen Analyse auf jeden Fall mit mediengeschichtlichen Methoden auseinandersetzen.[62] Eine im besten Sinne des Wortes naive Lektüre des Textes darf, soll und muss vielleicht sogar der erste Schritt der Analyse sein – aber eben nicht der letzte: Zur wissenschaftlichen Auseinandersetzung mit Geschichte gehört eben auch die Reflexion des eigenen Vorgehens, der eigenen Lesart.

2.1 Literaturgattungen: Orientierung in den Formaten

Wissenschaftliche Literatur kennt verschiedene Gattungen. Deren Unterschiede sind höchst relevant, weil sich daraus die sinnvollsten Einsatzmöglichkeiten für die verschiedenen Typen ergeben.

▸ **Monographien** sind Bücher meist eines Autors, die in der Regel ein präzise umgrenztes Thema behandeln.[63]

▸ **Sammelbände** umfassen **Artikel** mehrerer Autoren zu einem übergeordneten Thema – bisweilen über Epochen- oder gar Fachgrenzen hinweg. Oft entstehen sie aus Tagungen von Spezialisten oder als Gelegenheitswerke mit recht heterogenen Beiträgen (Extremfall: Festschriften, sozusagen kollegiale Geburtstagsgeschenke für renommierte Gelehrte). Deshalb ist bei der Recherche nach Artikeln in Sammelwerken besondere Sorgfalt geboten: Die Katalogsuche allein über den Buchtitel reicht keinesfalls aus![64]

---

62 Im Beispiel des „Langemarck"-Zeitungsartikels könnten mediengeschichtliche Studien methodische Orientierung leisten, darunter: Bösch, Frank: Mediengeschichte vom asiatischen Buchdruck zum Fernsehen, Frankfurt am Main/New York 2011; Geppert, Dominik: Pressekriege. Öffentlichkeit und Diplomatie in den deutsch-britischen Beziehungen (1896–1912), München 2007.

63 Beispiel: Clark, Christopher: Die Schlafwandler. Wie Europa in den Ersten Weltkrieg zog, München 2013.

64 Beispiel: Fahrmeir, Andreas: Ben Eltons Erste Weltkriege, in: Hein, Dieter/Hildebrand, Klaus/Schulz, Andreas (Hg.): Historie und Leben. Der Historiker als Wissenschaftler und Zeitgenosse. Festschrift für Lothar Gall, München 2006, S. 301–310.

- ▶ **Zeitschriftenartikel** widmen sich, ähnlich wie Beiträge zu Sammelbänden, meist sehr speziellen Aspekten – weisen aber in der Regel noch höhere Aktualität auf, stellen Leitmedien der wissenschaftlichen Auseinandersetzung dar. Hier gilt ähnliches für die Recherche wie für Artikel in Sammelbänden. Es bedarf eines genauen Blickes auf die Inhaltsverzeichnisse der wissenschaftlichen Zeitschriften; sie sind mittlerweile vielfach (aber nicht immer!) online zugänglich, aber kaum in Katalogen erfasst.[65]

- ▶ **Rezensionen und Sammelrezensionen** erleichtern den Einstieg in die Lektüre. Neuerschienene Bücher (nicht aber: Zeitschriftenbände) werden meist binnen weniger Jahre in wissenschaftlichen Zeitschriften (bisweilen auch in der Tagespresse) rezensiert; Literaturberichte beschreiben nicht nur eine bestimmte Neuerscheinung, sondern neue Entwicklungen in einem ganzen Forschungsfeld. Rezensionen sind ein guter Anhaltspunkt, ob sich die Lektüre des besprochenen Buches lohnt – aber können auch trügen, weil in ihnen mitunter fachwissenschaftliche Fehden ausgetragen werden.[66]

- ▶ **Lexikonartikel** konzentrieren Basiswissen in Stichworten; sie eignen sich besonders für einen ersten Überblick. Achten Sie auf die Nachschlagewerke, die etwa der Epoche, der Gegend, dem Ereignis beziehungsweise der Entwicklung oder der Herangehensweise nach für Ihre Studien bedeutsam sind.[67] Wenn es kein

Lesen & Denken

---

65 Beispiel: Kiesel, Helmuth: Anmerkungen zum Charakter von Ernst Jüngers Kriegsbuch „In Stahlgewittern" aus Anlass des Erscheinens der historisch-kritischen Ausgabe, in: Études germaniques, Band 70 (2015), S. 503–515.

66 Beispiele: Müller, Jürgen: Globaler Krieg – lokale Folgen: Zu den Auswirkungen des Ersten Weltkriegs auf kommunaler und regionaler Ebene, in: Historische Zeitschrift, Band 302 (2016), S. 103–126; Wahl, Hans Rudolf: Rezension zu: Winter, Jay (Hg.): The Cambridge History of the First World War, Cambridge 2014/Hastings, Max: Catastrophe. Europe Goes to War 1914, London 2013/Münkler, Herfried: Der Große Krieg. Die Welt 1914 bis 1918, Berlin 2013/Janz, Oliver: 14. Der große Krieg, Frankfurt am Main 2013/Leonhard, Jörn: Die Büchse der Pandora. Geschichte des Ersten Weltkrieges, München 2014, in: H-Soz-Kult, erschienen am 05. September 2014, via: https://www.hsozkult.de/publicationreview/id/rezbuecher-22260 (Stand: 24. Juni 2018).

67 Beispiel: Hirschfeld, Gerhard/Krumeich, Gerd/Renz, Irina (Hg.): Enzyklopädie Erster Weltkrieg, Paderborn 2004/²2014.

eigenes Lemma zu dem Thema gibt, nach dem Sie suchen, werden Sie vielleicht in den Indices fündig.

▶ **Handbücher** legen fundiert historische Epochen oder große Themen dar; sie erklären Entwicklungszusammenhänge und beinhalten meist Bibliographien, die Hinweise für vertiefende Lektüren geben. Dazu gehören auch Titel, die für die jeweilige Subdisziplin beziehungsweise Methode relevant sind.[68]

Die unterschiedlichen Gattungen der Literatur erfüllen also unterschiedliche Funktionen. Deshalb kommen ihnen in den diversen Phasen der Erarbeitung einer Quelle idealtypisch wechselnde Bedeutungen zu. Zunächst führt der Weg vom Allgemeinen zum Besonderen, von Überblickswerken hin zu Detailstudien. Es ist sinnvoll, zunächst eine einführende Lektüre einzuplanen – um dann die Quelle beziehungsweise deren Umfeld immer exakter einzukreisen: im Übergang zu Spezialuntersuchungen, die am Ende womöglich nur der Quelle oder sogar nur einem Teil derselben gelten. Diese Denkbewegung mithilfe der Literatur beginnt also mit dem Generellen und führt ins Spezielle.

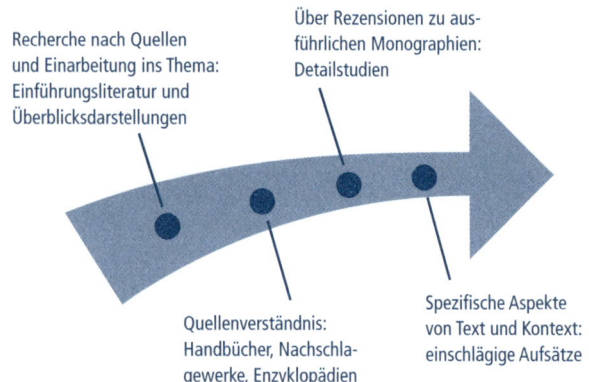

Recherche nach Quellen und Einarbeitung ins Thema: Einführungsliteratur und Überblicksdarstellungen

Über Rezensionen zu ausführlichen Monographien: Detailstudien

Quellenverständnis: Handbücher, Nachschlagewerke, Enzyklopädien

Spezifische Aspekte von Text und Kontext: einschlägige Aufsätze

Abb. 20: Zur Quelle hin denken

---

68 Hier zum Beispiel: Werber, Niels/Kaufmann, Stefan/Koch, Lars (Hg.): Erster Weltkrieg. Kulturwissenschaftliches Handbuch, Stuttgart 2014.

Anschließend verläuft eine Denkbewegung in die gegenteilige Richtung. Wer mithilfe der Spezialliteratur (wie etwa Aufsätze) ein Phänomen genau untersucht und die einschlägigen Kontexte erforscht hat (Spezialstudien), wird dieses Phänomen schließlich auf neue Weise einzuordnen wissen (in der Auseinandersetzung mit Handbüchern und dergleichen) – um so am Ende womöglich das „große Bild" zu verändern, das Lexika oder Überblicksdarstellungen bislang zeichnen.

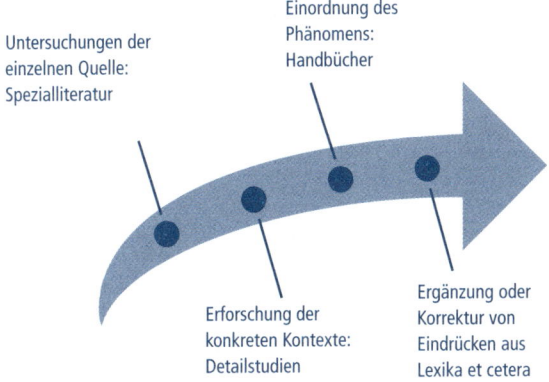

Abb. 21: Aus der Quelle heraus denken

2.2 Literatur suchen: Strategien der Recherche

Alle Literaturgattungen haben spezifische Vor- und Nachteile. Umso wichtiger ist es, vor jeder Literatur-Lektüre den jeweiligen Recherchezweck zu bedenken. Für eine generelle Einordnung eignen sich vor allem Handbücher und Lexika – von denen man umgekehrt nicht jene speziellen Informationen und Interpretationen erwarten darf, die Monographien oder Artikel in Fachzeitschriften beziehungsweise Sammelbänden aufweisen. Vergewissern Sie sich also des genauen Zieles Ihrer Nachforschungen, ehe Sie die bewährten Methoden zur Literatursuche nutzen. Wo reicht Überblickswissen aus, wo hingegen sollten Sie in die Tiefe lesen?

Auch hier bietet die in der Lehrveranstaltung angesprochene Literatur einen guten Anfangspunkt – mit denselben Chancen und Risiken wie bei der Quellenrecherche: Sie machen sich von Vorlieben (und Vorkenntnissen) des jeweiligen Hochschullehrers abhängig. Mithilfe von Rezensionen, Sammelrezensionen und Literaturberichten können Sie sich allerdings leicht einen Überblick über einschlägige Neuerscheinungen zu Ihrem Thema beziehungsweise Ihrer Herangehensweise verschaffen; sie helfen Ihnen bei der Entscheidung, welche Werke für Ihre Studien relevant sind.

Am besten gehen Sie von jüngeren Publikationen aus, um erst dann ältere zu erschließen. Jüngere Literatur ist zwar nicht per se besser als ältere (im Gegenteil, mitunter ist sie sogar schlechter). Aber jüngere Literatur hat die ältere in der Regel (oder sagen wir: hoffentlich) in ihre Deutungen schon integriert. Sie sparen also viel Zeit, wenn Sie aufgrund der Lektüre jüngerer Darstellungen abwägen, welche älteren Darstellungen Ihre geschärfte Aufmerksamkeit verdienen.

Es gibt freilich einen gravierenden Unterschied zur Suche nach Quellen. Bei der Suche nach Literatur darf nicht relevant sein, welche Literatur oder welche Art von Literatur Sie besonders mögen. Es zählt allein, was für Ihre Art der Quellenanalyse und für Ihre Fragestellung wichtig sein könnte und real existiert. Diese Abwägung setzt wiederum voraus, dass Sie ein klares Suchbild entwickelt haben: Was wollen Sie eigentlich herausfinden? In welchen Darstellungen sind entsprechende Erkenntnisse zu erwarten? Nach welchen Stichwörtern, nach welchen Personen, nach welchen räumlichen und zeitlichen Kontexten, nach welchen Aspekten wollen Sie forschen? Eher nach lokalen oder nach globalen? Eher nach sozial-, wirtschafts-, verfassungs- oder kulturgeschichtlichen? Je früher und gründlicher Sie darüber nachdenken, desto effektiver und effizienter wird Ihre Suche.

Kurzum

Beachten Sie bei der Literatur-Recherche:
- ▶ die unterschiedlichen Genres: Handbücher, Monographien, Sammelbände, Fachzeitschriften, Nachschlagewerke, …
- ▶ die relevanten Kataloge: nicht nur den lokalen OPAC nutzen, wenigstens die Verbundkataloge
- ▶ analoge Publikationen, die digital nicht einmal verzeichnet sind

- ▶ die einschlägigen Datenbanken
- ▶ Darstellungen in verschiedenen Sprachen
- ▶ gleichermaßen jüngere wie ältere Studien
- ▶ vor allem: das Ziel Ihrer Recherche!

In einer idealen Welt hätten Sie genügend Zeit, um alle einschlägigen Darstellungen von der ersten bis zur letzten Seite zu lesen. Die Realität ist meist – das gilt für Studenten ebenso wie für Hochschullehrer – eine andere. Sie haben immer zu wenig Zeit, um sich durch Literatur zu wühlen, die für Ihre Fragestellung am Ende keine Bedeutung hat. Gleichwohl dürfen Sie sich von ganzen Regalen voller Bücher nicht einschüchtern lassen: Niemand sieht ein Thema in allen Facetten genau wie Sie. Fachspezialisten neigen wie alle Menschen dazu, vor lauter Bäumen längst nicht mehr den Wald zu sehen. Deshalb kommt es darauf an, das Wichtige vom weniger Wichtigen zu scheiden. Wie man liest, ist nicht minder wichtig als, dass man liest. Überlegen Sie zunächst, was Darstellungen aus dem jeweiligen Genre Ihnen überhaupt bieten können: Spezialisierte Zeitschriftenbeiträge bieten Ihnen kaum Überblickswissen, Einführungswerke wie Handbücher wiederum dürften für Ihr Spezialthema zu generell gehalten sein.

Lesen & Denken

Kurzum

Ausgangsfragen bei der gezielten Lektüre von Literatur:
- ▶ Was ist Zweck meiner Recherche? Eine erste Orientierung oder eine detaillierte Auseinandersetzung eines einzelnen Problems?
- ▶ Was erwarte ich vom jeweiligen Text? Information, Hilfe bei der Recherche, Einordnungswissen, Deutungsansätze, Methodenorientierung?
- ▶ Was kann mir der jeweilige Text bieten? Wie aktuell ist er?

Auch Lektüre will gelernt sein, unabhängig vom Typus, aber bezogen auf ihn. Mit den unterschiedlichen Lektüre-Mitteln werden Sie umso erfolgreicher sein, je eher Sie Ihr konkretes Lektüre-Ziel definiert haben. Alle Lektürearten verbindet indes Genauigkeit![69]

---

69 In die Besonderheiten des wissenschaftlichen Lesens führt etwa ein: Krajewski, Markus: Lesen Schreiben Denken, Köln/Weimar/Wien ²2015.

Sorgen Sie bei allen jeder Lektüre dafür, dass Ihre Lektüreeindrücke haften bleiben. Ordnen Sie Ihr Material von Anfang an gründlich und strukturiert:

▶ Notieren Sie bereits beim ersten Lesen stets akkurat, was Sie welchem Text verdanken. Achten Sie auf exakte bibliographische Daten und genaue Verweise auf Seitenzahlen!

▶ Legen Sie Exzerpte oder Stichwortsammlungen an, um die gelesenen Informationen sowie Interpretationen in eine überblicksfähige Darstellung zu bringen!

▶ Machen Sie sich immer wieder klar: Was haben Sie schon gelernt? Was müssen Sie noch lernen?

Kursorische Lektüre ermöglicht einen ersten Überblick über die Geschehnisse selbst und über wichtige Argumentationslinien; es lohnt sich oft, zuerst Einleitung und Fazit wissenschaftlicher Studien zu mustern, um erst dann über die weitere Lektüre zu entscheiden. Rezensionen können ein wichtiger Hinweisgeber für die Intensität sein, in der Sie ein bestimmtes Buch erlesen wollen.

Selektive Lektüre konzentriert sich auf Kapitel oder Passagen eines Buches, die für Ihr Thema einschlägig sind. Woher Sie wissen, welche das sind? Dabei helfen Inhaltsverzeichnis und – mindestens so wichtig – Register und Indices: In welchen Kapiteln beziehungsweise auf welchen Seiten kommen beispielsweise die für Ihre Studien wichtigen Namen, Orte oder Stichworte besonders häufig vor?

Die gründlichste Form der Lektüre ist die **exzerpierende Lektüre**; sie folgt einer Darstellung exakt und notiert die wichtigsten Schritte des Argumentationsganges. Sie ist vor allem für die Literatur obligatorisch, die Ihr Thema unmittelbar betrifft – und anzuwenden, sobald Sie vom besonderen Wert einer Darstellung für Ihre eigenen Studien überzeugt sind.

Um Ihre Gedanken zu ordnen, sollten Sie mit verschiedenen Techniken experimentieren. Nur so finden Sie heraus, welche am besten zu Ihrer Arbeits- und Denkweise passen. Gängige Hilfsmittel sind unter anderem:

▶ Ganz ordinäres Papier, Karteikarten und vergleichbare Formate

▶ Veranschaulichte Gedanken („Mind-Maps"): sei es auf Papier oder elektronisch

▶ Software, von der klassischen Textverarbeitung bis hin zu Literaturverwaltungsprogrammen (zum Beispiel Citavi)

▶ Egal, ob digital oder analog: Legen Sie gut sortierte Ordner an – und von elektronischen auch Backups!

2.3 Literatur finden: Jede Recherche ist einzigartig

Was macht adäquate Literatur aus? Sie muss für Ihr Thema einschlägig, vor allem aber wissenschaftlich sein. Wichtigster Standard ist ein exakter wissenschaftlicher Apparat: also eine sorgfältige Nachweisführung durch Fuß- oder Endnoten, in der Regel auch umfangreiche Quellen- sowie Literaturverzeichnisse, meistens zudem Register. Bücher ohne Apparat sind als Literatur in der Regel nicht zitabel, jedenfalls nicht im Range der Forschungsliteratur. Deshalb sind beispielsweise Schulbücher keine geeignete Referenz, selbst wenn sie bei einer ersten Orientierung bisweilen hilfreich erscheinen.

Kurzum

Was in populären Formaten – inklusive Schulbücher und Wikipedia-Artikel – ohne Apparat nachzulesen ist, finden Sie in der wissenschaftlichen Fachliteratur erst recht und auf Anhieb.

Woher wissen Sie, dass Sie die passende Literatur gefunden haben? Es gibt keine objektive, noch nicht einmal eine Daumenregel dafür, schon gar keine quantitative. Eine genau bezifferte, vermeintlich sinnvolle Anzahl an recherchierten Titeln bedeutet eher Selbstbetrug. Schließlich sind unterschiedliche Quellen aus unterschiedlichen Epochen unterschiedlich intensiv erforscht. Mitunter herrscht Literaturüberfluss, mitunter Literaturmangel. Wenn Sie mit Quellen aus dem Archiv arbeiten, ist es gar nicht unwahrscheinlich, dass noch kein anderer mit eben diesen Quellen gearbeitet hat und folglich keine detaillierte Literatur vorliegt. Kurzum: Es gibt nicht jede Literatur, die Sie für Ihre Fragestellung eigentlich bräuchten – aber dank einer vielfältig ausdifferenzierten Geschichtswissenschaft doch solide Studien zu den meisten Kontexten.

Lesen & Denken

Vorgaben von Hochschullehrern, die eine bestimmte Anzahl von Literatur-Titeln aus bestimmten Genres fordern, sind als didaktisches Minimum gedacht – und als dezenter Anreiz, unterschiedliche Literaturformen bei Ihrer Recherche zu bedenken. Achten Sie darauf, die unterschiedlichen Publikationsgattungen vom Handbuch bis zum Artikel in einer entlegenen Zeitschrift in Ihre Suche zu integrieren. Ihr Rechercheziel ist erreicht, wenn Sie das Gefühl haben, Text und Kontext der Quelle (oder Gehalt und Kontext bei nichtschriftlichen Quellen) in den für Ihre Fragestellung wesentlichen Aspekten verstanden zu haben. Können Sie nach der ersten Lektüre-Runde einschätzen, wie sich Ihre Thesenführung zur konsultierten Literatur verhält, ist das ein sehr gutes Zeichen: noch kein Beweis, aber ein Indiz dafür, dass Ihre Argumentation auf einem tragfähigen wissenschaftlichen Fundament aufbaut.

Kurzum

Sich im Lesen orientieren:

▶ Von welchem Vorwissen gehe ich aus? Was ist mir bereits bekannt?

▶ Welche Art von Wissen strebe ich an? Was will ich eigentlich herausfinden?

▶ In welchen Literatur-Genres steht das erstrebte Wissen jeweils zu erwarten? Welcher wissenschaftlicher Gattungen bedarf ich in welcher Recherche-Phase?

▶ Text und Kontext: Verstehe ich die Quelle(n)? Ist mir die Quellensprache geläufig? Achtung: Wörterbücher und andere Nachschlagewerke sind obligatorisch!

▶ Wie lautet mein Bauchgefühl? Fühle ich mich umfassend informiert?

▶ Immer wieder: Was habe ich bis jetzt verstanden, was noch nicht?

▶ Komme ich (m)einer Leitfrage näher?

▶ Übrigens: Gezielte Nachrecherche ist nicht Ausnahme, sondern Regel!

2.4 Literaturkritik: Den eigenen Verstand üben

Auch Literatur will kritisch gelesen werden. Erstens stimmt nicht alles, was irgendwo gedruckt steht. Zweitens ist auch wissenschaftliche Literatur zeitgebunden und spiegelt Vorlieben wie Haltungen wider, kollektive wie individuelle: „Study the historian before you begin to study the facts",[70] so hat es der britische Historiker E. H. Carr einmal auf den Punkt gebracht.

Damit wollte Carr vor allem darauf aufmerksam machen, dass Geschichtsschreibung immer Auswahl bedeutet: Auswahl der Ereignisse und Entwicklungen, die in den Rang relevanter Fakten erhoben werden. Um ein Beispiel zu geben: Sozialhistoriker seit den 1950er Jahren haben darauf gedrungen, statt der Geschichte der bürgerlichen Eliten vor allem diejenige der einfachen Arbeiter und ihrer Familien zu erforschen – für die sich wiederum Verfassungshistoriker kaum begeistern können.

Dafür gibt es jeweils wissenschaftliche und außerwissenschaftliche Gründe. Auch Menschen, die historisch arbeiten, haben einen Sitz im Leben, sozioökonomische Interessen, politische Sympathien, kulturelle oder konfessionelle Vorlieben. So hat in Deutschland lange die „borussische Schule" dominiert: bürgerliche Historiker, die den preußisch-protestantischen Aspekt der Geschichte hervorhoben – auf Kosten des süddeutsch-katholischen und des unterbürgerlichen. Der marxistische britische Historiker Eric Hobsbawm hat seine Zunft-Kollegen sogar aufgefordert, ihre unvermeidliche Parteilichkeit offensiv einzusetzen: weil allein daraus eine intensive wissenschaftliche Debatte entstehen könne.[71]

Davon kann man halten, was man mag. Aber man muss damit rechnen, dass Geschichtswissenschaftler solche Maximen auch umsetzen. Verschiedene Historiker verfolgen außerdem verschiedene Methoden, in Auseinandersetzung mit Fachkollegen – deren Ansätze bisweilen mehr, bisweilen weniger gewürdigt werden. Schließlich ist jede Darstellung der Geschichte immer nur ein Auszug: Wer histo-

Lesen & Denken

---

70 Carr, Edward Hallett: What is History, hg. v. Richard J. Evans, Basingstoke 2001, S. 17.
71 Hobsbawm, Erich: Partisanship, in: Hobsbawm, Eric: On History, London 1997, S. 164–185.

risch arbeitet, entscheidet beim Schreiben immer wieder neu, welche Personen, Institutionen, Strukturen, Ereignisse, Prozesse er für historisch relevant hält.

Unabhängig davon gilt: Auch angesehene Autoritäten aller Fächer können sich irren oder unsinnige Argumente anführen – oder vergessen, die nötigen Quellenbelege zu liefern. Selbst hochrenommierte Historiker sind bisweilen schlecht informiert, verhaken sich in ihren Methoden, nutzen längst widerlegte Thesen, verwickeln sich in Widersprüche oder plagiieren gar. Darauf dürfen und sollen Sie hinweisen! Kriterium ist niemals, wer etwas schreibt, sondern vielmehr immer, was er schreibt. Unterscheiden Sie also getrost, was Sie für überzeugend erachten und was nicht! Umgekehrt gilt: Machen Sie sich bewusst, wo Ihre eigenen blinden Flecken liegen – schon um zu erfahren, mit welcher Literatur Sie etwas Licht ins Dunkel bringen können.

Kurzum

Vertrauen Sie Ihren eigenen Fähigkeiten und Fertigkeiten. Wissenschaftliche Literatur ist keine Offenbarungsreligion, sondern bildet jeweils nur den aktuellen Stand von Fachdiskussionen ab.

2.5 Digitale Literatur: Qualität in Quantität

Digitale Literatur ist Literatur wie jede andere. Das gilt schon aus einem ganz banalen Grunde: Derzeit erscheinen die meisten Bücher und Fachzeitschriften gedruckt und digital. Rein digitale Publikationen sind in den deutschsprachigen Geisteswissenschaften bislang eher die Ausnahme, könnten aber womöglich bald zur Regel werden. Derzeit ist vieles unregelmäßig, bis hin zur Kostenpflichtigkeit. Manche Zeitschriften stellen sämtliche Beiträge im Volltext online, manche nur Zusammenfassungen der Beiträge, manche nur Inhaltsverzeichnisse, manche allerdings gar nichts. Das wiederum heißt: Die digitale Suche nach Literatur ist Standard, genügt aber nicht. Die Illusion, alle einschlägige Literatur sei digital zu recherchieren und digital zu erhalten, trügt. Gerade bei älteren Jahrgängen von Fachzeitschriften und älteren Sammelwerken muss man die reale statt nur die virtuelle Bibliothek betreten und die Inhaltsverzeichnis durchblättern!

> **Kurzum**
>
> Was nicht im Internet steht, existiert trotzdem.

Es gilt wie bei digitalen Quellen und überhaupt: **Verfolgen Sie angesichts des Tempos, in dem sich selbst die Inhalte einzelner Seiten ändern, jederzeit die aktuellen Entwicklungen! Die Grenzen der Erkenntnis liegen jenseits der digitalen Grenzen, manches Fachwissen ist nur analog verfügbar!** Zwar gibt es insbesondere für Fachzeitschriften, die bisweilen bis hin zur ersten Ausgabe retrodigitalisiert worden sind, einschlägige Portale – doch eben keineswegs für alle, mitunter nicht einmal für alle wichtigen. Vor allem kleinere Fachzeitschriften wie etwa landes-, regional- oder lokalgeschichtliche, die für die Analyse einer konkreten Quelle oftmals von besonderer Bedeutung sind, sind in einschlägigen Portalen wie etwa Jstor nicht erfasst und vielfach bislang überhaupt nicht digitalisiert. Schließlich spielt dabei nicht nur das Ansehen einer Zeitschrift innerhalb des Faches eine Rolle, sondern auch die Frage, ob sich Verlag und die jeweilige Datenbank und die jeweilige Bibliothek finanziell einigen können.

Um zitierfähig zu sein, muss rein digital erscheinende Literatur den gleichen Bedingungen genügen wie gedruckte Texte. Erst der wissenschaftliche Apparat qualifiziert zur Wissenschaft; außerdem muss der Autor bekanntgegeben werden. Nachweisbarkeit und Zurechenbarkeit gehören zum Wesen der Wissenschaft, ganz gleich, was ihr Medium sein mag. Diese doppelte Transparenz ist unerlässlich. Deshalb sind unter anderem auch Wikipedia-Artikel problematisch, so kompetent sie in manchen (freilich eher in Ausnahme-) Fällen auch verfasst sein mögen; hier bürgt niemand mit seinem wirklichen Namen für den Inhalt. Das aber bedeutet einen gewissen Qualitäts-Ausweis in der immensen Quantität von Online-Publikationen: Es ist leicht, etwas online zu stellen – aber kostet Überwindung, dafür auch verantwortlich zu zeichnen.

> **Kurzum**
>
> Wissenschaftlich zu arbeiten, beinhaltet, sich persönlich der Verantwortung für die Erkenntnisse zu stellen, die man publiziert!

2.6 Zur Vertiefung

XI. Caesar als Schriftsteller

Nach den gescheiterten Verhandlungen mit Ariovist zog Caesar ihm mit seinen Truppen entgegen und bot ihm im heutigen Elsass unweit des Rheines die Schlacht an – so berichtete er es in seinem Bellum Gallicum: „Nun endlich führten die Germanen ihre Streitkräfte notgedrungen aus dem Lager, stellten sie nach Stämmen in gleichen Abständen auf, die Haruden, Markomannen, Triboker, Vangionen, Nemeten, Sedusier, Sueben, und umgaben ihr ganzes Heer mit Wagen und Karren, um keine Hoffnung auf Flucht zu lassen. Auf die Wagen setzten sie die Frauen, die sie beim Auszug in den Kampf mit ausgestreckten Händen unter Tränen beschworen, sie nicht in römische Sklaverei fallen zu lassen.

Caesar unterstellte jede Legion einem Legaten und dem Quästor, damit jeder Soldat an ihnen Zeugen seiner Tapferkeit habe; er selbst begann die Schlacht mit seinem rechten Flügel, weil er die Feinde diesem gegenüber am schwächsten fand. So hitzig stürmten die Unseren auf das Zeichen hin gegen den Feind an und so plötzlich und rasch rannten die Feinde vor, daß kein Raum blieb, die Wurfspieße auf sie zu schleudern. Man ließ sie daher fallen und griff im Nahkampf zum Schwert. Doch bildeten die Germanen nach ihrer Gewohnheit rasch eine feste Linie und begegneten so dem Schwertangriff. Mehrfach sprangen Leute von uns in die geschlossene Reihe, rissen die Schilde mit den Händen herab und verletzten die Feinde von oben her. Während das Heer der Feinde auf deren linkem Flügel geworfen und in die Flucht gejagt wurde, brachte ihr rechter Flügel durch seine Masse unser Heer schwer ins Gedränge. Als dies der junge Reiterführer Publius Crassus sah, der einen besseren Überblick hatte als die Männer im Kampfgetümmel, schickte er die dritte Linie unseren bedrängten Leuten zu Hilfe.

So wurde die Linie wiederhergestellt, alle Feinde wandten sich zur Flucht und machten nicht eher halt, als bis sie zum Rhein kamen, etwa fünf Meilen vom Schlachtort entfernt."[72]

---

72 Caes. Gall. I. 51.2–53.1. Zitiert nach der Übersetzung: C. Iulius Caesar: Der Gallische Krieg. Lateinisch-deutsch, hg. v. Otto Schönberger, Berlin ⁴2013.

Welche Aspekte würden Sie zum besseren Verständnis der Quelle nachschlagen beziehungsweise mithilfe der Literatur aufarbeiten?

XII. Widersprüche in den Quellen: Auflösung mittels der Literatur

Von den oben zitierten Reichsannalen existiert auch eine etwas spätere Überarbeitung – die sogenannten Einhards-Annalen. Die MGH-Ausgabe bietet Ihnen zum leichteren Vergleich beide Versionen auf gegenüberliegenden Seiten.[73] Der Eintrag zum Jahr 775 beginnt wie folgt:[74] „Als der König auf dem Hofgut Quierzy überwinterte, fasst er den Entschluss, den treulosen [perfida] und eidbrüchigen [foedifraga] Stamm der Sachsen mit Krieg zu überziehen und dies so lange zu verfolgen, bis sie besiegt das Christentum annähmen oder gänzlich vernichtet seien."

Die Quelle schildert daraufhin in weitgehender Übereinstimmung mit den oben zitierten Reichsannalen (siehe S. 84) den weiteren Verlauf des Feldzuges. Lediglich das Gefecht bei Lübbecke gegen die Westfalen wird etwas abweichend dargestellt: „Während dessen ließ sich eine Abteilung des Heeres, die er [sc. Karl] an die Weser geschickt hatte, in Lübbecke, wo sie ein Lager geschlagen hatte, unvorsichtigerweise von der List der Sachsen in großen Schaden bringen. Als nämlich die auf Futter ausgeschickten Franken um die neunte Stunde des Tages ins Lager zurückkehrten, mischten sich, wie wenn sie zu ihnen gehörten, Sachsen unter sie und kamen so in das fränkische Lager, fielen dann über die Schlafenden und Halbwachen her und richteten, wie erzählt wird, kein geringes Blutbad unter der sorglosen Menge an. Jedoch wurden sie durch die Tapferkeit der Wachenden, die sich mannhaft wehrten, aus dem Lager geschlagen und zogen ab nach einem Vertrag, wie er unter solchen Umständen geschlossen werden konnte. Als das dem König gemeldet wurde, eilte er so rasch als möglich herbei, verfolgte die Fliehenden und machte dabei eine große Menge von ihnen nieder. Hierauf ließ er sich auch von den Westfalen Geiseln stellen [...]".

---

73 Annales regni Francorum, hg. v. Friedrich Kurze, MGH SRG 6, Hannover 1895. Digital via: http://www.mgh.de/dmgh/resolving/MGH_SS_rer._Germ._6_S._II (Stand: 24. Juni 2018).

74 Eigene Übersetzung. Die Freiherr vom Stein-Gedächtnisausgabe bietet für das Jahr 775 nur die zweite Hälfte der Einhards-Annalen in Übersetzung.

Lesen & Denken

Die Einhards-Annalen bringen also im Vergleich zu den Reichsannalen zwei neue Aspekte in die Darstellung ein: das Ziel der Christianisierung der Sachsen sowie den Vorwurf der Treulosigkeit und Hinterlist. Beide Aspekte finden sich auch in anderen Quellen wieder. Von der fränkischen Forderung nach Christianisierung zeugt unter anderem ein in Frage- und Antwortform gehaltenes sächsisches Taufgelöbnis aus der Zeit Karlmanns:[75] „Entsagst Du dem Teufel? Und er möge antworten: Ich entsage dem Teufel. Und aller Teufelsgilde? Er möge antworten: Und ich entsage aller Teufelsgilde. Und allen Teufelswerken? Er möge antworten: Und ich entsage allen Teufels Werken und Worten, Thunaer und Woden und Saxnote und allen den Unholden, die ihre Genossen sind. […]" Den Vorwurf der Treulosigkeit der Sachsen erhob auch das Gedicht des Poeta Saxo über die Taten Karls anhand des besonders schweren Vorwurfs des Gesandtenmordes:[76] „Zu Frühlingsbeginn beging ein wilder [atrox] Stamm der Sachsen, […], den wir nach ihrer eigenen Bezeichnung Nortalbingier nennen, ein Verbrechen. Denn, als der König Gesandte zu ihnen schickte, um nach rechtlicher Art für Gerechtigkeit zu sorgen, wurden sie von einer gottlosen [impia] Gruppe dieses Stammes eidbrüchig [foedifrage] ermordet."

Die drei genannten Quellen sind in ihrer jeweiligen Art höchst unterschiedlich und bieten verschiedene formale wie inhaltliche Probleme, die es für ein umfassendes Verständnis des Quellengehaltes zu lösen gilt. Welche Literatur könnte Ihnen dabei helfen?

XIII. Eine Quelle begreifen: Der Prager Fenstersturz im Jahre 1618

„Den 23. Mai am Mittwoch in Vigilia Ascensionis Domini 3 nachdem die vier Herren Statthalter aus der Hauptkirche Sti Viti nach allda verrichter Procession und abgehörter heiligen Messe, früh 81/2 Uhr in die Behaimbische Canzlei ankommen seind […], da seind etwa nach 9 Uhr die Herren aus allen drei Ständen sub utraque mit ihren

---

75 Forma abnuntiationis diaboli, hg. v. Georg Heinrich Pertz, MGH LL 1, Hannover 1835, S. 19. Digital via: http://www.mgh.de/dmgh/resolving/MGH_LL_1_S._19 (Stand: 24. Juni 2018).

76 Eigene Übersetzung aufgrund der Edition: Poeta Saxo, Annales de gestis Caroli magni imperatoris, hg. v. Paul von Winterfeld, MGH, Poetae latini aevi Karolini, Band IV, Berlin 1899, Buch III, V. 368–374, S. 39. Digital via: http://www.mgh.de/dmgh/resolving/MGH_Poetae_4,1_S._39 (Stand: 24. Juni 2018).

Dienern und Gesind in sehr großen Menge in Ihro kais. Mt Prager Schloß … in die Böheimbische Canzlei und zwar in die Ratstube, wo die größte Sicherheit und Respekt sein sollte, unangemeldet, gar keck, mit großer Importunitet eingetreten, also daß gemeldete Canzlei fast allein von denen Herren- und Ritterstandspersonen ganz voll gewesen, die Burger aber meistenteils draußen vor der Tür, welche deshalben auch ganz ofen bleiben müssen, gestanden."[77]

Dieser Quellenauszug weist zahlreiche Begriffe und Benennungen auf, die der Klärung bedürfen. Welche Details würden Sie mit welchen Hilfsmitteln recherchieren?

XIV. Einen Autor fassen: Zum Kontext der Feldpostkarte

Sie haben die Feldpostkarte (S. 87) entziffert. Jetzt müssen Sie die Details entschlüsseln, um den Autor der Karte einordnen oder gar persönlich identifizieren zu können – und um die Ereignisse sowie Umstände zu erfassen, die für den Autor relevant gewesen sein könnten. Welche Art von Literatur benötigen Sie nun, um etwas über den Absender und seine Position herauszufinden?

Abs. Musk K Müller

14. AK 28. ID 6/iii

3. Quellen, Literatur & Fragestellung

Historisch Arbeiten ist ein Handwerk, das sich erlernen lässt. Quellen sind das Material, Literatur das Werkzeug. Ihre eigenen Studien stellen Versuche dar, neue Werkzeuge zu erfinden: Instrumente, die das Quellen-Material auf neue Weise in den Griff bekommen.

Woher wissen Sie indes, welches der vorhandenen Werkzeuge Sie benötigen? Die Fragestellung gibt es vor. Sie meint die spezifische Hinsicht, unter der Sie die Quelle untersuchen. Geschichte handelt schließlich vom jeweils Besonderen, nicht vom Allgemeinen.

---

77 Auszug aus: Jaroslaw Bořitas Martinic' Schilderung der Defenestration vom 23. Mai 1618 auf der Prager Burg, deren Opfer er selbst war, in: Documenta Bohemica Bellum Tricennale Illustrantia, Band 2: Der Beginn des Dreißigjährigen Krieges: Der Kampf um Böhmen. Quellen zur Geschichte des Böhmischen Krieges, hg. v. Miroslav Toegel u. a., Prag 1972, S. 42–49, hier: S. 42.

> **Kurzum**
>
> Kein Ereignis, keine Person, keine Entwicklung als solche ist eine hinreichend präzise Fragestellung.

Eine Fragestellung zu haben, heißt schlicht, einen ausgewählten Aspekt erklären zu wollen – und eben nicht: alles. Es bedeutet die gezielte Verengung der Quellenanalyse auf ein besonderes Erkenntnisziel, das Sie selbst bestimmen: unter Nutzung aller dafür brauchbaren Mittel aus der Literatur.

> **Kurzum**
>
> Fragestellung ist:
> - ▶ keine Aufforderung zum entsprechenden Satzzeichen, sondern das Untersuchungsprogramm Ihrer Arbeit.
> - ▶ die selbst gewählte Beschränkung auf eine bestimmte Hinsicht, unter der Sie die Quelle untersuchen.
> - ▶ das, was Ihre Analyse von einem Stellen- oder gar Komplett-Kommentar beziehungsweise von einer ganzheitlichen Quelleninterpretation unterscheidet, die ohne besondere Fokussierung jeden einzelnen Aspekt einer Quelle erörtert.

Darum machen der Ausbruch des Ersten Weltkriegs, die Kaiserkrönung Karls des Großen oder Caesars Überschreitung des Rubikon noch keine Fragestellung aus. Eine solche sollte ins Spezielle, nicht ins Generelle gerichtet sein – „Dichtung stellt mehr das Allgemeine, Geschichte aber das Einzelne dar".[78]

Zu allgemein wäre etwa der Kriegsausbruch im Jahre 1914 schlechthin. Konkreter, konkret genug wären aber beispielsweise Fragen nach der Funktion der Presse in der Julikrise, nach der Dynamik der politischen Entscheidungsprozesse seit der Ermordung des Thronfolgers Franz Ferdinand in Sarajevo oder nach den Versuchen mancher Gewerkschaften, den Ausbruch des Krieges durch internationale Arbeiterstreiks noch zu verhindern.

---

78 Aristot. Poet. 1451b.

3.1 Quellen erfassen: Das Besondere suchen

Zur Erfassung der ausgewählten Quelle gibt es ausnahmsweise tatsächlich ein Patentrezept. Es lautet: Lesen Sie, lesen Sie, lesen Sie – durchaus ziellos. Manchmal helfen spontane Eingebungen, meistens jedoch vor allem Ausdauer und Geduld. Erkenntnis braucht Reifezeit. Sie können diese Zeit verkürzen, indem Sie zu formulieren suchen, was Sie an welcher Quelle eigentlich interessiert. Das kann an dem liegen, wovon die Quelle handelt, an ihrem Gegenstand, an ihrer Argumentation, an ihrer Aussage – oder auch daran, wie sie von dem handelt, wovon sie handelt: etwa an bestimmten Worten, Vergleichen, Begriffen. **Wer seine Gedanken dazu explizit macht, arbeitet bereits an der Fragestellung.**

Lassen Sie sich von der Quelle anregen, die Sie in der Hand halten. Von ursprünglichen Plänen abzuweichen und eine andere Quelle oder Facette zu untersuchen, stellt keine Niederlage, sondern vielmehr einen Sieg der Erkenntnis dar: Historisch Arbeiten gelingt nicht am grünen Tisch, sondern nur an der Werkbank. Thematisieren Sie, was immer auch Ihnen an der Quelle auffällt, was Ihnen daran besonders bemerkenswert erscheint. Hier liegt der Ansatzpunkt für Ihre Fragestellung, hier liegt der Kern jener These verborgen, durch die Sie am Ende genau diese besondere Auffälligkeit erklären.

Kurzum

Es gilt für alle Quellen, für schriftliche ebenso wie für bildliche oder gegenständliche: Sie alle können, ja müssen auf verschiedenen Ebenen gelesen werden. Darstellung und Darstellungsweise sind relevant, Form und Funktion, Inhalt und Interessen, zunächst schlichtweg alles.

Beispiel: Der Stahlhelm als Quelle

Material und Form des Helms verraten, mit welchen Taktiken und mit welchen gegnerischen Waffen die jeweiligen Befehlshaber geplant haben. Die preußischen Pickelhauben aus Leder sollten Säbelhieben standhalten, wurden aber zum Schutz vor Kugeln und Splittern im Ersten Weltkrieg bald durch massive Stahlhelme ersetzt. Zugleich erfüllte der Helm nicht nur eine militärische Funktion, sondern erhielt darüber hinaus auch eine soziale Bedeutung zugeschrieben. Der

Bund der Frontsoldaten, der nach dem Krieg der Weimarer Republik feindlich gegenüberstand, benannte sich schlicht: „Stahlhelm". Doch der Helm kann noch viel mehr erzählen: unter anderem über Wirtschaft, Kriegsproduktion oder wissenschaftliche Planung der Kriegsführung – und je nach Forschungsinteresse kommt es dann darauf an, systematisch weitere einschlägige Quellen zu erschließen.

Vielleicht finden Sie bei der ersten Recherche noch gar nicht die Quelle, die Sie wirklich interessiert. Aber Sie entdecken bei Ihren ersten Erkundungen gewiss Aspekte, die Sie so sehr interessieren, dass Sie gezielt nach weiteren Quellen recherchieren können – oder gelangen über die Literatur zu weiteren Quellen.

Für alle Quellen gilt: **Lektüre ist eine aktive Tätigkeit**, kein passives Hinnehmen des Gegebenen. Quellen müssen intensiv bearbeitet werden – durch die Recherche nach spezifischen Begriffen, Namen, Verweisen, Anspielungen et cetera, mithilfe geeigneter Hilfsmittel und einschlägiger Literatur. Zur Quellenarbeit gehören Bearbeitungsspuren wie Anstreichungen, Verweise, Pfeile, Randkommentare, Notizen, Exzerpte, Schaubilder (Mindmaps), bisweilen auch Tabellen, Listen oder andere Aufbereitungsformen.

Manche Menschen denken beim Lesen am besten, manche beim Reden, manche beim Schreiben: Beobachten Sie sich selbst, um im Laufe der Zeit zu erkennen, welche Techniken Ihrem Wesen am ehesten entsprechen. Es ist eine Trainings- und eine Typ-Frage. Manche müssen ihre Gedanken frühzeitig akkurat in ganzen Sätzen eintippen, andere denken anschaulich und bringen ihre Gedanken daher in eine graphische Form. In allen Fällen gilt: Üben Sie eine gewisse Ordnung ein, bereiten Sie Ihre Notizen systematisch derart auf, dass Sie Ihre Erkenntnisse stets im Blick behalten. So erkennen Sie besser und schneller, was das Besondere an Ihrer Quelle darstellt.

Die Quelle muss immer wieder und immer wieder neu gelesen werden. So drängen sich **Fragwürdigkeiten** im vollen Sinne des Wortes auf: neue Unklarheiten, die Sie möglichst transparent machen wollen, um die Quelle besser zu verstehen. Doch die Quelle muss gelegentlich auch ruhen. Gedanken müssen reifen. Sie können sich schwerlich vornehmen, am Vormittag des 28. Juni werde auf einer Balkanreise ein Geistesblitz zünden – oder am Abend des 05. Februar werde im beschaulichen Zürich eine plötzliche Eingebung zu

Ihrer These führen. Zudem ist das Arbeitstempo ein individuelles, das unter anderem von eigenen Fähigkeiten, von eigenen Vorkenntnissen und vom Grad der Übung abhängt, die sich im Laufe des Studiums einstellt. Deshalb ist eine generelle Zeitvorgabe für die diversen Genres beziehungsweise Schritte des Historisch Arbeitens sinnlos.

Kurzum

Planen Sie für alle Projekte günstige Rahmenbedingungen ein. Konzentrierte Arbeit gehört dazu, aber auch gezieltes Liegenlassen.

Kalkulieren Sie immer wieder Stunden, wenn möglich auch Tage ein, an denen Sie sich anderen Gegenständen widmen – um hinterher einen neuen Blick auf die Quelle werfen zu können. Neu wird der Blick erst, wenn Sie immer wieder eine unbearbeitete Kopie der Quelle nutzen. So können Sie zu frischen Beobachtungen gelangen, statt immer nur das zu sehen, was Ihnen längst aufgefallen ist. Fertigen Sie also am besten schon vor der ersten Bearbeitung mehrere Durchschläge an!

3.2 Quellen verstehen: Die „W-Fragen" als Hilfe

Was braucht man, um eine Quelle zu verstehen? Die richtige Mischung aus Routine und Nicht-Routine! Letzteres braucht vor allem den Mut kreativer Unvoreingenommenheit und das enthusiastische Bestreben, in Quellen etwas zu finden, was andere womöglich noch nicht einmal gesucht haben. Ersteres bedeutet, sämtliche tauglichen Werkzeuge einzusetzen. Dazu gehören neben Darstellungen über Ihr Spezialthema unter anderem einschlägige Handbücher und Nachschlagewerke – um die in der Quelle verwendeten Wörter und Zeichen in jeder Hinsicht genau lokalisieren zu können.

Kurzum

Instrumente des Verstehens:
- ▶ Kommentierte Quelleneditionen beziehungsweise Quellenkommentare
- ▶ Einschlägige Monographien und Artikel

- ▶ Handbücher etwa zur Epoche oder zum Territorium
- ▶ Wörterbücher: auch und gerade in der eigenen Sprache
- ▶ Nachschlagewerke: Lexika aller Art und aller Disziplinen
- ▶ Historische Atlanten und Historische Chronologien

Was kann eine Quelle wie die folgende? Nichts. Was können Sie? Alles. Oder zumindest fast alles – vorausgesetzt, Sie durchdringen die Quelle und vermögen deren Inhalt am Ende zu erklären, statt ihn nur zu umschreiben.

Beispiel-Analyse: Kommuniqué der OHL, 11. November 1914

Westlich **L a n g e m a r ck** brachen **j u n g e R e g i m e n t e r** unter dem Gesang „**D e u t f ch l a n d , D e u t f ch l a n d ü b e r a l l e s**" gegen die erste Linie der feindlichen Stellungen vor und nahmen sie. Etwa 2000 Mann französischer Linieninfanterie wurden gefangen und 6 Maschinengewehre erbeutet.

Abb. 22: Auszug aus dem Heeresbericht vom 11. November 1914, in heutige Schrift transkribiert:

„Westlich L a n g e m a r c k brachen j u n g e R e g i m e n t e r unter dem Gesang „D e u t s c h l a n d , D e u t s c h l a n d ü b e r a l l e s " gegen die erste Linie der feindlichen Stellungen vor und nahmen sie. Etwa 2000 Mann französischer Linieninfanterie wurden gefangen und 6 Maschinengewehre erbeutet. "

Was die Analyse einer spezifischen Quelle leisten kann, ist ebenso wichtig wie die Erörterung, zu welchen Rückschlüssen sie nicht berechtigt. Vor der gezielten Lektüre steht bereits eine erste Reflexion über mögliche Resultate der eigenen Studien. **Sie ringen der Quelle eine Erkenntnis ab, nicht umgekehrt.** Daran schließt die Erwägung an, welches Handwerkszeug Sie benötigen, um aus Ihrem Vorverständnis ein wissenschaftlich fundiertes Verständnis der Quelle zu entwickeln. Wer sich vornehmlich für die Semantik eines Textes interessiert, braucht andere Instrumente als jemand, der sich vor allem soziopolitischen Machtverhältnissen hinter dem Text widmet.

Kurzum

Sich im Denken orientieren:
- ▶ Welches Ziel verfolge ich bei der Recherche?
- ▶ Inwiefern bringt mich jeder einzelne Rechercheschritt diesem Ziel näher? Oder führt der Weg zu einem anderen Ziel als ursprünglich gedacht? Auch gut!
- ▶ Für welchen Zweck war die Quelle gedacht? An wen war sie gerichtet?
- ▶ Was kann ich aus der Quelle bereits ihrem Typus nach herausfinden – und was niemals?
- ▶ Welche Art von Leitfrage dürfte Text wie Kontext gleichermaßen gerecht werden?
- ▶ Welche neue Erkenntnis könnte meine Antwort darauf hervorbringen?

Mit den folgenden „W-Fragen" können sie der Quelle näherkommen. Sie helfen Ihnen dabei, die Quelle zu verstehen und ihr Erkenntnispotential abzuschätzen – und also, eine Fragestellung zu entwickeln. Nicht alle „W-Fragen" lassen sich auf Anhieb beantworten, manche bei manchen Quellen sogar überhaupt nicht. Allerdings kann man gerade an diesen Leerstellen ansetzen. Hier eröffnet sich bisweilen eine interessante Forschungsperspektive, und hier entstehen Recherche-Aufträge, um die Quelle mithilfe einschlägiger Literatur noch besser verstehen zu können. Übrigens helfen die W-Fragen in allen Stadien des Historisch Arbeitens weiter: Sie nutzen Ihnen bereits bei der ersten Recherche. Sie regen am Anfang an, eine provisorische Leitfrage zu entwickeln und eine bereits gefasste Leitfrage zu präzisieren – und erinnern am Ende daran, dem Publikum Ihr Interesse plausibel zu machen.

Lesen & Denken

Kurzum

Ausgangsfragen zur Quellenanalyse:
- ▶ Um welche Art Quelle handelt es sich?
- ▶ Wie wurde die Quelle überliefert?
- ▶ Wann entstand die Quelle?
- ▶ Wo entstand die Quelle?
- ▶ Wer hat die Quelle verfasst oder in Auftrag gegeben?
- ▶ Warum ist die Quelle entstanden?
- ▶ Was stellte die Quelle dar?

> ▶ Wie stellte die Quelle dar, was sie darstellte?
> ▶ Wie war die Quelle komponiert?
> ▶ Welche Begriffe, welche sprachlichen oder außersprachlichen Mittel verwendete sie?
> ▶ An wen war die Quelle gerichtet?
> ▶ Welchen Zweck sollte die Quelle erfüllen?
> ▶ Wem sollte die Quelle nutzen?

Irgendeine Auffälligkeit werden Sie mithilfe dieses Fragekataloges an jeder, wirklich an jeder Quelle feststellen – erst recht mit Blick auf vergleichbares Material. Seitenblicke auf ähnliche Quellen lohnen oft den Aufwand: bereits in der ersten Recherche, wenn Sie sich für eine der oft zahlreichen ähnlichen Quellen entscheiden (müssen), sogar noch dann, wenn Sie sich bereits entschieden haben. Indem Sie feststellen, was Ihre Quelle von anderen Quellen unterscheidet, erschließen Sie deren besonderes Erkenntnispotential.

Seitenblicke werfen!
Der Zeugniswert einer Quelle wird oftmals erst im Vergleich deutlich. Wer weiß, wie Tagebücher in einer bestimmten Epoche üblicherweise verfasst waren, vermag das einzelne Tagebuch eher als typisch oder untypisch einzuordnen. Wer neben dem zitierten Heeresbericht des 10. November viele Heeresberichte seit dem August 1914 überschaut, kann das Spezifische dieses einzelnen Eintrags leichter erkennen. Dessen intensive Rezeption erklärt sich aus auffälligem Pathos inmitten nüchterner Berichte. Standard waren im Herbst des Jahres 1914 stereotype Sätze, mit denen etwa die Berichte vom 05. November und 06. November jeweils endeten: „Auf dem östlichen Kriegsschauplatz hat sich nichts Wesentliches ereignet."[79] Erich Maria Remarque hat aus solcher seriellen (Nicht-)Information später den Titel seines Antikriegsromans geformt: „Im Westen nichts Neues".

Zunächst muss es darum gehen, die Art der Quelle zu bestimmen. Daraus bemisst sich ihr Erkenntnispotential. Dieses Vorgehen gehört zur **Quellenkritik** (siehe S. 78 f.). Sie erörtert die Authentizität der Quelle und erwägt, welche Erkenntnisse diese gewähren kann. Von einem Propaganda-Text wird niemand „wahre" Auskünfte über die Kriegslage erwarten. Doch das macht ihn mitnichten als Quelle wert-

---

79 Aus: Der Weltkrieg, hg. v. General-Anzeiger Elberfeld-Barmen, Essen 1915, S. 173.

los: Schließlich können Sie etwas darüber lernen, wie genau diese Propaganda beschaffen, welchen Maximen und Interessen sie verpflichtet war.

Kurzum

Die vordergründig wichtigste Frage lautet: Stimmt, was in der Quelle steht? Leider kann sie oft gar nicht beantwortet werden – und für die meisten Fragestellungen muss sie es auch gar nicht!

Die Bestimmung des Quellentyps hilft Ihnen, den Aussagewert einer Quelle einzugrenzen und mögliche Frageperspektiven zu eröffnen – und umgekehrt, unmögliche zu verschließen. Entgegen der quellenkritischen Intuition ist zunächst nachrangig, ob die Quelle die zeitgenössische Wirklichkeit zutreffend wiedergab. Wie wollte man entscheiden, ob Ernst Jüngers tagebuchförmige, eher heroische Aufarbeitung des Ersten Weltkriegs (und wenn ja: in welcher Auflage) „echter" gewesen sei als Erich Maria Remarques Antikriegsroman, der den grausamen Alltag des Schlachtfeldes beschrieb. Quelle bleibt Quelle, auch wenn sie nicht „stimmt". Denken Sie an das Protokoll eines Strafprozesses, in dem Redeweise und Argumentation vor allem an die Prozessordnung gebunden sind: Angeklagte werden in der Regel solche Aussagen machen, die ihnen ein günstiges Urteil versprechen, keine authentischen Geständnisse – die ein privates Tagebuch, das unter anderen Bedingungen und mit anderen Konsequenzen entsteht, weitaus eher aufweisen wird.

Die erste „W-Frage" dient daher der elementaren Bestandsaufnahme. Sie erkundet, um was für eine Quelle und um was für eine Art von Quelle es sich handelt. Daraus ergeben sich Ansatzpunkte für weitere „W-Fragen": insbesondere nach Zweck, Funktion und Interessen, die mit der Quelle verbunden waren.

Um welche Art Quelle handelt es sich? Es handelt sich um einen Auszug aus einem der Tagesberichte der Obersten Heeresleitung (OHL) – also um eine amtliche Pressemitteilung, die in Zeitungen verbreitet wurde.

Rechercheauftrag: Welchem Genre ist die Quelle zuzurechnen? Handelte es sich um ein neues Genre oder um ein schon routiniert betriebenes? Was wis-

Lesen & Denken

sen wir über deutsche Kriegspropaganda und deren Organisation? Was vorläufig nicht interessiert, aber beim Stichwort Propaganda auf der Hand liegt: Der scheinbar so objektive Bericht muss keineswegs zutreffen.

Eng an diese Erwägungen binden sich die folgenden: Wie wurde die Quelle überliefert, wer hat davon Kenntnis gehabt oder Kenntnis bekommen (sollen)? Presseberichte sollten die Mit- respektive Nachwelt beeindrucken – anders als private Briefe. Selbst Propagandalügen stiften wichtige Erkenntnisse: etwa über die Art der Manipulation und die damit verbundenen Mittel, meist auch über ihre Tendenz und über die dahinterstehenden Interessen.

Wie wurde die Quelle überliefert? Verbreitet wurden die Berichte der OHL durch die Presse; aus einer Zeitung stammt auch die hier genutzte Textgrundlage. Achten Sie auf die konkrete Erscheinungsform: Welche Akzente setzte die Redaktion durch Plazierung und Satzdetails der Meldung?

Rechercheauftrag: Entstehungs- und Erscheinungsbedingungen damaliger Zeitungen, insbesondere unter den Bedingungen der mit Kriegsausbruch etablierten Zensur. Den Verteilungsweg der Meldung macht die Zeitungsseite nachvollziehbar: Wolffs Telegraphisches Bureau („W.T.B."), damals die führende deutsche Nachrichtenagentur.

Die nächsten Fragen betreffen die Quelle selbst. Wann ist sie entstanden, in welchem (nicht nur zeitlichen) Umfeld? Hier kommt es auf eine äußerst präzise Einordnung an: Es reicht nicht, Quellen allgemein einem bestimmten Konflikt oder Krieg zuzuweisen – vielmehr kommt es auf die unmittelbare Lage an. Welche konkreten Ereignisse und Entwicklungen haben den Moment ihrer Entstehung bestimmt, auf welchen Anlass ging sie eventuell zurück? Zu berücksichtigen sind einerseits akute Umstände, andererseits wesentliche politische, gesellschaftliche, wirtschaftliche, publizistische, geistige und kulturelle Faktoren der Zeit sowie damalige Gepflogenheiten.

Wann entstand die Quelle? Veröffentlichungsdatum war der 11. November 1914, das dort beschriebene Gefecht im Norden Yperns hatte am Vortag stattgefunden – festzustellen etwa anhand der detaillierten Kriegstagebücher der Armeen. Die OHL stand in der Pflicht, der Öffentlichkeit nach dem Ausbleiben des erwarteten raschen Sieges gegen Frankreich die anhaltenden Rückschläge auf dem Schlachtfeld zu erklären.

Rechercheauftrag: In welchem Zusammenhang stand diese Meldung? Wie war die Kriegslage in jenen Tagen? Worüber berichtete die Zeitung in dieser Ausgabe und in den vorherigen? Wie war der politische Kontext? In den Redaktionsstuben wurde auch Macht im Militär verhandelt; die Tagesmeldung verteidigte wenigstens implizit die Führung im Westen, die ihre „jungen Regimenter" angeblich zu Heldentaten zu motivieren vermochte.

Nicht nur die Zeit, sondern auch der Ort der Entstehung hat große Bedeutung. Das gilt einerseits für den Publikationsort: Eine Pressekonferenz soll zweifellos ein großes Publikum erreichen, anders als eine private Korrespondenz, die womöglich eine ganz andere, entsetzliche Realität als die offiziell verkündete schildert. Andererseits gilt es auch für den Ort, an dem der Text verfasst wurde: und zwar einschließlich seiner spezifischen Kontexte – es geht also sowohl um den „großen" Hintergrund als auch um die „kleinen" Bedingungen, unter denen eine Quelle entstanden ist.

Wo entstand die Quelle? Nicht am Ort der Schlacht, sondern in einer Redaktionsstube der zuständigen Abteilung in der Obersten Heeresleitung: Die Verfasser der Meldung hatten das Ereignis nicht selbst erlebt, sondern ihren Bericht aus Meldungen von der Front. Insofern handelt es sich also um eine Sekundärquelle.

Rechercheauftrag: Gab es bestimmte formale oder inhaltliche Richtlinien, denen die Redakteure dabei gefolgt sind? Bestanden unmittelbare politische Vorgaben?

Wer die Quelle verfasst hat, ist eine nicht minder wichtige Frage. Sie zielt auf die biographischen Bedingungen des Urhebers, auf seine Funktion, seine Interessen, seine Loyalitäten, seine Wertvorstellungen, seine Taktiken und Strategien und so weiter. Beantworten lässt sie sich allerdings mitnichten immer – selbst dort, wo man Autoren namentlich fassen kann, hilft dieses Wissen nicht zwingend weiter: Prosopographien beziehungsweise Personenlexika (wie etwa: Allgemeine Deutsche Biographie, Neue Deutsche Biographie, Oxford Dictionary of National Biography) machen zwar prominente Zeitgenossen identifizierbar, suggerieren aber voreilige Fehlschlüsse auf die Moti-

vation des Urhebers. Wenn es sich bei der Quelle um eine Auftrags-
arbeit handelte, verdient ohnehin der Auftraggeber besondere Aufmerksamkeit, bisweilen sogar mehr als der Auftragnehmer – denken
Sie an Reden von Staatsmännern, für deren Analyse man nicht vor-
dringlich eine Kollektivbiographie ihrer Redenschreiber unternähme!

Wer hat die Quelle verfasst oder in Auftrag gegeben? Ein unmittelbarer Urheber ist in diesem Fall wohl nicht zu ermitteln, es sei denn durch neue
Archivalienfunde. Ohnehin ist hier die Funktion des Urhebers wichtiger als seine
Person: Es handelte sich nicht um eine persönliche Stellungnahme, sondern um
regierungsamtliche Deutungen der Kriegsereignisse – in der jeweiligen Verarbeitung durch Zeitungsredaktionen unter den Bedingungen der Kriegszensur.
    Rechercheauftrag: Welche Sinngebungsversuche, auch konkurrierende, lassen
sich feststellen? Vor allem dann, wenn man die konkrete Aufbereitung dieser
Quelle mit der Aufbereitung in anderen Zeitungen vergleicht?

Diese Erwägungen führen zwangsläufig zur Erörterung, warum
die Quelle entstanden sein mag. Die Antworten auf die bisherigen
W-Fragen helfen Ihnen bei der Fokussierung: Was haben Urheber
beziehungsweise Auftraggeber der Quelle wohl im Sinn gehabt? Welche Interessen spiegelt die jeweilige Quelle wider? Welche expliziten-
ten und impliziten Intentionen, welche Ziele verbanden sich damit?
Jedes Agieren ist eine Handlung, auch jede Äußerung: als „Sprechakt" oder „Schreibakt" (siehe S. 129 f.), dessen Motive es zu entdecken
gilt. Jeder einzelne Satz ergreift Partei, schafft Freunde und Feinde,
verfolgt sympathische und weniger sympathische Zwecke, appel-
liert schon durch seine sprachliche Gestalt an bestimmte Adressaten. Wofür oder wogegen wendet sich die Quelle, was beschreibt sie
wie? Um das nachvollziehen zu können, müssen Sie sowohl textim-
manent als auch jenseits des Textes argumentieren.

Warum ist die Quelle entstanden? Offenkundig bestand ein Rechtfertigungs-
druck, der die OHL die Routine täglicher Gefechtsmeldungen entwickeln ließ; die
besagte Formulierung von den singend gefallenen Helden sollte diesen Druck
augenscheinlich mindern.
    Rechercheauftrag: Wie war die Lage an beiden Fronten, weshalb gab es mög-
licherweise bei „Langemarck" besonderen Rechtfertigungsbedarf? Auf dem öst-

lichen Kriegsschauplatz kam es zu strategischen Siegen, darunter die auch symbolisch aufgeladene Schlacht bei Tannenberg in den letzten Augusttagen; schon im Anschluss daran reklamierte der dortige Befehlshaber Hindenburg weitere Truppen,[80] während die Hoffnungen auf einen raschen Sieg im Westen längst geschwunden waren. Im September des Jahres 1914 wurde Generalstabschef Moltke durch Falkenhayn abgelöst, gegen den wiederum Hindenburgs Generalstabschef Ludendorff agitierte. Am 09. November verlangte letzterer die Ost-Verlagerung von Truppen,[81] während Falkenhayn wenige Tage nach „Langemarck" dem Reichskanzler einen Separatfrieden mit Russland und eventuell auch Frankreich vorschlug – um alle Truppen zum strategischen Durchbruch gegen Großbritannien zu konzentrieren.[82] Um so bedeutsamer dürfte es gewesen sein, dass der Heeresbericht von Geschehnissen „Westlich Langemarck" berichtete – das bedeutete sowohl eine geographische als auch eine symbolische Lokalisierung.[83]

Erst unter genauer Berücksichtigung des Kontexts ist der Text der Quelle zu verstehen. Was die Quelle nicht darstellt beziehungsweise verschweigt, ist mitunter mindestens so wichtig wie das, was sie darstellt. Schließlich sollten viele Quellen ihre Adressaten von bestimmten Ansichten überzeugen, also nicht nur etwas übermitteln, sondern dieser Mitteilung gleich einen bestimmten Sinn beilegen. Denken Sie daran: noch die scheinbar sachlichsten Informationen sind immer selektiv – Verkehrsnachrichten vermelden in der Regel nur Verkehrsunfälle und Staus, nicht aber störungsfrei fließenden Verkehr. Das hat seinen effizienten Zweck, verändert aber die Wahrnehmung.

Was stellte die Quelle dar? Die Mitteilung berichtete von einem energischen Angriff, der zur Gefangennahme von „etwa" zweitausend französischen Soldaten geführt habe – sie berichtete indes nicht von deutschen Opferzahlen, argumentierte also höchst unausgewogen.

---

80 Krumeich, Gerd: Langemarck, in: François, Etienne/Schulze, Hagen (Hg.): Deutsche Erinnerungsorte, Band 3, München 2001, S. 292–309, hier: S. 298.

81 Nebelin, Manfred: Ludendorff. Diktator im Ersten Weltkrieg, München 2010, S. 175–177.

82 Afflerbach, Holger: Falkenhayn. Politisches Denken und Handeln im Kaiserreich, München 1994, S. 195–206.

83 Hüppauf, Bernd: Langemarck, Verdun and the Myth of a New Man in Germany after the First World War, in: War & Society, Band 6 (1988), S. 70–103, hier: S. 74.

Lesen & Denken

Rechercheauftrag: Um welche Geschehnisse ging es hier, wie waren sie mit dem militärischen und politischen Verlauf des Kriegs verbunden? Hier kommt nun auch die Schlacht selbst in den Blick. Wo genau hat sie stattgefunden? Wie ist sie ausgegangen? Aus deutscher Sicht verlief sie desaströs, mit hohen Verlusten ohne Geländegewinn; also wollte die OHL die militärische Niederlage in der Illusion eines moralischen Sieges aufgehen lassen.[84]

Ob die Quelle sozusagen Recht hatte, ob sie also „objektiv" berichtete, ist nicht der entscheidende Punkt. Solche Erwägungen haben ihre Berechtigung, tendieren jedoch zur Überforderung sowohl der Quelle selbst als auch des Geschichtswissenschaftlers. Er interessiert sich auch und gerade für verschiedene Darstellungsweisen des Geschehenen, aus denen man anderes und oft sogar Spannenderes lernen kann als aus dem Geschehenen selbst. Vielfach geht es um die Sichtweise der Quelle selbst, um ihren „Sehepunkt", in dem Johann Martin Chladenius diese Perspektivengebundenheit mit aufklärerischer Gelehrsamkeit begrifflich verdichtet hat: in der Wahrnehmung wie in der Erzählung von Begebenheiten „ist es eben so nöthig, auf den Zuschauer und dessen Beschaffenheit achtung zu geben, als auf die Sache selbst".[85] Anders gesagt: Das Verhältnis zwischen Text und Kontext, zwischen dem Inhalt der Quelle und der Position ihres Verfassers im weitesten Sinne verdient immer besondere Aufmerksamkeit. Um ermitteln zu können, wo die Quelle stark stilisierte und womöglich übertrieb, lohnt sich oft ein Blick in die Gegenüberlieferung(en). Wo konkurrierende Darstellungen desselben Geschehnisses stark voneinander abweichen, kann man diese Abweichungen mitsamt den dahinterstehenden Interessen thematisieren. Ferner wäre zu fragen, ob die Quelle das Geschilderte als gewöhnlich oder als außergewöhnlich erschienen ließ.

Tip: Gegenüberlieferung

Manche Quellen sind „konkurrenzlos": Je konkreter ein Detail oder je länger vergangen das Geschehnis, desto höher die Wahrscheinlichkeit, dass nur wenige

---

84 Mosse, George L.: Fallen Soldiers. Reshaping the Memory of the World Wars, Oxford/New York 1990, S. 70–73.

85 Chladenius, Johann Martin: Allgemeine Geschichtswissenschaft: worinnen der Grund zu einer neuen Einsicht in allen Arten der Gelahrheit geleget wird, Leipzig 1752, S. 92.

Quellen davon zeugen, womöglich sogar nur eine einzige. In anderen Fällen hilft es, die Quelle mit Quellen zu kontrastieren, die dasselbe und doch nicht das gleiche Geschehnis schildern. Solche Gegenüberlieferungen können helfen, einen Wahrheitskern herauszuschälen; zeitgenössische britische Quellen berichteten nicht von „Langemarck", jedoch von einem niedergeschlagenen enthusiastischen Angriff deutscher Truppen[86] – wiederum mit propagandistischer Absicht: nämlich als Versuch der britischen Regierung, ausbleibende Erfolge bei der Abwehr des deutschen Angriffes ihrerseits der eigenen Bevölkerung verständlich zu machen. Gleichwohl geht aus zahlreichen weiteren Quellen eine hohe Motivation der „jungen Regimenter" hervor.[87]

Das bedeutet für die Fragestellung: Die Art und Weise, wie eine bestimmte Quelle etwas darstellt, ist selbst ein historisches Ereignis, das man verstehen beziehungsweise nachvollziehen können muss (ohne es zu billigen). Ob Gott tatsächlich dafür gesorgt habe, dass Karl der Große die Sachsen besiegte, kann man füglich bezweifeln – nicht aber, dass es für zeitgenössische Autoren darauf ankam, Karls Siege eben auf diese Weise, nämlich: heilsgeschichtlich zu deuten. Auf Caesars Behauptung, er habe die aufsässigen Helvetier bekriegen müssen, braucht kein Historiker hereinzufallen. Doch er kann diese Behauptung selbst thematisieren – als ein Argument, mit dem Caesar Freund und Feind in Rom für sein Anliegen gewinnen zu können glaubte. Derlei ist in allen Gattungen analytisch relevant: Was sollte die Quelle dem Leser erzählen, welches Narrativ entfaltete sie? In welchen Rahmen („Framing") bettete sie das Geschilderte ein?

Wie stellte die Quelle dar, was sie darstellte? Die prinzipielle Nüchternheit der Berichterstattung und außergewöhnliches Pathos bilden einen extremen stilistischen Gegensatz: Was sollten eigentlich „junge" Regimenter sein? Solche Attribute vergaben die Tagesberichte der OHL ansonsten kaum.

Rechercheauftrag, der indes nicht immer zu erfüllen ist: Wo scheint die Darstellung insbesondere von der Realität abzuweichen? Studien belegen, dass die

---

86 Fox, Colin: The Myths of Langemarck, in: Imperial War Museum Review, Band 10 (1995), S. 13–25, hier: S. 18.
87 Krumeich, Gerd: Langemarck, in: François, Etienne/Schulze, Hagen (Hg.): Deutsche Erinnerungsorte, Band 3, München 2001, S. 292–309, S. 299.

bei Langemarck eingesetzten Regimenter dank einer hohen Quote an Freiwilligen zwar etwas jünger waren als andere, aber keineswegs vornehmlich aus jungen Freiwilligen bestanden.[88] Doch sollte just dieser Eindruck vermittelt werden – dieses Phänomen verdient Erforschung!

Eng mit dieser Frage ist eine nächste verbunden: diejenige nach der Komposition der Quelle. Schließlich hätte sich das Beschriebene auch ganz anders beschreiben lassen. Welche Vermittlungsabsicht spiegelt sich in der jeweiligen Anordnung wider, in den sprachlichen Mitteln, in der Wortwahl? Sich darauf zu konzentrieren, lohnt übrigens insbesondere bei historiographischen Texten, die noch in der Moderne lange als literarisches Genre galten – so folgte etwa Einhard in seiner Karls-Vita dem Leben seines Helden vorwiegend insofern, als es sich in seine antike, Sueton entlehnte Vorlage einpassen ließ.

Wie war die Quelle komponiert? Nicht nur die Erzählung selbst, sondern die Art der Erzählung verdient Aufmerksamkeit. Wie ist der Text in sich beschaffen? Welche Binnengliederung weist er auf, wie sind die Übergänge gestaltet? Sollte er als objektiver Bericht erscheinen oder als subjektive Einschätzung?

Rechercheauftrag: Gab es zeitgenössische Vorbilder oder Vorläufer? Handelte es sich um Kniffe, die zum Beispiel im damaligen Journalismus üblich waren – oder besaßen sie einen ganz anderen Ursprung?

Bei Text-Quellen geht es nun um sprachliche Besonderheiten – bei Bildquellen analog um bildliche: Welche einzelnen Elemente fallen besonders auf, welchen Eindruck ergeben sie in der Kombination? Was sollen einzelne Formulierungen bedeuten, welche Richtung verleihen sie der expliziten oder impliziten Textaussage? Hier kommt es darauf an, „zwischen den Zeilen" zu lesen: also jenen Sinn des Textes zu erfassen, der oftmals gar nicht ausdrücklich formuliert wird. Der Urheber der Quelle hätte jedes Wort anders wählen kön-

88 Fox, Colin: The Myths of Langemarck, in: Imperial War Museum Review, Band 10 (1995), S. 13–25, hier: S. 16; Hüppauf, Bernd: Langemarck, Verdun and the Myth of a New Man in Germany after the First World War, in: War & Society, Band 6 (1988), S. 70–103, hier: S. 74.

nen, hat sich aber für eine bestimmte Formulierung mit allen ihren Implikationen entschieden.

Welche Begriffe, welche sprachlichen oder außersprachlichen Mittel verwendete die Quelle? Die Darstellung präsentierte sich möglichst nüchtern, präzise und sachlich. Einen großen Kontrast dazu ergaben die zudem durch Sperrung im Druckbild hervorgehobenen „junge Regimenter" und ihr vermeintlicher Schlachtgesang. Der Autor hätte auch lediglich auflisten können, welche militärischen Einheiten beteiligt waren.

Rechercheauftrag: Welche Bedeutung wurde „Jugend" zugeschrieben? In welchen zeitgenössischen Strömungen nahm „Jugend" einen besonderen Rang ein („Jugendstil", „Jugendbewegung", „Bündische Jugend")? Was wissen wir über damalige Semantiken (von einzelnen Wörtern über ganze Wendungen bis hin zu Metaphern)? Die behauptete „Jugend" der Regimenter vor Langemarck, die indes nicht wesentlich jünger waren als andere, sollte die Opferbereitschaft der Kriegsfreiwilligen signalisieren – so wirkte die Jugendbewegung noch in der Weimarer Republik fort.[89]

Zum Lesen zwischen den Zeilen gehört auch, Form und Inhalt der Quellen zueinander in Beziehung zu setzen. Entsprach die Schreibweise dem, was in solchen Quellen zu erwarten gewesen wäre? Ähnelte die Schreibweise derjenigen in vergleichbaren Quellen? Befolgte sie Darstellungs-Konventionen oder brach sie mit ihnen? Form und Inhalt einer Quelle können gewöhnlich oder ungewöhnlich sein. Manche Autoren werben auf neue Weise für alte Thesen, andere auf alte Weisen für neue Thesen – ein Blick auf vergleichbare Quellen hilft bei der Einschätzung, wie repräsentativ die gewählte Quelle gewesen ist. Daran schließt unmittelbar die Frage an, an wen die Quelle gerichtet war, wen sie auf welche Weise beeinflussen sollte.

Lesen & Denken

---

89 Hüppauf, Bernd: Schlachtenmythen und die Konstruktion des „Neuen Menschen", in: Hirschfeld, Gerhard/Krumeich, Gerd/Renz, Irina (Hg.): „Keiner fühlt sich hier mehr als Mensch …". Erlebnis und Wirkung des Ersten Weltkriegs, Essen 1996, S. 43–86, hier: S. 48.

Zur Erstürmung von Dixmuiden.

r. **Berlin**, 11. November. Zu der Einnahme von Dixmuiden schreibt das „B. T.": Die heutige Nachricht der Obersten Heeresleitung bedeutet einen greifbaren bedeutenden Erfolg. Das vielumstrittene Dixmuiden ist erstürmt. Es war ein Stützpunkt der Feinde in der langen Front von Nieuport bis Ypern. Schon zeigen sich die Folgen dieses deutschen Sieges. Weiter südlich von Dixmuiden konnten wir über den Yser-Kanal, der uns so viele Wochen aufgehalten hat, hinüberbringen, und westlich von Langemarck haben sich unsere jungen Regimenter, deren Wert so oft von den Feinden angezweifelt wurde, mit Ruhm bedeckt. Süd= lich Ypern haben wir endlich den umstrittenen Ort St. Heloi in unsere Hände bekommen. Mit allen diesen schönen Erfolgen machten wir 3500 Gefangene und erbeuteten 21 Maschinengewehre. Wir können unseren alten und jungen Truppen nach den opferreichen Kämpfen im schwierig= sten Gelände nur Glück wünschen zu diesem Siege.

Abb. 23: Faksimile aus: Königsberger Hartungssche Zeitung, Morgenausgabe vom 12.11.1914 [S. 574]. Diese Zeitung übernahm den Text ihrerseits von einer weiteren Zeitung, nämlich vom Berliner Tageblatt („B.T.")

An wen war die Quelle gerichtet? Wohl vor allem an die sogenannte „Heimatfront", zur Selbstvergewisserung der deutschen Kriegsgesellschaft, aber auch an das Ausland, das es durch deutsche Erfolge zu beeindrucken galt. Eigene Verluste zu verschweigen, hatte Propagandawert und strategische Bedeutung – kein Feind sollte erfahren, wo ein Durchbruch gegen geschwächte deutsche Einheiten gelingen könnte.

Rechercheauftrag: Welche Rückschlüsse lassen die gewählten Formulierungen auf die intendierten Adressaten zu? Welche Sinnstiftung sollte welches Publikum überzeugen? Zudem ließe sich vergleichen, welche Zeitungen die zentral verteilte Meldung auf welche Weise aufgegriffen haben. Hier lohnen Seitenblicke auf andere Überlieferungen. Der obenstehende Zeitungsbericht, eine gekürzte und zugleich erweiterte Variante der Meldung, hat eine Ergänzung vorgenommen: hier schlichen sich sogar die „jungen Regimenter, deren Wert so oft von den Feinden angezweifelt wurde", ein. Offenkundig empfanden die beteiligten Zeitungsredakteure diese Passage der Meldung als außergewöhnlich und hoben sie darum hervor.

In der Konsequenz dieser Fragen liegt letztlich die Frage nach dem Zweck, den die Quelle mutmaßlich (oder in manchen Fällen sogar: eingestandenermaßen) erfüllen sollte. Ob sie ihn tatsächlich erfüllt hat, ist ein ganz anderer, aber oft nur für andere Fragestellungen relevanter Befund.

Welchen Zweck sollte die Quelle erfüllen? Sie sollte so über den Kriegsverlauf „informieren", dass die Familien der Soldaten und überhaupt die Bevölkerung zu weiteren Opfern bereit blieben beziehungsweise würden.

Rechercheauftrag: Welche Bedeutung legten die Urheber der Meldung dem konkreten Kriegsgeschehen und dem Krieg überhaupt bei? Welchen Sinn wiesen sie den Ereignissen zu, auf welchen Vorstellungen (die vielfach viel älter waren als der Krieg selbst) basierte diese Bewertung? Während Hindenburg im Osten Triumphe feierte, mussten die Rückschläge an der Westfront irgendwie erklärt werden; die OHL stand unter einem selbst geschaffenen Erwartungsdruck, Erfolge im Westen vermelden zu können – zumal ihr Chef Falkenhayn, dessen Autorität angegriffen wurde, sogar innerhalb der Generalität einen schweren Stand hatte.[90]

Historisch Arbeiten ist kein Kriminalroman. Aber eine Frage verbindet beide Genres, diejenige nach dem „Cui bono" („Wem zugute"): Wer sollte von der Quelle profitieren? In dieser Frage kulminiert letztlich die Analyse. Hier geht es vornehmlich um die Interessen der „Täter" hinter der Quelle, nicht darum, ob ihre Pläne am Ende aufgegangen sind.

Wem sollte die Quelle nutzen? Offenkundig war der Heeresbericht auf die Interessen der Obersten Heeresleitung und der Kommandeure im Westen ausgerichtet, deren militärische Misserfolge nachgerade zu Meisterleistungen der Motivation umgedeutet wurden.

Rechercheauftrag: Gibt es die berühmte „Smoking Gun", in diesem Falle also eine Quelle hinter der Quelle, hinter dem untersuchten Heeresbericht, die solche Rechtfertigungsstrategien in Dienstanweisungen, Protokollen oder ähnlichem erkennen lässt? Hier läge zugleich ein Ansatzpunkt für Quellenstudien im Archiv!

Wenn Sie diese Fragen – die nicht in genau dieser, aber doch ähnlicher Weise auch an ganz andere Quellen gestellt werden können – beantwortet haben, sind Sie Ihrem Ziel schon viel näher gekom-

---

90 Afflerbach, Holger: Falkenhayn. Politisches Denken und Handeln im Kaiserreich, München 1994, S. 212–217.

men. Sie haben verstanden, was man mit der Quelle erklären kann und was nicht.

Was geht aus den „W-Fragen" an den Heeresbericht nun hervor? Die Versuche, die W-Fragen zu beantworten, hat gezeigt: Die Quelle eignet sich kaum zur Untersuchung des eigentlichen (Kriegs-) Geschehens – schließlich wurde sie von Autoren verfasst, die davon weit entfernt waren. Manche W-Fragen laufen also ins Leere. Der wesentliche **Quellenwert** des Heeresberichts liegt also auf anderen Ebenen: vor allem jenseits dessen, was bei Langemarck tatsächlich passiert ist – nämlich in der Stilisierung „Langemarcks" zu einem heroischen Exempel, das in den 1930er Jahren etwa in der Anlage eines Soldatenfriedhofs nahe Langemarck und in der Errichtung der „Langemarckhalle" im Berliner Olympiagelände in wuchtigen Stein gehauen wurde. Wohlgemerkt: Hier geht es um die Bedeutung der Meldung selbst, nicht um die „wirkliche" Bedeutung der Schlacht, über die sie berichtete!

Anders formuliert: W-Fragen sind Mittel der Untersuchung, nicht ihr Zweck. Sie nach Kräften zu beantworten, hilft indes beim Entwickeln einer fokussierten Fragestellung. Deshalb ist es keineswegs problematisch, wenn sich manche W-Fragen nicht einmal mit einem vorläufigen Befund beantworten lassen – etwa bei Quellen von unbekannten Autoren. Diese Unvollständigkeit hilft Ihnen vielmehr bei der Fokussierung Ihres Erkenntnisinteresses, auch im Ausschlussverfahren. W-Fragen sollen lediglich eine erste Orientierung stiften und Ihnen bei der Entscheidung helfen, mit welcher Frage Sie sich fortan vor allem auseinandersetzen wollen und überhaupt können.

3.3 Quellen erklären: Von der Beobachtung zur Deutung

Historisch Arbeiten heißt, sich mit Quellen zu befassen – um ihnen etwas zu entlocken, das sich nicht bereits auf den ersten Blick zeigt. Sonst wären Geschichtswissenschaftler lediglich Meister der Nacherzählung. Das sind sie selbstverständlich auch, aber nicht nur. Vor allem arbeiten sie daran, aus ihren Quellen-Beobachtungen eine Deutung zu gewinnen, eine These. Das gelingt mithilfe einer konkreten Leitfrage: einer historischen wohlgemerkt.

Was heißt „historisch erklären"?

Historiker sitzen nicht über die Vergangenheit zu Gericht; sie entscheiden nicht, was richtig oder falsch, gut oder schlecht gewesen sei – auch nicht, ob die Quellen ihren Gegenstand korrekt oder aber verzerrt darstellten. Sie wollen verstehen und erklären; auch und gerade, wie, wodurch und warum eine Quelle etwas verzerren sollte.

Ihr Ziel besteht nicht in einer „totalen" Untersuchung aller Aspekte der Quelle oder gar in einem Stellenkommentar, sondern vielmehr in der Analyse jener ausgewählten Aspekte, die Sie für besonders interessant erachten. Eine Hausarbeit soll keineswegs alle denkbaren Fragestellungen bearbeiten, sondern sich für eine spezifische entscheiden. Sie haben das Recht und zugleich die Pflicht zur Auswahl! Das gilt sowohl für die Wahl der Quelle als auch für die Wahl der Literatur sowie der Untersuchungsmethode: Die Konzentration auf bestimmte Auffälligkeiten der Quelle, auf die dazu passenden Fachstudien und auf die jeweilige Lesart bedingen einander. So erfordert beileibe nicht jede Fragestellung eine diskursanalytische Antwort.

Diese Reduktion bedeutet keineswegs, monokausal zu denken, im Gegenteil, sie ermöglicht erst eine kompetente Abwägung: Nur selten ist etwas auf eine Ursache allein zurückzuführen. Oftmals ist schon die Abgrenzung schwierig, was eigentlich Ursache, was eher Grund, was eher Anlass einer bestimmten Entwicklung gewesen sein mag. Aber dieser Vorbehalt entbindet nicht von der Pflicht, nach der größten Ursache unter vielen, nach dem wichtigsten unter mannigfachen Hauptgründen, nach dem unmittelbaren Anlass zu forschen!

Am Anfang der Quellenuntersuchung steht meist ein Bündel von Fragen. Am Ende steht eine, genau eine konzentrierte Leitfrage. Die Antwort darauf durchzieht Ihre Darstellung wie ein roter Faden. Wer alles erklärt, erklärt nichts.

Lesen & Denken

Wege zur Fragestellung:
- ▶ Öffnen Sie sich für Überraschungen: Lesen Sie in die Breite, ehe Sie entscheiden, welchen Quellen Sie in der Tiefe folgen wollen.
- ▶ Lektüre, Lektüre, Lektüre: Lesen Sie die gewählte Quelle immer wieder, fertigen Sie Exzerpte und Notizen an – stets mit genauen Seitenangaben.
- ▶ Klären Sie Begriffe, Namen, Verweise, Anspielungen und anderes durch gezielte Recherche in Lexika, Handbüchern und anderen wissenschaftlichen Formaten.
- ▶ Nutzen Sie begleitend einschlägige Literatur (Monographien, Sammelbände, Zeitschriftenbeiträge), um Ihre Beobachtungen zu schärfen – und führen Sie auch hier genaue Aufzeichnungen.

Achten Sie darauf, dass Ihre Leitfrage nicht zu allgemein bleibt, sondern stets konkret gerät. Pauschale Titel wie „Deutschland im Ersten Weltkrieg" führen den Leser und Sie selbst in die Irre: Derart gewaltige Ansprüche werden Sie niemals einlösen können und in allzu pauschale Thesen abschweifen, die sich aus einer oder wenigen Quellen keinesfalls bewähren lassen.

Am Ende der Quellenuntersuchung steht die Antwort auf eine spezifische Frage: Welche Rückschlüsse lassen sich aus der Quelle über bestimmte Gegebenheiten ihrer Entstehungszeit gewinnen? Was lehrt uns das Dokument konkret über die Vergangenheit? Über bestimmte Geschehnisse, einmalige wie wiederholte, über relevante Strukturen und Umstände, über damit verbundene Interessen und Motive? Was an der Quelle war eher typisch, was untypisch? Jede Quelle ist Faktor wie Indikator ihrer Zeit, hat etwas „getan" und kann uns etwas erklären – wenn wir klug danach fragen.

Eine Quelle erklären heißt: eigenen Beobachtungen eine wissenschaftliche Bedeutung zuzuschreiben.

Das ist kein plötzliches Ereignis, sondern ein fortschreitender und vor allem ein kreativer Prozess, zu dem die intensive Lektüre der Quelle selbst und der Literatur gehören – immer und immer wieder:

Quellenarbeit gestaltet sich nicht als linearer, sondern eher als iterativer Prozess. Man geht gewissermaßen immer wieder über „Los". ohne dabei automatisch jeweils 5000 Euro einzustreichen, wie leider zu ergänzen wäre.[91] Aber man arbeitet sich zu immer gründlicherer Kenntnis respektive Erkenntnis empor!

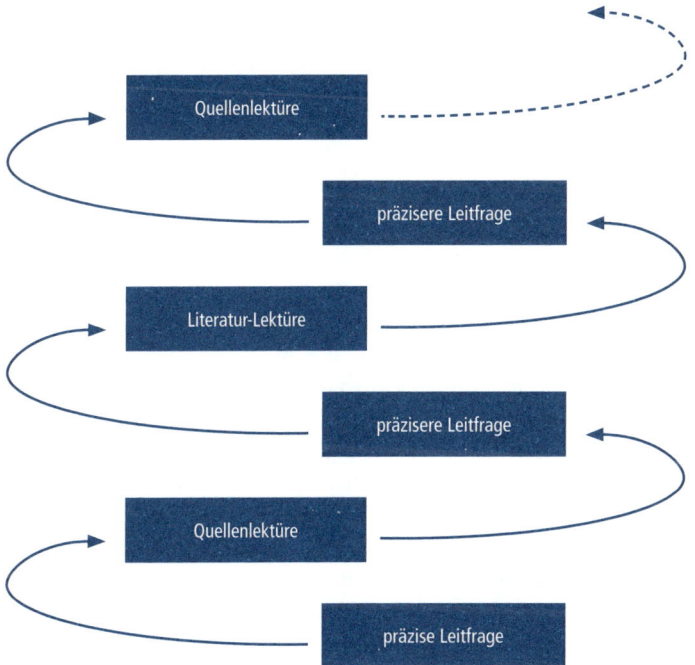

Abb. 24: Der Gang der Denkbewegung

---

91 Apropos: Für Historiker gibt es ganz unterschiedliche Berufsfelder. Orientierung geben beispielsweise: Lingelbach, Gabriele/Rudolph, Harriet: Geschichte studieren. Eine praxisorientierte Einführung für Historiker von der Immatrikulation bis zum Berufseinstieg, Wiesbaden 2005; Kleinehagenbrock, Frank/Petersen, Stefan (Hg.): Geschichte studiert – und dann? Berufsfelder für Historikerinnen und Historiker sowie Studierende anderer Geisteswissenschaften. Ein Leitfaden, Würzburg 2011; Menne, Mareike: Berufe für Historiker. Anforderungen – Qualifikationen – Tätigkeiten, Stuttgart 2010.

Ein iterativer Prozess meint: Ohne sich das eigens bewusst zu machen, werden Sie diesen Prozess immer und wieder vollziehen – und so eine provisorische Leitfrage unter intensiver Lektüre der Quelle und der einschlägigen Literatur immer genauer fassen. Je gründlicher wissenschaftliche Studien recherchiert und ausgewertet sind, desto rascher und kundiger gelingt wiederum diese Präzisierung. Dabei ist letztlich nachrangig, welchen Schritt Sie zuerst tätigen. Manche beginnen bereits mit einer relativ konkreten Leitfrage, andere eher mit einer unbelasteten Quellenlektüre, wieder andere eher mit Literaturbefunden. Wichtig ist, dass Sie alle diese Schritte irgendwann machen, und zwar wiederholt.

> **Kurzum**
>
> Oft führen Umwege am schnellsten zum Ziel: Wenn ein weiterer Präzisierungsschritt die Richtung Ihrer These ändern wird, gehen Sie ihn getrost!

Dann gesellt sich automatisch Kreativität hinzu; selbst für sattsam bekannte Quellen werden Sie neue Fragestellungen entdecken. Keine zwei Menschen denken eine Angelegenheit in allen Hinsichten gleich! Diesen Prozess kann man ganz anschaulich beschreiben: „Es ist eigentlich gar nichts Besonderes. Ich habe meistens schon eine Frage am Anfang. Primär lese ich alle in Frage kommenden Quellen noch einmal sehr gründlich, korrigiere die Ausgangsfrage und entwickle neue, um von denen her wiederum die Quellen zu untersuchen und sie dann zu verbessern: der hermeneutische Zirkel eben. Wenn dabei irgend etwas Besondere herauskommt, dann liegt es eigentlich an den Fragen".[92]

Langemarck als Beispiel: Ein Denkweg durch das Schlachtfeld

1) Provisorische Leitfrage: Wie konnte eine militärische Niederlage in einem strategisch wenig bedeutsamen Gefecht zu einem so wichtigen Referenzort werden?

---

92 Meier, Christian: Der Historiker und der Zeitgenosse. Eine Zwischenbilanz, München 2014, S. 118. Achten Sie freilich auf das Epochenspezifische dieses Verfahrens: Was der Althistoriker Christian Meier empfiehlt, kann ein Zeithistoriker kaum umsetzen – „alle in Frage kommenden Quellen" vermag er so gut wie nie einzusehen.

2) Quellenlektüre: Entdeckung des OHL-Berichts, intensive Lektüre unter provisorischer Analyse der Semantik

3) Präzisierte Leitfrage: Wie kam es zur prominenten Nennung im OHL-Bericht?

4) Literatur-Lektüre: Bedeutung der „Jugend" als militärische, politische, soziale und kulturelle Ressource

5) Präzisierte Leitfrage: In welches Licht rückten die Autoren der Quelle die berichteten Ereignisse?

6) Weitere Quellenlektüre: Blick auf andere OHL-Berichte, um die Meldung vom 10. November im Kontext zu verstehen – Bedeutung des (konstruierten) „Augusterlebnisses" für die Kriegspropaganda

7) Präzisierte Leitfrage: Bezug auf konkrete militärische Lage und Interessen in der OHL, Erklärung des OHL-Berichts als Versuch zur Stärkung der „Kriegsmoral" – jenseits des militärischen Verlaufes bei Langemarck selbst

8) Formulierung der These: „Langemarck" als Appell an die Ideale der Jugendbewegung, als „Bindeglied zwischen Front und Heimat"[93].

Es lohnt sich, hier einen Moment für die Überlegung innezuhalten: Wonach suchen Historiker eigentlich? Selten nach dem, was offen und klar geschrieben steht. Historisch Arbeiten heißt meist: mit Text-Quellen arbeiten. **Texte aber sind Handlungen, Worte sind Taten** – „Sprechakte", wie es insbesondere die Philosophen John Austin und John Searle genannt haben.[94] Diese Theorie können sich Historiker zunutze machen. Sie regt an, neben der Bedeutung des geäußerten Inhalts auch die Bedeutung der Äußerung selbst in den Blick zu nehmen. An Alltagsbeispielen wird das besonders deutlich. Wer an einem Wintermorgen sagt: „In der Nacht war es frostig", begeht mit dieser Äußerung bereits eine Handlung oder gleich mehrere, durch Gestik und Mimik genauer bezeichnet. Vielleicht möchte er mit dieser nüchternen Information den Adressaten auf die schöne Eisblume am Fenster hinweisen, vielleicht vor der zu

93 Krumeich, Gerd: Langemarck, in: François, Etienne/Schulze, Hagen (Hg.): Deutsche Erinnerungsorte, Band 3, München 2001, S. 292–309, hier: S. 302.

94 Austin, John: How to Do Things With Words, Oxford 1971; Searle, John: Speech Acts: An Essay in the Philosophy of Language, London 1969. Eine Anwendung auf die Geschichtswissenschaft bietet: Skinner, Quentin: Interpretation and the Understanding of Speech Acts, in: Skinner, Quentin: Visions of Politics, Band 1: Regarding Method, Cambridge 2002, S. 103–127.

erwartenden Straßenglätte warnen. Auf derart vielfältige Botschaften müssen Geschichtswissenschaftler besonders achten.

Historisch Arbeiten heißt also oft: **nach Leerstellen und nach dem Unausgesprochenen suchen.** Dabei kann man sich auch von der Psychologie inspirieren lassen, ohne „psychologisieren" zu müssen. Friedemann Schulz von Thun hat in seiner Analyse, was eigentlich geschehe, wenn ein Mensch einem anderen etwas mitteile, vier Ebenen beziehungsweise „Seiten" unterschieden. Seinem Modell zufolge hat Kommunikation immer vier Aspekte: einen „Sachaspekt", einen „Beziehungsaspekt", einen „Selbstoffenbarungsaspekt" und einen „Appellaspekt" – und zwar sowohl für den Sender einer Mitteilung, der unter anderem durch Formulierung, Tonfall und Gestik jede Information mit einem Subtext versieht, als auch für den Empfänger, der nicht nur auf den Sachgehalt einer Mitteilung achtet.[95] Wer historisch arbeitet und dabei nicht der Versuchung erliegt, alles durch psychologische Befindlichkeiten der Akteure allein erklären zu wollen, kann diese Unterscheidung getrost nutzen.

Kaiser Wilhelm II. verkündete zu Beginn des Ersten Weltkriegs in einer Reichstagsansprache: „Sie haben gelesen, meine Herren, was Ich zu Meinem Volke vom Balkon des Schlosses aus gesagt habe. *Ich wiederhole, Ich kenne keine Parteien mehr, ich kenne nur Deutsche.* (Stürmisches Bravo!), und zum Zeugen dessen, daß Sie fest entschlossen sind, ohne Parteiunterschiede, ohne Standes- und Konfessionsunterschiede zusammenzuhalten mit Mir durch dick und dünn, durch Not und Tod, fordere Ich die Vorstände der Parteien auf, vorzutreten und Mir dies in die Hand zu geloben."[96] Natürlich kannte der Kaiser noch Parteien, aber wollte sie demonstrativ nicht mehr kennen, um den „Burgfrieden" zu festigen. Seine Rede enthält bereits in diesem einem, später vielzitierten Satz eine Sachmitteilung („Die Parteien sind sich so einig, dass man gar keine Unterschiede mehr erkennen kann"), eine Selbstoffenbarung („Ich bin als privilegierter Zeuge befugt, das festzustellen"), eine Beziehungsdeutung („Ich selbst stehe ohnehin

95 Schulz von Thun, Friedemann: Miteinander reden. Störungen und Klärungen. Psychologie der zwischenmenschlichen Kommunikation, Reinbek bei Hamburg 1981, S. 13–16.
96 Kaiser Wilhelm II.: Thronrede zur Eröffnung des Reichstags, 4. August 1914, in: Die politischen Reden Kaiser Wilhelms II. Eine Auswahl, hg. v. Michael A. Obst, Paderborn 2011, S. 364–366, hier: S. 365 f. [Hervorhebung im Original].

jenseits dieser Parteien und repräsentiere das Gemeinwohl, jetzt haben es endlich auch die Parteien verstanden") und einen Appell ("In Zeiten des Krieges müssen wir zusammenstehen, und zwar unter meiner Führung und nicht unter derjenigen der Parteien").

3.4 Thesen formulieren: Erkenntnisse bedeutsam machen

Die Fragestellung hilft, eine These zu formulieren. Jede These resultiert aus Quellenstudien und stellt eine Annahme darüber dar, warum etwas am Ende so gekommen ist, wie es gekommen ist – zum Beispiel ein spezielles Ereignis, eine generelle Entwicklung. **Eine These erklärt etwas, nicht alles.** Sie verbindet also das kleine Detail, von dem die Quelle zeugt, und das große Ganze. Wie sich die Nahaufnahme zum Gesamtbild verhält, ist bereits Bestandteil der These. Zu deren gelungener Darstellung gehört wesentlich, dem Publikum die Bedeutung der jeweiligen Erkenntnis zu veranschaulichen, den Stellenwert der eigenen Beobachtungen. Was wissen wir nun, was wir zuvor nicht wussten? Was erfahren wir über zeitgenössische Stereotype und Deutungen? Welche Ereignisse, Entwicklungen, Personen, Prozesse, Strukturen et cetera erscheinen nun in neuem Licht? Welche Bedeutung hat der neue Befund für ein Forschungsgebiet? Inwiefern erweitert beispielsweise Ihre Studie über Kriegspropaganda unser Verständnis des Ersten Weltkriegs?

Lesen & Denken

Kurzum

Die Relevanz klären! Epochendarstellungen gleichen Mosaiken, die aus zahlreichen einzelnen Elementen zusammengesetzt werden: Erst aus vielen Einzelteilen entsteht das vollständige Bild. Wer das Detail verändert, verändert auch den Gesamteindruck.

Je näher der Historiker an die Gegenwart rückt, desto größer ist die Chance, bislang unbekannte oder wenig bearbeitete Quellen zu entdecken. Das bedeutet keineswegs, dass bekannte Quellen keine weitere Bearbeitung lohnten. Aber oftmals eröffnet die Lektüre weiterer, weniger bekannter Quellen neue Perspektiven. Gleiches gilt für die Einbettung in neue Deutungs-Kontexte aus der Literatur. Dabei sind nicht der Phantasie, sondern nur dem Quellenbestand Grenzen gesetzt. Einen Blick lohnen etwa Quellen desselben Autors, aus demselben Kontext, aus demselben Genre – oder Quellen, die unmittelbar mit der ursprünglich untersuchten Quelle verbunden sind: etwa weil die spätere Quelle eine Reaktion auf die frühere darstellte. Im letzteren Fall handelt es sich um eine Rezeptionsgeschichte. Die ursprüngliche Quelle beziehungsweise das ursprüngliche Ereignis wird dann weniger wichtig als seine zeitgenössische sowie nachträgliche Deutung; die These betrifft dann eher die Art und Weise, wie Bedeutung nachträglich sozial konstruiert wurde – nüchterner ausgedrückt, wie die Urheber der „neuen" Quelle sich und anderen zu erklären gesucht haben, was die ältere eigentlich bedeute. Die Erinnerung an das betreffende Ereignis führt ein Eigenleben. Dazu gibt es übrigens einschlägige methodische Literatur, die bei entsprechenden Studien unbedingt zu konsultieren ist.[97]

Kurzum

Welche Art von Geschichte erzählen Sie?
Die meisten Quellenstudien lassen sich einer (oder mitunter auch mehreren) Binnendisziplinen der Geschichtswissenschaft zuordnen, deren Methoden und begriffliches Instrumentarium Sie jeweils nutzen. Oftmals sind bestimmte Lektürearten auch in anderen Epochen oder in anderen Geistes- beziehungsweise Sozialwissenschaften üblich – also in diesem Fall beispielsweise: Rezeptionsgeschichte, Erinnerungsgeschichte, „kollektives Gedächtnis".

Welche Fragestellungen möglich sind, bestimmen die Quellen und der Stand der Forschung. Manche Deutungen sind vorläufig unmöglich, weil sie voraussetzen, dass zuerst andere Aspekte erforscht werden; nicht für jede These liegt das nötige Werkzeug vor – zum Beispiel, wenn der unmittelbare Kontext der Entstehung bislang noch

---

97 So etwa zur Erinnerungsgeschichte oder zur Erinnerungskultur: Langewiesche, Dieter: Erinnerungsgeschichte. Ihr Ort in der Gesellschaft und in der Historiographie, in: Schweizerische Zeitschrift für Religions- und Kulturgeschichte, Band 100 (2006), S. 13–30; Assmann, Aleida: Der lange Schatten der Vergangenheit. Erinnerungskultur und Geschichtspolitik, München 2006; Cornelißen, Christoph: Was heißt Erinnerungskultur? Begriff – Methoden – Perspektiven, in: Geschichte in Wissenschaft und Unterricht, Band 54 (2003), S. 548–563.

nicht zum Gegenstand spezieller Untersuchungen geworden oder der Urheber der Quelle unbekannt ist: Selbst verbriefte Namen von Autoren helfen meist nur weiter, wenn deren Biographien bereits eingehend erforscht sind. Hier müssen wichtige W-Fragen unbeantwortet bleiben und machen wissenschaftlich fundierte Thesen etwa zur persönlichen Motivation des Urhebers vorläufig unmöglich. Das spricht indes nicht gegen die Quelle, sondern nur gegen eine bestimmte Fragestellung. Fehlbefunde sind immer bedauerlich, aber dennoch produktiv – indem sie Aufmerksamkeit auf andere Eigenheiten der Quelle lenken und weiterführende Forschungen anregen können.

Beispiel: Felix Neumanns „Die Jugend von Langemarck"
Bei der Recherche nach „Langemarck" führen sowohl unsystematische Recherche („Schneeballsystem") als auch systematische Suche (Kataloge) nach Quellen auf ein „Heldenlied aus Flandern" – so der Untertitel dieser erstmals im Jahre 1917 als eigenständiges Buch erschienenen Dichtung.[98] Dazu scheint keine wissenschaftliche Spezialliteratur vorzuliegen, auch nicht über den Verfasser der „Jugend von Langemarck"; auch in der Nationalbiographie[99] liegt bislang kein Eintrag vor. Doch selbst derartige Fehlbefunde haben produktiven Charme. Immerhin verzeichnet das Marburger Literaturarchiv in seinem Online-Katalog zumindest drei zeitgenössische Kritiken über Werke eines Schriftstellers dieses Namens;[100] sie verweist auf eine Replik Kurt Schwitters,[101] aus deren polemischer Ausrichtung sich wiederum Rückschlüsse auf Neumanns politische und künstlerische Sympathien gewinnen lassen. Quellenlektüre in zeitgenössischen Periodika (deren Namen man dazu freilich erst einmal kennen muss) könnte hilfreiche Einzelheiten zutage fördern – von Rezensionen bis hin zu Werbeanzeigen. Hier werden übrigens auch Vorzüge und Nachteile einer Google-Recherche deutlich. Google-Books liefert (bei den Suchbegriffen: Felix Neumann Jugend

98 Neumann, Felix: Die Jugend von Langemarck. Ein Heldenlied aus Flandern, Berlin 1917.

99 https://www.deutsche-biographie.de.

100 https://www.dla-marbach.de/bibliothek.

101 Schwitters, Kurt: Nichts tötet schneller als Lächerlichkeit, in: Der Sturm. Monatsschrift für Kultur und die Künste, Band 10 (1919/1920), S. 157. Einsehbar übrigens in den digitalen Beständen der UB Heidelberg via: http://digi.ub.uni-heidelberg.de/diglit/sturm (Stand: 24. Juni 2018).

Lesen & Denken

Langemarck) unter anderem Verweise auf zwei damals populäre Illustrierte, die „Gartenlaube" und „Velhagen & Klasings Monatshefte". Die verfügbaren Zitat- beziehungsweise Scan-Fetzen beinhalten jedoch keine exakte Stellenangabe, zudem können Sie die entsprechenden Seiten nicht in Gänze einsehen. Also müssen Sie in einer Bibliothek die entsprechenden Bände der Illustrierten und ihrer Beilagen durchblättern, bis Sie fündig werden.

Selbst und gerade dort, wo Urheber und Entstehungsumstände einer Quelle auf Anhieb nicht zu ermitteln sind, lohnt sich die Nachverfolgung weiterer Indizien – die teils schon aus dem Material der Quelle stammen: Was in zahlreichen Bibliotheken als zeitgenössischer Druck erhalten ist, war mutmaßlich zur Publikation bestimmt (anders als ein persönlicher Brief). Die Art und Weise des Drucks wiederum lässt Rückschlüsse auf die beabsichtigten Adressaten zu: Titel (Stilebene), Einband (einfach oder kostspielig), Schriftart (die Nationalsozialisten führten eine Kampagne gegen die Fraktur), Aufmachung (illustriert oder kompliziert) und vieles mehr können bedeutsame Indizien sein. So lässt sich bereits eine Richtung für die These erwägen!

Beispiel: Annäherungen an eine Quelle

Die „Jugend von Langemarck" ist als eigenständiges Buch gedruckt worden; der erst im Jahre 1916 gegründete Furche-Verlag in Berlin entsprang der christlichen (genauer: protestantischen) Studentenbewegung, die im Krieg publizistisch bis hin an die Front wirkte[102] – über deren Programm lässt sich mithilfe der Literatur etwas ermitteln, auch über deren Aktivitäten während des Krieges,[103] ohne dass wir vorläufig Näheres über Autoren oder Protagonisten im Verlag wissen müssen. Bei der Dichtung handelte sich nicht um einen Erlebnisbericht, sondern um eine literarische Verarbeitung. Das hat methodische Konsequenzen: Ob sich die Ereignisse wirklich so zugetragen haben mögen, ist beinahe irrelevant – relevant hingegen vornehmlich, wie die Ereignisse hier erzählt wurden.

---

102 Maurer, Trude: „… und wir gehören auch dazu": Universität und ‚Volksgemeinschaft' im Ersten Weltkrieg, Göttingen 2015, S. 668 f.
103 Hong, Haejung: Die Deutsche Christliche Studenten-Verbindung (DCSV) 1897–1938, Marburg 2001, S. 138–142.

Bei vielen Quellen lassen sich Genese und Funktion rasch nachvollziehen – angefangen mit dem Material, aus dem sie gefertigt sind. So verraten kostspielige Gegenstände etwas über den ökonomischen Status ihrer einstigen Besitzer (oder zumindest über ihre Statusziele), die Sprache einer Quelle etwas über den Anspruch von Autor und Besitzer gleichermaßen (etwa Latein als Sprache der Gelehrten oder eine betont volkstümliche Sprache als Sprache des „Volks"), die Maltechnik eines Bildes etwas über die Zugehörigkeit zu einem bestimmten Stil oder einer besonderen Schule, die Konstruktion einer Maschine über technische Kenntnisse.

Indizien zur Thesenbildung

Gewidmet ist das Buch „Feldmarschall Herzog Albrecht von Württemberg, dem Führer der siegreichen Armee"; darin (anders wäre es bei einer ironischen Zueignung) drückte sich eine bejahende Haltung des Verfassers zu Obrigkeit und Krieg aus. Herzog Albrecht befehligte seit Kriegsbeginn die 4. Armee an der Westfront und war also Feldherr bei Langemarck, seit März des Jahres 1917 hatte er den Oberbefehl an der südlichen Westfront inne.[104] Wir wissen nichts über das persönliche Verhältnis des Verfassers zu Albrecht: er mag ihm oder dessen Umfeld schon zuvor verbunden gewesen sein, er mag auf dessen Aufmerksamkeit und Unterstützung gehofft haben. Die Widmung gestattet immerhin einen Rückschluss auf die Erwartung des Verfassers, Albrecht werde auch hier Siege erringen. Das Buch erweist sich als Beitrag zur geistigen Kriegsführung; es sollte offenkundig die Motivation seiner Leser stärken – Jugend, Opfer und Nation waren hier wie in vielen anderen Langemarck-Verarbeitungen zusammengedacht.[105] Auf welche Weise genau, könnte Gegenstand einer These werden.

Oft lohnt sich eine Art Ausschlussverfahren. Wer herausgefunden hat, welche W-Fragen sich nicht beantworten lassen, hat bereits viel

104 Schwertfeger, Bernhard: Albrecht Maria Alexander Philipp Joseph, Herzog von Württemberg, in: Neue Deutsche Biographie, Band 1 (1953), S. 175–176. Digital via: https://www.deutsche-biographie.de/pnd117245798.html#ndbcontent (Stand: 24. Juni 2018).
105 Ketelsen, Uwe-K.: Die Jugend von Langemarck. Ein poetisch-politisches Motiv der Zwischenkriegszeit in Deutschland, in: Koebner, Thomas/Janz, Rolf-Peter/Trommler, Frank (Hg.): „Mit uns zieht die neue Zeit". Der Mythos Jugend, Frankfurt am Main 1985, S. 68–96, hier: S. 75.

über seine mögliche Fragestellung und damit auch die Argumentation seiner These gelernt. Nun geht es vornehmlich um die Quelle selbst: Was ist daran bemerkenswert, welche Begriffe, welche Stilmittel, welche Inhalte? Eine These zum Text kann selbst dann entstehen, wenn der unmittelbare Kontext kaum zu erfassen ist. Es bleibt jeder Text ein Sprechakt, jedes Bild ein Bildakt, jedes andere Artefakt eine Handlung: Was bedeutete er? Was hat der Autor getan, indem er das geschrieben hat, was er geschrieben hat? Wo hat er sich durch die Publikation positioniert? In wessen Nähe hat er sich geschrieben? Solche Fragen lassen sich stellen und beantworten, auch wenn über den Autor kaum etwas bekannt ist.

Langemarck als Opfermythos

„Langemarck" wurde rasch zu einem Erinnerungsort; schon im Jahre 1915 erschienen zahlreiche Artikel zum Gedächtnis an die „jungen Regimenter",[106] darunter ein Roman.[107] Deren Grundtenor bestand in forderndem Angedenken an die Hingabe des Lebens fürs Vaterland.[108] Wer sich wofür geopfert habe, unterschied sich in der Deutung indes wesentlich. Was stellte nun die „Jugend von Langemarck" in den Mittelpunkt? Welche Wendungen und Begriffe charakterisierten den Text? Welchen (politischen, geistesgeschichtlichen, religiösen, kulturellen, sozialen) Kontexten sind sie zuzuordnen? Was bedeutete bereits die Wahl des Genres, nämlich des Epos (das wiederum Versmaß und weiteres bedingte)? Die Antworten auf solche Fragen können in eine These münden – über die Herkunft der im Epos verarbeiteten Gedanken und damit über dessen politische Stoßrichtung.

Selbstbilder sind bei solchen Deutungsversuchen meist ebenso bedeutsam wie Fremdbilder. Viele Quellen betreiben den Einschluss

---

106 Hüppauf, Bernd: Langemarck, Verdun and the Myth of a New Man in Germany after the First World War, in: War & Society, Band 6 (1988), S. 70–103, hier: S. 75.

107 Heinemann, Olaf: Der Tag von Langemarck, Leipzig 1915.

108 Benjamin Ziemann: „Macht der Maschine" – Mythen des industriellen Krieges, in: Spilker, Rolf/Ulrich, Bernd (Hg.): Der Tod als Maschinist – Der industrialisierte Krieg 1914–1918. Eine Ausstellung des Museums Industriekultur Osnabrück im Rahmen des Jubiläums „350 Jahre Westfälischer Friede" 17. Mai – 23. August 1998, Bramsche 1998, S. 176–189, hier: S. 179.

oder den Ausschluss ganzer Gruppen, werten die eigene (moralische) Position auf und diejenige der anderen herab. Es kommt freilich darauf, mit welchen Kategorien andere jeweils kritisiert wurden – zum Beispiel, indem man innenpolitische Gegner als „vaterlandslose Gesellen" denunzierte.

Der Blick auf die anderen

Zuschreibungen des Heroismus an die „jungen Regimenter" kontrastieren in auffälliger Weise mit negativen Urteilen über die Gegner: „Der Wahnsinn sprühte aus der Feinde Blick".[109] Die Dichtung übte scharfe Kritik an der für „Popanz" erachteten belgischen Neutralität,[110] sie machte Waterloo zum Monument französischer Expansionslust und klagte die Briten des Egoismus an.[111] Neumann unterstellte den Feinden im Krieg sinistre Motive und machte hinterlistige Waffen wie Giftpfeile geradezu zu Emblemen der Entente. Hingegen stilisierte er selbstlosen Heldenmut zum Merkmal der deutschen Truppen, in denen die Jugend nicht aus Geldgier zu den Waffen „drängte".[112] Auch daraus ließe sich eine These prägen: etwa mit Blick auf schon vor dem Krieg verbreitete Stereotype und deren Verstärkung seit Beginn der Kampfhandlungen, wie man sie etwa – erneut hilft der Seitenblick – in Werner Sombarts berüchtigter Polemik[113] nachvollziehen kann.

Auch die Erzählung selbst verdient besondere Aufmerksamkeit: Welchen Schwerpunkt hatte die Quelle? Was wollte ihr Autor wie geschehen, wie verstanden, wie gedeutet wissen? Besonders instruktiv sind hier meist Anfang und Schluss: erste und letzte Gelegenheit einer

---

109 Neumann, Felix: Die Jugend von Langemarck. Ein Heldenlied aus Flandern, Berlin 1917, S. 7.
110 „Durch jenes Land, dessen „Neutralität"/Seit Jahren schon ein irrgeführter Geist/ An Frankreich und das Britenland verschachert!" – Neumann, Felix: Die Jugend von Langemarck. Ein Heldenlied aus Flandern, Berlin 1917, S. 8.
111 „Griff Englands gier'ge Faust nach Flandern,/Und seines Söldnerheeres bunt Gemisch/Stellt sich Napoleons Enkeln an die Seite/Vom Haß beseelt, um seinen gift'gen Pfeil/Dem deutschen Adler in die Brust zu jagen." – Neumann, Felix: Die Jugend von Langemarck. Ein Heldenlied aus Flandern, Berlin 1917, S. 8.
112 Neumann, Felix: Die Jugend von Langemarck. Ein Heldenlied aus Flandern, Berlin 1917, S. 11.
113 Sombart, Werner: Händler und Helden. Patriotische Besinnungen, München/ Leipzig 1915.

Quelle, den Wahrnehmenden zu beeindrucken – also besonders viel-versprechende Ansatzpunkte für die Thesenbildung!

Warum das Deutschlandlied?

Ob die Angreifer bei Langemarck wirklich das Deutschlandlied gesungen hätten, war bald umstritten; manche Zeitgenossen bezweifelten, dass man im Sturman-griff über hinreichend Gesangs-Atem verfügen könne.[114] Ludwig Renn – selbst Kriegsveteran und in der Weimarer Republik ein kommunistischer Anti-Kriegs-Autor – suchte später den Langemarck-Mythos zu dekonstruieren, indem er die Hymne als bloße Panikreaktion erklärte.[115] Neumann hingegen deutete das Singen (und er dürfte gewusst haben, dass „Epos" auf deutsch nun einmal „Gesang" beziehungsweise „Lied" bedeutet) in seinem einleitenden Gedicht als Beweis des Todesmutes, als das „hehre Schlachtlied",[116] historisch aufgela-den durch den Verweis auf eine historische Schlacht: „Das Lied von Deutsch-land, das nicht untergeht / Das Feldgeschrei der heutigen Teutonen, / Und wir von glühem Kampfeshauch umweht / Die Tugenden in jungen Herzen woh-nen, / Die uns den langen Weg von Fehrbellin / Und Leuthen über Sedan herge-wiesen. / Der Mut vorm Feinde, der uns Sieg verlieh'n / Und den im Ahn schon fremde Sänger priesen."[117]

Die Dichtung fügte „Langemarck" in eine lange Linie siegreicher Schlach-ten ein: Fehrbellin (Sieg Brandenburgs über Schweden, 1678) – Leuthen (Sieg Preußens gegen Österreich, 1757: Das Kirchenlied „Nun danket alle Gott" war als „Choral von Leuthen" bekannt, angeblich spontan von den dort sieg-reichen Soldaten angestimmt) – Sedan (Sieg über Frankreich 1870), später im Text erfolgt noch ein Verweis auf die Varusschlacht.[118] Daraus könnte ebenfalls eine These entstehen: über die Strategie des Autors, das Ereignis mit weiteren historischen Ereignissen in Verbindung zu bringen – übrigens auch eine über

---

114 Fox, Colin: The Myths of Langemarck, in: Imperial War Museum Review, Band 10 (1995), S. 13–25, hier: S. 19.

115 Fransecky, Tanja von: Der Langemarck-Mythos und seine Funktion als ideologi-scher Wegbereiter des Dritten Reiches, in: Siggelkow, Ingrid (Hg.): Erinnerungs-kultur und Gedächtnispolitik, Frankfurt am Main 2003, S. 51–78, hier: S. 70.

116 Neumann, Felix: Die Jugend von Langemarck. Ein Heldenlied aus Flandern, Berlin 1917, S. 28.

117 Neumann, Felix: Die Jugend von Langemarck. Ein Heldenlied aus Flandern, Berlin 1917, S. 5.

118 Neumann, Felix: Die Jugend von Langemarck. Ein Heldenlied aus Flandern, Berlin 1917, S. 29.

politische Neuausrichtungen im Krieg: Nicht das auf die Mitglieder der Nation bezogene Deutschlandlied war damals offizielle Nationalhymne, sondern das auf den Kaiser bezogene „Heil Dir im Siegerkranz"! Was bedeutete die Wahl dieses Liedes wiederum?

3.5 Zur Vertiefung

XV. Fallstricke der Quellenlektüre:
Caesar als Heeres- und Leserführer

Im Vorfeld seines militärischen Einschreitens gegen Ariovist schilderte Caesar seine Bemühungen, auf dem Verhandlungsweg zu einer gütlichen Einigung mit den Germanen zu kommen. Seine erste Einladung zu einer Unterredung habe Ariovist indes schroff zurückgewiesen: „Daher beschloß er, Gesandte an Ariovist zu schicken mit der Aufforderung, einen beliebigen Ort in der Mitte zwischen ihnen für eine Aussprache zu bestimmen: Er wolle mit ihm über politische Probleme und Fragen von höchster Bedeutung für beide Seiten verhandeln. Dieser Gesandtschaft erklärte Ariovist: Wenn er von Caesar etwas brauchte, wäre er zu ihm gekommen; wenn jener von ihm etwas wolle, müsse er sich schon zu ihm bemühen. Überdies wage er nicht, ohne Heer in Gebiete Galliens zu kommen, die Caesar beherrsche, und er könne nicht ohne große Versorgungsschwierigkeiten ein Heer zusammenziehen. Übrigens frage er sich verwundert, was in seinem Gallien, das er im Krieg unterworfen habe, Caesar oder überhaupt das römische Volk zu suchen habe."[119]

Nachdem ihm Caesar durch weitere Gesandte seine Forderungen habe übermitteln lassen, habe er von Ariovist folgende Antwort erhalten: „Darauf ließ Ariovist erwidern: Kriegsrecht sei es, daß die Sieger mit den Besiegten nach Beheben verführen; auch das römische Volk sei gewohnt, Besiegte nicht nach fremder Vorschrift, sondern nach eigenem Gutdünken zu behandeln. Wenn er selbst dem römischen Volk nicht vorschreibe, wie es sein Recht ausüben solle, dürfe auch ihn das römische Volk nicht in seinem Recht einschränken. Die Häduer seien ihm, da sie das Kriegsglück versucht, mit den Waffen gekämpft und verloren hätten, tributpflich-

---

119 Caes. Gall. I 34, 1–4.

tig. Caesar begehe schweres Unrecht, da er durch sein Dazwischen-
treten seine Einkünfte mindere. Er werde den Häduern ihre Geiseln
nicht herausgeben, jedoch weder gegen sie noch ihre Verbündeten
ohne Ursache Krieg führen, vorausgesetzt, sie hielten ihren Vertrag
ein und zahlten jährlich ihren Tribut. Anderenfalls werde ihnen der
Ehrentitel ‚Brüder des römischen Volkes‘ gar nichts nützen. Wenn
Caesar ihm drohe, er werde Unrecht an den Häduern nicht hinnehmen, so weise er darauf hin, daß noch keiner sich mit ihm angelegt
habe, ohne in sein Verderben zu rennen. Wenn er wolle, könne er
ja kämpfen; er werde sehen, was sieggewohnte und waffengeübte
Germanen, Männer, die 14 Jahre unter kein Dach kamen, durch ihre
Tapferkeit ausrichten könnten."[120]

Wie schätzen Sie den Quellenwert dieser Passage ein? Gibt es
Hinweise darauf, in welche Richtung Caesar seine Leser mit seiner
Charakterisierung Ariovists lenken wollte?

XVI. Vom Nutzen der Stereotype: Einhards Sachsen

Karls Biograph Einhard schilderte die Sachsenkriege wegen des Cha-
rakters ihrer Gegner als besondere Herausforderung für die Franken, die letztlich jedoch erfolgreich gemeistert worden sei und in
der Herausbildung eines neuen, gemeinsamen Volkes von Franken und Sachsen gemündet habe: „Nach dem Ende dieses Krieges
[sc. gegen die Langobarden] wurde der gegen die Sachsen, welcher
nur unterbrochen schien, wiederaufgenommen. Kein Krieg, den
es geführt hatte, war länger, grausamer und für das Volk der Franken mühseliger als dieser. Die Sachsen nämlich – wie fast alle Völker, die Germanien bewohnen, von wilder Natur und dem Götzendienst ergeben und unserer Religion ablehnend eingestellt – hielten
es nicht für schändlich, göttliches wie menschliches Recht zu besu-
deln und zu übertreten. […] Es steht fest, dass der Krieg, der sich
über so viele Jahre hingezogen hatte, unter folgender Bedingung,
die der König stellte und die von jenen [sc. den Sachsen] akzeptiert
wurde, sein Ende fand: sie sollten den Götzendienst und die anderen Bräuche ihrer Vorfahren ablegen, den christlichen Glauben mit

---

120 Caes. Gall. I 36, 1–7. Beide Zitate folgen der Übersetzung: C. Iulius Caesar: Der
Gallische Krieg. Lateinisch-deutsch, hg. v. Otto Schönberger, Berlin ⁴2013.

seinen Sakramenten übernehmen und vereint mit den Franken ein einziges Volk bilden."[121]

Vergleichen Sie die beiden Auszüge mit den oben zitierten Quellen (siehe S. 83 f.) zu den Sachsenkriegen. Gibt es Gemeinsamkeiten? Welche Fragen stellen sich Ihnen bei der Lektüre Einhards? In welche Richtung würden Sie möglicherweise nach weiteren Quellen und Literatur suchen?

XVII. Auf der Suche nach dem Unausgesprochenen: Wagen Sie sich daran, die freien Kästchen analog auszufüllen!

	„Es zieht."	„Lecker!"	„Der Kanzler badet gerne lau" (Herbert Wehner über Willy Brandt, 1973)[122]	„Der Herrscher ist der erste Diener des Staates" (Friedrich der Große, 1740)[123]
Sach-mittei-lung	Durchs Zimmer weht ein kalter Wind.	Das Essen ist gut gekocht.		
Selbst-offenba-rung	Mir ist diese Kälte unangenehm.	Ich fühle mich wohl.		
Bezie-hungs-deutung	Wenn ich Dir etwas bedeute, wirst Du etwas unternehmen.	Schön, dass Du Dir beim Kochen so viel Mühe gibst.		
Appell	Bitte schließe das Fenster!	Gerne wieder!		

Lesen & Denken

---

121 Einhardi Vita Karoli Magni, § 7 (Eigene Übersetzung).

122 Diesen reichlich kritischen Satz über Bundeskanzler Willy Brandt schrieb der Spiegel im Jahre 1973 dem damaligen SPD-Fraktionsvorsitzenden im Bundestag zu, Herbert Wehner: „Was der Regierung fehlt, ist ein Kopf", in: Der Spiegel, Nr. 41/1973, S. 25–34, hier: S. 27.

123 So nachzulesen in Friedrichs „Antimachiavell": Die Werke Friedrichs des Großen, Band 7: Antimachiavell und Testamente, hg. v. Gustav Berthold Volz, übers. v. Eberhard König/Friedrich v. Oppeln Bronikowski/Willy Rath, Berlin 1913, S. 154.

XVIII. Quellen beobachten: Ernst Jüngers „In Stahlgewittern"

Das Vorwort der Erstauflage von Ernst Jüngers Bestseller hub mit den Worten an: „Noch wuchtet der Schatten des Ungeheuren über uns. Der gewaltigste der Kriege ist uns noch zu nahe, als daß wir ihn ganz überblicken, geschweige denn seinen Geist sichtbar auskristallisieren können. Eins hebt sich indes immer klarer aus der Flut der Erscheinungen: Die überragende Bedeutung der Materie. Der Krieg gipfelte in der Materialschlacht; Maschinen, Eisen und Sprengstoff waren seine Faktoren. Selbst der Mensch wurde als Material gewertet. Die Verbände wurden wieder und wieder an den Brennpunkten der Front zur Schlacke zerglüht, zurückgezogen und einem schematischen Gesundungsprozeß unterworfen."[124] Welche Eigenheiten des Textes fallen Ihnen auf, welche besonderen sprachlichen Merkmale?

XIX. Selbst- und Fremddeutungen: Der „Aufruf an die Kulturwelt"

Im Aufruf „An die Kulturwelt!" vom September des Jahres 1914, oft auch „Manifest der 93" genannt, wandten sich zahlreiche prominente Gelehrte, Künstler und Autoren gegen Vorwürfe der Alliierten. Er lautete an: „Wir als Vertreter deutscher Wissenschaft und Kultur erheben vor der gesamten Kulturwelt Protest gegen die Lügen und Verleumdungen, mit denen unsere Feinde Deutschlands reine Sache in dem ihm aufgezwungenen schweren Daseinskampfe zu beschmutzen trachten. Der eherne Mund der Ereignisse hat die Ausstreuung erdichteter deutscher Niederlagen widerlegt. Um so eifriger arbeitet man jetzt mit Entstellungen und Verdächtigungen. Gegen sie erheben wir laut unsere Stimme. Sie soll die Verkünderin der Wahrheit sein."[125] Welche Selbst- und Fremddeutungen fallen Ihnen in diesem Auszug besonders auf? Welche Begriffe nutzten die Autoren, welche inhaltlichen Zwecke verfolgten sie damit mutmaßlich?

---

124 Jünger, Ernst: In Stahlgewittern. Historisch-kritische Ausgabe, hg. v. Helmuth Kiesel, Stuttgart ²2014, S. 18.

125 Aufruf „An die Kulturwelt!", in: Ungern-Sternberg, Jürgen von/Ungern-Sternberg, Wolfgang von (Hg.): Der Aufruf „An die Kulturwelt!". Das Manifest der 93 und die Anfänge der Kriegspropaganda im Ersten Weltkrieg, Stuttgart 1996, S. 156–160, hier: S. 156.

XX. Wege zur Fragestellung: Was nun, Feldpostkarte? (Transkription siehe S. 245, Großabdruck siehe S. 87 und S. 190)

Welche Zugänge zur Quelle lassen sich aus der entzifferten Postkarte gewinnen? Was für Erkenntnisse können daraus resultieren? Denken Sie an die verschiedenen „Schulen" beziehungsweise methodischen Ansätze der Geschichtswissenschaft (Militärgeschichte, Alltagsgeschichte, Sozialgeschichte und weitere). Was für Erkenntnisse könnten aus Ihrer Forschung resultieren?

Abb. 25: Feldpostkarte, versandt am 17. April 1916: Mittagspause im Feindesland, Vorder- und Rückseite.

Reden & Schreiben

Historisch Arbeiten braucht, ja ist Kommunikation. Es gelingt nur im Austausch mit anderen Forschern, ob im schriftlichen oder im mündlichen Dialog. Das wissenschaftliche Wesen einer kundigen Quellenanalyse besteht nicht in einer möglichst unverständlichen Sprache, sondern in der sinnvollen Verwendung durchdachter Begriffe.[126]

> **Kurzum**
>
> Wissenschaftlich Reden oder Schreiben heißt nicht, einfache Befunde möglichst kompliziert zu formulieren, sondern meint gerade das Gegenteil: komplizierte Befunde möglichst anschaulich zu erklären.

Wissenschaft ist eine Erkenntnishaltung, kein Darstellungsprinzip. Je anschaulicher und mithin je präziser, auch differenzierter Ihre Ausführungen geraten, desto überzeugender wirken sie (und Sie) auf das Publikum. Guter Stil schafft den nötigen Resonanzraum für Ihre Analyse: Sie soll nachhallen! Die Regeln guten Stils gelten für alle Genres wie Hausarbeit, Essay, Referat (gegebenenfalls inklusive Präsentation) und Rezension. Keine hinreichende, wohl aber eine notwendige Bedingung guten Stils besteht in sprachlicher Korrektheit. Wer Formalia nachlässig behandelt, disqualifiziert sich als ernstzunehmender Gesprächspartner, nicht nur in der Wissenschaft!

> **Kurzum**
>
> Halten Sie den Leser weder für klug noch für dumm, weder für faul noch für fleißig. Bedenken Sie vielmehr: Er hat immer zu wenig Zeit für die Lektüre, mitunter auch wenig Lust – aber die können Sie ihm verschaffen! Machen Sie ihm das Verständnis Ihrer These einfach, aber nicht einfacher, als die Sache es gebietet. Komplexitätsreduktion ist unwissenschaftlich.

---

126 Dafür plädiert ebenso eindringlich wie kurzweilig: Groebner, Valentin: Wissenschaftssprache. Eine Gebrauchsanweisung, Konstanz 2012. Grundsätzliche Empfehlungen zu treffenden und schönen Formulierungen vermittelt etwa: Schneider, Wolf: Deutsch für Profis. Wege zu gutem Stil, München [18]2001.

Achten Sie in jeder Hinsicht auf Nachvollziehbarkeit, formal wie sprachlich. Das gilt für Ihre eigenen Darlegungen, die möglichst gut verständlich sein sollten – und insbesondere für Ihren Umgang mit Quellen und Literatur, auf die Sie stets präzise verweisen. Darin besteht das wichtigste praktische Gebot der Wissenschaft. Was dieses Gebot nicht erfüllt, kann noch so klug gedacht sein: Es hat mit Wissenschaft nichts zu tun!

Kurzum

Erst präzise Nachweise machen Ihre Arbeit zu einer wissenschaftlichen: Wörtliche und sinngemäße Zitate müssen auch in einem Vortrag als solche erkenntlich sein, in Texten ohnehin.

Die Literatur ist Ihr Diener, nicht umgekehrt: Sie vermittelt Informationen, sie vermittelt Anregungen, sie vermittelt Thesen – mit denen Sie sich kritisch auseinandersetzen, doch immer auf der Basis Ihrer eigenen Quellenstudien. Ad fontes! Vertrauen Sie Ihrer eigenen, quellennahen Deutung und begründen Sie sie gut. Rationale Überprüfbarkeit ist das erste Kriterium für deren Qualität. Zu welcher These auch immer Sie gelangen, der Denkweg dorthin muss wohlerwogen sein – die Argumentation schlüssig, die Argumente überzeugend. Überprüfen Sie immer wieder, welche Elemente Ihrer Darstellung welchen Rang in der Begründungshierarchie einnehmen.

Für alle Gattungen gilt ebenfalls: Wissenschaft ist ein nie endender Prozess, jede Erkenntnis immer nur eine vorläufige. Er bindet das Fachpublikum ebenso ein wie Laien. Reden Sie über Ihr Thema mit anderen, schreiben Sie für andere darüber!

Kurzum

Halten Sie Kontakt:
► mit den Hochschullehrern: Gehen Sie getrost in die Sprechstunde, gegebenenfalls auch mehrmals – zur Rückversicherung, dass Sie auf dem richtigen Weg sind, aber auch bei konkreten Blockaden auf Ihrem Denkweg.
► mit den Lesern: Denken Sie beim Schreiben an ein fiktives Publikum, das zugleich ein reales sein kann – lassen Sie Ihre Texte von anderen vor der Abgabe gegenlesen,

gerne auch von solchen ohne Fachkenntnissen. Dann wissen Sie am ehesten, ob Sie Ihr Vermittlungsziel erreichen!

▶ mit dem Studium: Auch im Historisch Arbeiten will gut' Ding seine Weile haben. Erzwingen kann man nichts, aber darauf achten, dass nicht zu viel Zeit ungenutzt verstreicht: Das nächste Semester kommt bestimmt, also auch neue Aufgaben – während Ihre Vertrautheit mit der Materie aus dem Seminar von Woche zu Woche schwindet.

1. Guter Stil: Historisch Arbeiten als Erlebnis

Stil kann man lernen. Man muss ihn sogar lernen, wenn man Geschichte erfolgreich vermitteln möchte: Historisch Arbeiten soll ein Erlebnis sein, für Sie und für andere! Stil ist Übungssache und stellt sich nicht von heute auf morgen ein, sondern nur durch jahrelanges Experimentieren.

Was macht guten Stil aus? Seine Individualität! Imitation anderer ist bestenfalls ein Schritt auf dem Weg zur eigenen Denkweise, schlimmstenfalls eine Sackgasse ins Papageienhaus. Achten Sie auf Ihre Sprache, auf Ihre Formulierungen, auf Ihre Terminologie – vermeiden Sie flapsige oder umgangssprachliche Wendungen ebenso wie unangemessene Metaphern. Entwickeln Sie unter diesen Prämissen Ihre eigene Ausdrucksweise. Orientieren Sie sich getrost an Autoren, deren Stil sie überzeugt – und ahmen Sie keinesfalls Autoren nach, die unverständliche Sätze, aussagelose Floskeln, schiefe Bilder et cetera verwenden. Nicht alle Historiker sind große Stilisten, aber alle großen Historiker haben ihren Stil gefunden. Lassen Sie sich von ihnen anregen, um sie zu übertreffen.

Eine plausible Darstellung braucht Transparenz. Ratsam ist es immer, dem Publikum das Verhältnis der einzelnen Textteile und Argumente zu verdeutlichen. Das gelingt am besten durch den Verzicht auf rein formale Verbindungsglieder (wie „dann", „ferner", „weiterhin", „außerdem") – bei gleichzeitigem Einsatz inhaltlicher (darunter „denn", „dennoch", „damit", „weil", „obgleich", „ausnahmsweise", „insbesondere"). Halten Sie Ihre Darstellung daher stets

▶ **Knapp:** Das gilt für den Inhalt wie für die Form. Beschränken Sie sich auf das, was für Ihre Fragestellung beziehungsweise These

Reden & Schreiben

wirklich wichtig ist – und werfen Sie argumentativen Ballast über Bord. Halten Sie Ihre Sätze gut verständlich, und das heißt in der Regel: kurz.

▶ **Klar:** Versuchen Sie, schnörkellos zu schreiben und Ihre Darstellung auf das Wesentliche zu reduzieren. Fremdwörter sind bisweilen unverzichtbar, sie gehören zur Wissenschaft – aber dürfen kein Selbstzweck sein: Nutzen Sie so wenige wie möglich, indes so viele wie nötig. Entscheidend ist der analytische Mehrwert, den Fachbegriffe schaffen.

▶ **Konsequent:** Weben Sie den sprichwörtlichen roten Faden in Ihre Darstellung hinein. Das bedeutet, der Arbeit von der Einleitung bis hin zum Fazit eine jederzeit erkennbare gedankliche Struktur zu verleihen – und auf diese Weise die einzelnen Elemente Ihrer Argumentation überzeugend miteinander zu verknüpfen. Erklären Sie ausführlich die Zusammenhänge, auf die es Ihnen ankommt – und verzichten Sie unbedingt auf die Anführung jener, die für Ihre Herangehensweise beziehungsweise These irrelevant sind.

▶ **Anschaulich:** Argumentieren Sie möglichst konkret und lebensnah. Benennen Sie präzise, worum es geht, und formulieren Sie handfest: treffende Adjektive, ausdrucksstarke Verben, nicht zu viele Substantive.

▶ **Aktiv:** Vermeiden Sie alles, was verschleiert – insbesondere das Passiv und das verallgemeinernde „man" oder trügerische Kollektivsingulare wie „das Volk" oder „der Adel". Sie untersuchen schließlich immer, wie einzelne Akteure in der Vergangenheit gehandelt haben. Wer hat was genau auf welche Weise getan? Das Publikum soll sich in die Handelnden hineinversetzen können, ohne mit ihnen sympathisieren zu müssen.

▶ **Autonom:** Orientieren Sie sich getrost an Vorbildern, die Sie nachahmenswert finden. Entwickeln Sie jedoch mit der Zeit Ihre eigene Handschrift und versuchen Sie, möglichst viel möglichst präzise in eigenen Worten auszudrücken. Zitieren Sie nur wörtlich, was sich tatsächlich nicht treffender formulieren ließe.

▶ **Für sich selbst:** Historisch Arbeiten kann eine Last sein. Vor allem aber ist es eine Lust: Freuen Sie sich auf Ihren vollendeten Text, auf Ihren Vortrag. Schreiben beziehungsweise halten Sie ihn so, dass Sie sich darüber auch freuen könnten, wenn Sie selbst zum Publikum gehörten.

▶ **Für die Wissenschaft:** Indem Sie an Quellen forschen, haben Sie an einer großen Gelehrtengemeinschaft teil. Sie schließt die lebenden Geschichtsforscher ein – und sowohl bereits verstorbene, von deren Studien nun Sie profitieren, als auch künftige, die von Ihren Studien profitieren werden.

▶ **Für das Publikum:** Sie möchten dem Publikum Lust auf mehr, nicht auf weniger machen. Schreiben Sie leserfreundlich, sprechen Sie zuhörerfreundlich. Das Publikum wird es Ihnen danken, indem es sich mit Ihren Gedanken und Argumenten intensiv befasst. Sie gewinnen es durch eine differenzierte Darlegung: eher durch Abwägung als durch einseitige Auslegung.

Stil ist Arbeit. Vorläufigkeit ist Prinzip aller Darstellungsformen, überhaupt des Menschseins. Tüfteln Sie so lange, bis das Ergebnis das potentielle Publikum und Sie selbst zufriedenstellt. Überarbeiten Sie Ihre Gedanken und Ihre Formulierungen, bis aus der Rohfassung ein rundum gelungenes Produkt entstanden ist, bis hinein in die Details: „am Gedanken arbeitet man durch die Sprache"![127]

Am besten speichern Sie übrigens Ihre Dateien in verschiedenen Versionen und machen regelmäßig Sicherheitskopien; so können Sie Ihr finales Skript mit früheren Varianten vergleichen und gegebenenfalls entscheiden, was in die Endversion eingehen soll oder auch nicht – immer unter der Maßgabe, dass nichts Ihrer These offenkundig widersprechen darf. Verabschieden Sie sich getrost von Passagen, die Sie einmal mit viel Mühe ausformuliert haben, die jetzt aber nichts mehr zur Beantwortung Ihrer Leitfrage beitragen. Oft sind erst Umwege wirklich zielführend!

Reden & Schreiben

---

127 Dürrenmatt, Friedrich: Vom Sinn der Dichtung in unserer Zeit, in: Dürrenmatt, Friedrich: Werkausgabe in siebenunddreißig Bänden, Band 32: Literatur und Kunst. Essays, Gedichte, Reden, Zürich 1998, S. 60–69, hier: S. 67.

2. Darstellungsformen und ihre Eigenarten

Diese stilistischen Anforderungen gelten für sämtliche Darstellungsformen, für schriftliche wie für mündliche. Wie gelingt es Ihnen am besten, das jeweilige Publikum von Ihrer Erklärung zu überzeugen? Aus dieser generellen Erwägung erwächst die konkrete Gestalt Ihrer Darstellung.

Kurzum

Selbst dort, wo Sie für Experten schreiben oder reden, gilt für alle Genres außerdem: Stellen Sie sich gerne interessierte Laien ohne Detailkenntnis als Publikum vor.

Gattungsübergreifend treffen auch einige weitere Grundregeln zu. Sie treten in den folgenden Maximen hervor und betreffen Form wie Inhalt. Behalten Sie diese Maximen vom Anfang der Niederschrift bis zu deren Ende im Blick. Sie sind insbesondere der Konzentration auf das wirklich Wichtige verpflichtet: auf das, was Sie vor allem mitteilen wollen. Es gibt immer allerlei, das man auch noch mitteilen könnte, aber eben nicht muss!

Kurzum

Sich im Formulieren orientieren:

► Zuallererst und immer: an das Publikum denken. Wecken Sie Begeisterung für Ihr Thema!

► Darstellung auf das Wesentliche konzentrieren: Leitfrage und These klar herausstellen!

► Redeweise beachten: diejenige der Quelle und Ihre eigene – Ihre Formulierungen müssen wissenschaftlichen Normen entsprechen, von der indirekten Rede bis zur Wahl der Beschreibungsbegriffe!

► Guten Stil wahren – und dabei die Eigenheiten des Genres beachten: Gesprochene Sätze müssen wesentlich kürzer sein als geschriebene (und auch letztere immer noch kürzer als gedacht)!

► Korrekturdurchgänge: nicht nur einmal, sondern mehrfach, am besten durch Mensch und Maschine (Rechtschreibprüfung, auch bei Folien, Tischvorlagen et cetera)!

► Bei Unsicherheiten in Orthographie und Zeichensetzung: Korrekturhilfen und Nachschlagewerke nutzen (Duden und andere)!

▶ Sind Layout beziehungsweise Format (Vorlagen, Schriftgrößen, Schriftarten, Abstände und weiteres) sorgfältig und übersichtlich gestaltet?

▶ Einheitlichkeit in der Form wahren: sowohl im Druckbild (Absatzformatierungen, Überschriften, Seitenzahlen und manches mehr) als auch im wissenschaftlichen Apparat (konsistente Zitationsweise, vollständige bibliographische Angaben) als auch bei Namen (Schreibvarianten)!

Historisch Arbeiten kennt weitaus mehr Vermittlungsformen als Hausarbeit, Essay, Referat (beziehungsweise Vortrag) und Rezension. Aber diese Vermittlungsformen sind im Studium die häufigsten – wiewohl sie wiederum unterschiedliche Gestalt annehmen können. Beachten Sie sehr genau, welche Formen Ihr jeweiliges Publikum gewohnt ist. Dazu gehört auch der Hochschullehrer, bei dem Sie schließlich Ihre Arbeit einreichen: **Berücksichtigen Sie spezielle Vorgaben beziehungsweise fragen Sie im Zweifelsfalle danach.** So banal es ist, im Studium zählen die Vorgaben der Prüfungsordnung und der Hochschullehrer. Überprüfen Sie, wo diese – zum Beispiel im geforderten Umfang schriftlicher Arbeiten – von den Empfehlungen der vorliegenden Handreichung abweichen!

Alle Formen des Historisch Arbeitens verbindet die wissenschaftliche Aufbereitung, die ebenso untadelig sein muss wie die Sprache: Erwägen Sie gründlich, welche Begriffe und Wendungen am besten ausdrücken, was Sie an der Quelle bemerkenswert beziehungsweise bedeutungsvoll finden. Orientieren Sie sich an Begriffen und Wendungen aus der Literatur – und weichen Sie getrost davon ab, wo Sie andere für hilfreicher beziehungsweise erkenntnisträchtiger erachten. Wer beispielsweise ein bestimmtes Ereignis als „revolutionär" bezeichnen möchte, muss dem Leser durch Verweise auf geeignete Literatur mitteilen, welches Konzept von Revolution er zugrunde legt; wer andere Begriffe nutzt als wissenschaftlich üblich, sollte seine Variationen genau begründen, um zu beweisen, dass er seine Wahl nicht aus Unkenntnis, sondern aus guten Gründen getroffen hat.

Reden & Schreiben

Kurzum

Die Vielfalt der Genres:

▶ Was sind die spezifischen Ziele?

▶ Welche Mittel sind dazu geeignet, sie zu erfüllen?

▶ Welche gegebenenfalls abweichenden Vorgaben macht das jeweilige Publikum (vom Hochschullehrer bis hin zum Auditorium)?

Zum wissenschaftlichen Standard rechnen quer durch alle Genres insbesondere eindeutige und vollständige Nachweise. Sie erst machen Ihre Gedankenführung nachvollziehbar und überprüfbar. Sämtliche Informationen jenseits allgemein bekannter Zahlen, Daten und Fakten bedürfen daher des Nachweises. Dass der Erste Weltkrieg von 1914 bis 1918 gedauert hat, dass Deutschland gemeinsam mit Österreich gegen die Entente gekämpft hat, darf vorausgesetzt werden – wann die Schlacht bei „Langemarck" war und wo genau sie stattgefunden hat, hingegen nicht. Sie müssen dem Publikum jeweils einen exakten Hinweis darauf geben, wo es diese speziellen Informationen selbst einsehen kann. Eine Daumenregel besagt, dass Sie alles nicht zu belegen brauchen, was in allgemeinen Lexika nachzulesen ist.

Diese Nachweispflicht gilt nicht nur für Informationen, sondern überhaupt für alles, was nicht vom Verfasser selbst stammt. Selbstredend erstreckt sie sich auf alle wörtlichen Zitate oder sinngemäßen Umschreibungen: sowohl aus den Quellen als auch aus der Literatur. Die Wahl des Formats – ob Fuß- oder Endnoten, ob dieser oder jener Zitationsstandard – ist nachrangig. Solange keine eindeutigen Vorgaben bestehen, können Sie sich frei für eine bestimmte Konvention entscheiden beziehungsweise eine eigene erfinden. **Die wesentliche Bedingung lautet: Nachweise müssen sinnvoll, präzise und einheitlich geführt werden.** So wird jederzeit klar ersichtlich, wo die Quelle, wo die Literatur (also: andere Forscher) und wo Sie selbst zum Publikum sprechen. Um diese Elemente voneinander zu scheiden, bedarf es sprachlicher Aufmerksamkeit. Insbesondere sinngemäße Zitate aus den Quellen bedürfen unbedingt der indirekten Rede: Erst der korrekte Konjunktiv macht Quellen- und Analysesprache unterscheidbar. Der korrekte Konjunktiv ist übrigens der Konjunktiv I beziehungsweise II;[128] das leider omnipräsente „würde" ist meist eine fehlerhaft eingesetzte Ersatzkonstruktion.

---

128 Wenn Sie's nicht wissen, ist das keine Schande. Eine Schande würde es erst, wenn Sie nicht im Grammatik-Duden oder einem vergleichbaren Werk nachschlügen:

Angewandt auf das Langemarck-Beispiel hieße das etwa: Die Mitteilung der OHL vom 10. November 1914 berichtete, dass „junge Regimenter" angegriffen hätten. Wenn Sie hier versehentlich den Indikativ „haben" nutzten, fielen Sie auf die Quelle herein!

Noch etwas haben alle folgenden Genres gemeinsam: Sie setzen gleichermaßen die Benutzung der einschlägigen Fachliteratur sowie der wissenschaftlichen Hilfsmittel voraus und tragen eine präzise Fragestellung an die ausgewählten Quellen heran. Die Maxime „ad fontes" bleibt generell in Geltung, auch die Maxime: „Qualität vor Quantität". Präzision und Kürze sind keine Widersprüche, sondern bedingen einander.

Kurzum

Maximen für alle Darstellungsformen:
- ▶ Ad fontes! Die Auseinandersetzung mit der Quelle steht im Vordergrund.
- ▶ Lebensnah schildern! Anschaulichkeit und analytische Präzision gehören zusammen.
- ▶ Korrektheit und Kreativität! Inhalte zählen, die Form aber auch.
- ▶ Qualität vor Quantität! Nicht Seiten, sondern Gedanken füllen.

2.1 Hausarbeit: Die Pflicht

Historisch Arbeiten hat eine Königsdisziplin: die Hausarbeit. Sie ist gewissermaßen die Pflicht, aber eben eine Ehrenpflicht. Eine gelungene Hausarbeit beweist, dass ihr Verfasser mithilfe einer passenden Fragestellung eine Quelle kundig zu analysieren versteht. Dabei leistet die Hausarbeit keine „totale" Analyse: Sie erläutert nicht – wie es ein Stellenkommentar tun müsste – sämtliche Eigenheiten der untersuchten Quelle(n), sondern konzentriert sich auf einen spezifischen Aspekt. In dieser fokussierten, ausschnitthaften Auseinandersetzung

Reden & Schreiben

Duden: Die Grammatik. Unentbehrlich für richtiges Deutsch, Mannheim u. a. [7]2005, S. 441–445; ebenda, S. 529–543. Zur Einübung kann etwa dienen: Hoffmann, Monika: Deutsch fürs Studium. Grammatik und Rechtschreibung, Paderborn [3]2015.

entsteht eine These. Die These versucht, eine historische Erklärung für die eigenen Quellen-Beobachtungen zu geben.

Kurzum

Die meist zehn bis fünfzehn Seiten einer Hausarbeit geben Raum für eine systematische Analyse der Quelle – unter einer spezifischen Fragestellung. Eine Hausarbeit untersucht nicht alle, sondern nur die jeweils relevanten Passagen des Textes beziehungsweise Aspekte der Quelle in ihrem Kontext.

Der Umfang einer Hausarbeit liegt – sofern nicht anders gefordert – gewöhnlich bei zehn bis fünfzehn Seiten im Proseminar, im Hauptseminar eher bei fünfzehn bis zwanzig Seiten. Damit ist der Umfang des eigentlichen Textes gemeint; bei solchen Vorgaben werden obligatorische Bestandteile wie Deckblatt, Inhaltsverzeichnis und Bibliographie üblicherweise nicht eingerechnet. Die Hausarbeit ist ein vollständig ausformulierter Text, untergliedert durch einzelne Kapitel; sie endet immer mit getrennten Verzeichnissen für die untersuchte(n) Quelle(n) einerseits, für die benutzte Literatur andererseits. Wer zudem die konsultierte Quelle im Anhang in Kopie beilegt, zumal bei schwer zugänglichen und Bild-Quellen, macht insbesondere einem Laien-Leser die eigene Argumentation vorbildlich nachvollziehbar.

Dieser Umfang ermöglicht eine wesentlich breitere Argumentation als der sehr viel knappere Umfang eines Essays. Deshalb kann die Hausarbeit bisweilen sogar mehrere Quellen kritisch untersuchen, wenn diese sich denn zu einer gemeinsamen Fragestellung verbinden lassen – wiewohl man eine solche Komplexität nicht anstreben muss; meist genügt eine Quelle vollauf, die in der Hausarbeit keineswegs in Gänze wiedergegeben beziehungsweise zusammengefasst zu werden braucht. Es soll die Hausarbeit die Quelle nicht lediglich nacherzählen, sondern durch intensive Analyse anschaulich erklären, was den Text in seinem Kontext ausmacht. Anders gesagt: Die Hausarbeit gewinnt konkrete Erkenntnisse nicht nur über den Inhalt der Quelle, sondern auch und vor allem über die Zeit, in der die Quelle entstanden ist. Sie erforscht systematisch, welche Rückschlüsse die gewählte Quelle ihrem Typ, ihrer Form und ihrem Inhalt nach auf Gegebenheiten ihrer Entstehungszeit erlaubt; sie erkundet, welchen

Aspekt der Vergangenheit diese spezifische Quelle auf welche Weise zu erklären vermag.

Deshalb ist ein Ereignis an und für sich noch keine Fragestellung: „Die Schlacht bei Langemarck" wäre kein geeignetes Thema, weil viel zu allgemein gehalten. Schließlich untersucht eine Hausarbeit anhand der Quellen einen spezifischen Aspekt der Vergangenheit – unter Berücksichtigung der „W-Fragen". Allerdings betreibt sie keine mechanische Beantwortung dieser Fragen, die nur als Anregungen für die Themen- und Thesenfindung dienen sollen. Ein Patentrezept, mit dem sich alle Quellen gleichermaßen in den Rahmen einer Hausarbeit pressen ließen, kann in der Geschichts-Manufaktur nicht existieren. Erst spezifische Fragestellungen passen zu spezifischen Quellen.

Gliederung der Hausarbeit

Am Anfang der wissenschaftlichen Hausarbeit steht ein Deckblatt (unter Angabe Ihrer persönlichen Daten sowie derjenigen der Veranstaltung), gefolgt von einem Inhaltsverzeichnis; daran schließt der eigentliche Text samt wissenschaftlichem Apparat an – bestehend prinzipiell aus der Einleitung, dem wiederum in einzelne Kapitel untergliederten Hauptteil und dem Schluss (Fazit); am Ende der Arbeit listen Bibliographien separat die benutzten Quellen sowie die konsultierte Literatur auf (zu Details siehe unten den Buchteil „Die Form des Historisch Arbeitens", S. 193 ff.).

Deckblatt

Das Deckblatt präsentiert bereits die Substanz jeder Hausarbeit – und zwar im Titel. Ein guter Titel, oftmals um einen Untertitel ergänzt, leistet dreierlei. Erstens benennt er möglichst präzise, wovon die Arbeit handelt. Zweitens deutet er die Richtung der Quellenanalyse an. Drittens macht er Lust auf die Lektüre.

Einen überzeugenden Titel zu finden, erfordert Inspiration und Transpiration: „Hausarbeit" kommt von „Arbeit". Eine gute Formulierung ist eine Frage der Eingebung, die sich zwar nicht erzwingen, aber doch herbeiführen lässt. Dazu gibt es zahlreiche bewährte Methoden. Man kann sie einüben, indem man die Tricks anderer durchschaut – also die Prinzipien, nach denen wirksame Bücher und Artikel betitelt sind. Das vielleicht wichtigste besteht darin, aus einer möglichst kurzen Zusammenfassung der Hausarbeit einen Titel zu entwickeln. Viele Autoren nehmen ein kurzes, illustrierendes Quellenzitat in die Überschrift auf; andere spielen mit Paradoxien, variieren bekannte Redewendungen oder nutzen andere Raffinessen. Wichtig ist bei alledem: Die Kniffe, die Sie anwenden, müssen zu Ihrer Argumentation und Ihrem Argumentationsstil passen.

Kurzum

Versuchen Sie, den Gehalt Ihrer Arbeit in einem möglichst kurzen Satz zusammenzufassen – und verdichten Sie diesen zu einem präzisen, pointierten Titel.

Inhaltsverzeichnis

Die Funktion des Inhaltsverzeichnisses wird vielfach unterschätzt: Es erlaubt Ihnen, die Ankündigung aus dem Titel aufzugreifen und den Gang der Argumentation sehr verdichtet darzustellen. So kann der Leser auf einen Blick ersehen, wie Sie vorgehen und welche Schritte zum Erkenntnis-Ziel führen, zu Ihrer These. Zudem ergibt sich ein Wiedererkennungseffekt, wenn das vorher plakativ angekündigte Kapitel endlich beginnt.

Dabei lohnt es sich, insbesondere den Hauptteil in mehrere Kapitel („1.", „2.", „3.") zu gliedern, die Kapitel gegebenenfalls wiederum im mehrere Unterkapitel („1.1", „1.2", „1.3"). Es gibt keine verbindliche Vorgabe, wie lange ein Kapitel sein darf. Als Näherungswert ergibt sich aus der Erfahrung, dass auf eine Überschrift nicht weniger als anderthalb, aber auch nicht mehr als drei Textseiten folgen sollten – zu kurze Kapitel irritieren die Aufmerksamkeit des Lesers, zu lange überfordern sie.

Kurzum

Geben Sie die Richtung vor!
Mit treffenden Kapitelüberschriften können Sie die Aufmerksamkeit des Lesers schon lenken, ehe das Kapitel beginnt. Nutzen Sie die Möglichkeit, auch „Einleitung" und „Fazit" durch geeignete Ergänzungen (nach einem Doppelpunkt oder Bindestrich) in den Dienst Ihrer Argumentation zu stellen.

Von weniger guten zu guten Beispielen:
Schlecht: für alle Themen bereit, also für kein Thema zu gebrauchen
1. Einleitung
2. Kontext der Quelle
3. Analyse der Quelle
4. Fazit

Mittelmäßig: präzise in der Inhaltsangabe, vage in der Bedeutungszuweisung
1. Einleitung
2. Die Pressepolitik der OHL
3. „Langemarck" als Stilisierung
4. Fazit

Gut: präzise und prägnante Überschriften
1. Einleitung: Westfront und Heimatfront
2. Feldzüge der Öffentlichkeit: Kriegsberichte und Pressepolitik
3. „Junge Regimenter": Sinngebungen einer Niederlage
4. Fazit: Jugend als Ressource – „Langemarck" im Kontext der Reformbewegungen seit der Jahrhundertwende

Einleitung
Die Einleitung der Hausarbeit stellt auf ein bis maximal zwei Seiten das Thema vor – mitsamt der Quelle beziehungsweise dem Quellencorpus, aus dem es entfaltet wird: indes nicht als Rekapitulation, sondern in gebotener Kürze, damit der Leser sich Gehalt, Gestalt und Bedeutung der Quelle vorstellen kann.

Schließlich muss die Einleitung präzise darlegen, warum gerade diese Quelle (und nicht vielmehr eine der zahlreichen anderen verfügbaren) eine intensive Auseinandersetzung lohnt. Diese Darlegung verbindet sich bereits mit der Entwicklung der Leitfrage. Sie benennt Ihr Erkenntnisinteresse und idealiter auch, inwiefern es an den aktuellen Forschungsstand anschließt. Letzteren zu benennen, darf sich keinesfalls auf eine bloße Aufzählung der konsultierten Literatur beschränken – sondern muss inhaltliche Ansatzpunkte (oder womöglich Abstoßungspunkte) für Ihre Quellenstudien markieren.

Zeigen Sie konkret an, wie sich Ihre Forschungen zu den bereits bestehenden verhalten. Auf diese Weise machen Sie sich selbst und dem Leser klar, was Ihre Herangehensweise von derjenigen vieler anderer unterscheidet, worin das Novum Ihrer Argumentation liegt, inwiefern Ihre These den Blick auf die untersuchten Zusammenhänge verändert. Idealiter füllen Sie nämlich selbst eine kleinere oder größere Forschungslücke!

Kurzum

Wie man sich selbst und den Leser demotiviert? Ganz einfach: Man benenne auf keinen Fall ein konkretes inhaltliches Interesse, sondern beschränke sich tunlichst auf sinnfreie Floskeln wie „Wir haben das Thema im Seminar behandelt", „Ich finde das Thema interessant" oder „Der Hochschullehrer hat mich auf das Thema hingewiesen".

Hauptteil

Der Hauptteil der Hausarbeit gibt nicht etwa die Quelle wieder, sondern stellt Ihre Einschätzung dieser Quelle zur Diskussion. Statt die Quelle ausführlich zusammenzufassen, ordnet er sie ein: damit der Leser sich ihre Beschaffenheit und Funktion vergegenwärtigen kann. Hier führen Sie systematisch (und nicht zwingend der Textchronologie der Quelle folgend) aus, welche Elemente der Quelle Sie aus welchen Gründen für besonders bemerkenswert halten: am Gegenstand der Quelle und darin, wie die Quelle ihren Gegenstand transportiert. Die Ergebnisse Ihrer Recherchen aus der Literatur fließen unmittelbar in die Quellenanalyse ein; Text und Kontext gehören zusammen!

Zur Verdeutlichung Ihrer Argumentation dient die Gliederung durch Kapitel – anders gesagt: klar erkennbare Sinnabschnitte – und gegebenenfalls Unterkapitel. Denken Sie daran, den roten Faden aus der Einleitung jederzeit sichtbar zu halten. Bringen Sie nur an, was für Ihre Gedankenführung essentiell ist. Produzieren lautet die Maxime, nicht reproduzieren! Fragen Sie darum immer wieder nach der Relevanz, die ein bestimmtes Zitat oder Faktum für Ihre Analyse hat, und überlegen Sie, an welcher Stelle in Ihrer Hausarbeit Sie es mit der größten Wirkung plazieren können. Um etwa Napoleons Aufstieg zu erklären, bedarf es der Nennung der Vornamen seiner Eltern wohl nicht – und wenn doch (zum Beispiel, weil eine bürgerliche Familie auf einmal eine aristokratische Namensgebung betreibt), so begründen Sie es!

Denken Sie immer daran: Eine Hausarbeit ist eine eigenständige, eine kreative Leistung. Sie lesen aus der Quelle etwas heraus, was weder darin noch in der einschlägigen Literatur schon just in jener Weise steht, in der Sie es formulieren beziehungsweise erklären. Daraus erwächst der rote Faden, der von der Einleitung bis zum Schluss reicht und im Hauptteil besonders deutlich hervortreten muss.

Kurzum

Wo der rote Faden liegt, gibt nicht die Quelle selbst vor – sondern Ihre Fragestellung. Sie bestimmt die Gliederung, sie entscheidet darüber, welche ausgewählten Aspekte in welcher Reihenfolge aufgefädelt werden.

Schluss

Der Schluss Ihrer Arbeit fasst die Erkenntnisse beziehungsweise die These, die Sie in der Quellenanalyse gewonnen haben, knapp zusammen – auf einer, maximal auf anderthalb Seiten. Neue Details sollten Sie hier nicht mehr einbringen, sondern vielmehr Ihre These einordnen: Was bedeutet sie? Inwiefern ergänzt sie das vorherige Wissen oder vorherige Interpretationen? Welche Neubewertung, welche weiterführenden Fragen ergibt sie? Dazu kann ein Hinweis gehören, welchen Aspekt Sie künftiger Erforschung für wert befinden.

Kurzum

Achten Sie darauf, bis zum Schluss historisch zu arbeiten. Erklärung ist Ihr Ziel, nicht moralische, religiöse, ideologische oder psychologische Bewertung. Wissenschaftliche Hausarbeiten sind keine Besinnungsaufsätze. Persönliche Bekenntnisse haben hier keinen Platz; Wendungen wie „Ich finde", „Ich glaube" oder „Ich meine" zersetzen zudem Ihren Anspruch, das Thema analytisch zu durchdringen!

Bibliographie

Die Bibliographie ist wesentlicher Bestandteil Ihrer Arbeit. Hier listen Sie – gewöhnlich in alphabetischer Reihung nach den Nachnamen der Autoren – alles auf, was Sie in Ihre Arbeit eingebracht haben: und zwar strikt getrennt in die Rubriken Quellen und Literatur. Deshalb besteht die Bibliographie aus mindestens zwei Verzeichnissen.

Anhang

Für viele Leser kann es hilfreich sein, eine Kopie der benutzten Quelle(n) als Anhang beizugeben. Das gilt insbesondere für schwer zu findende Quellen und für gegenständliche beziehungsweise Bild-Quellen, bei denen gegebenenfalls auch Vergrößerungen von Details relevant sind.

Obligatorisch ist meist die unterschriebene Erklärung, dass Sie die Arbeit selbständig angefertigt haben und keine andere als die bibliographierte Literatur verwendet haben. Sie versichern damit zugleich, dass Sie korrekt zitiert haben – und also kein Plagiat einreichen, das übrigens rechtliche Konsequenzen bis hin zur Exmatrikulation und Geldbußen nach sich zöge (oder politische bis hin zum abrupten Verlust eines Ministeramts)!

Formale Anforderungen

Manche Hochschullehrer und manche Universitäten machen exakte Vorgaben für die formale Gestaltung der Arbeit; orientieren Sie sich gegebenenfalls daran, andernfalls an einschlägigen Vorbildern. Die Richtlinien der Historischen Zeitschrift oder anderer Fachzeitschriften eignen sich gut als Vorlagen, auch umfassende Kompendien zur formalen Gestaltung wie das „Chicago Manual of Style".[129] Grundsätzlich gelten indes folgende Standards:

▸ Abfassen mit einem der gängigen Textverarbeitungsprogramme (Word und ähnliche) oder mit einem professionellen Satzprogramm (zum Beispiel LaTeX).
▸ Keine exotischen Seitenformate, Schriftarten, Schriftgrößen einsetzen: also DIN A4, normaler Seitenrand, eine gut lesbare Type wie Times oder Palatino, für den Text eine Größe von maximal 12 pt im Blocksatz, anderthalbfacher Zeilenabstand – Abweichungen nur zugunsten besserer Lesbarkeit und vor allem: in allen Teilen konsequent formatieren (siehe S. 196 ff.).

---

129 University of Chicago: The Chicago Manual of Style, Chicago [17]2017.

▶ Fußnoten (einzugeben meist per Strg+Alt+F), Seitenzahlen und Inhaltsverzeichnis fügt das Textverarbeitungsprogramm auf das entsprechende Kommando hinzu. Auf eine einheitliche Type in Text und Apparat achten, auch in den Kopf- und Fußzeilen.

▶ Abgabe in Gestalt eines sauberen Papier-Ausdruckes – und vielfach zusätzlich elektronisch (dann als pdf-Datei).

▶ Das Auge liest mit! Keine Loseblattsammlung mit Kaffeeflecken und Eselsohren einreichen, sondern einen hübsch geordneten beziehungsweise gehefteten Ausdruck.

▶ Korrekte Orthographie, Zeichensetzung und Grammatik sind vorausgesetzt. Nichtbeachtung führt zur Abwertung oder gar Abweisung – und zwar zu Recht!

Kurzum

Aktivieren Sie getrost digitale (Rechtschreibprüfung) und analoge (menschliche) Helferlein. Der Hochschullehrer muss keineswegs der erste sein, der Ihre Hausarbeit liest – und eigentlich auch nicht der letzte: Traktieren Sie Kommilitonen, Freunde, Verwandte mit Ihren Studien. Gnadenlos!

2.2 Essay: Die Kür

Wenn die Hausarbeit die Pflicht unter den wissenschaftlichen Darstellungsweisen im Studium darstellt, repräsentiert der Essay die Kür. Die Unterschiede liegen in der Ausführung statt in der Herangehensweise. Auch der Essay entsteht in der Regel in intensiver, von der Literatur angeleiteter Auseinandersetzung mit einer Quelle. Die Devise „ad fontes!" gilt unverändert fort. Noch mehr als die Hausarbeit beruht der Essay allerdings auf dem Prinzip der Konzentration. Schließlich umfasst er zumeist lediglich drei bis fünf Seiten. Um so trennschärfer muss die Argumentation sein, um so knapper und klarer, um so strukturierter und auf eine anregende These hin orientiert.

Die besondere Kunst eines Essays besteht darin, Quellenbeobachtungen mit wissenschaftlicher Fachkenntnis und methodischer Strenge zu geistreicher Gedankenführung zu verdichten. Das erfordert Wagemut. Deshalb heißt der Essay nun einmal Essay. Er ist wortwörtlich ein „Versuch"; er stößt eher eine Debatte an, als sie zu beenden.

Während die Hausarbeit eine in sich geschlossene, streng systematische Abhandlung darstellt, deutet der Essay einen besonderen Aspekt der gewählten Quelle pointiert, gerne auch kontrovers. Hier gilt erst recht: Wer alles erklärt, erklärt nichts.

> **Kurzum**
>
> Die drei bis fünf Seiten, die ein Essay gewöhnlich umfasst, verpflichten zu radikaler Reduktion. Die auf die Quelle bezogene Fragestellung muss in der Regel noch enger sein als bei einer Hausarbeit. Mit einem kleineren Ausschnitt entlasten Sie die These, statt den Text zu überlasten!

Gerade der geringere Umfang setzt eine genaue Kenntnis des zugrundeliegenden Quellentextes voraus, ebenso der für die Deutung der Quelle relevanten Literatur. Nur wer das Gesamtbild kennt, wird einen Auszug daraus kompetent darzustellen vermögen. Deshalb kann der Essay bei der Quellenanalyse auf Fachliteratur keineswegs verzichten – sondern hält die Leitfrage so eng, dass die meisten wissenschaftlichen Darstellungen zu diesem spezifischen Aspekt gar nicht sonderlich viel zu sagen haben. Wählen Sie eine möglichst einzigartige Herangehensweise, eine tunlichst unkonventionelle. Dann fällt die Reduktion auf drei bis fünf Seiten um so leichter.

In der Regel sollte ein Essay eine Quelle eingehend erklären. Wer die Darstellung auf das Wesentliche zu reduzieren vermag, kann Sachverhalte getrost beiseite lassen, die höchst interessant sein mögen, aber zur These nichts beitragen. Alles, aber auch wirklich alles ist der Fragestellung unterzuordnen. Der Essay erhebt keinen Anspruch auf Vollständigkeit, sondern vielmehr auf Plausibilität. Zur Konzentrierung der Argumentation helfen die W-Fragen, auch zur Orientierung. Die Ambition, alle Fragen und alle Antworten gleichermaßen in den Text einbringen zu wollen, ist zwar edel, aber im engen Rahmen des Genres unerfüllbar.

> **Kurzum**
>
> Konzentrieren Sie sich mutig auf den einen Aspekt, der Ihnen am wichtigsten und aussagekräftigsten erscheint!

Diese Anlage des Essays spiegelt sich im Verzicht auf Binnenüberschriften wider. Lediglich Absätze trennen die einzelnen Teile des Textes voneinander, keine Kapitel. Also müssen Einleitung, die einzelnen Sinnabschnitte und Fazit aus dem Fließtext heraus erkennbar werden.

Kurzum

Alles eine Frage der Konzentration: Von den „Ws" zur These

▶ Wie deutete die Quelle bestimmte Ereignisse, Strukturen, Personen, Gruppen?

▶ Welche besonderen Argumente oder Narrative nutzte die Quelle?

▶ Welche Zusammenhänge beziehungsweise Kausalitäten unterstellte die Quelle?

▶ Welche Begründungen lieferte die Quelle?

▶ Gibt es (scheinbare) Widersprüche, Ambivalenzen oder Brüche im Text – und wie lassen sie sich erklären?

▶ Welche Werte, welche Ideale, welche Ziele gab die Quelle kund?

▶ Was verrät die Quelle über das Weltbild des Verfassers und seine Position?

▶ Wessen Interessen vertrat die Quelle implizit oder explizit?

Zur Konzentration des Essays gehört auch, Informationen genau zu dosieren: In den Text gehört am Ende nur, was ein Leser ohne Fachkenntnisse zur Plausibilisierung Ihrer Gedankenführung unbedingt braucht. Vermeiden Sie bloße Faktenauflistungen und reine Nacherzählungen. Biographische Details des Urhebers beispielsweise werden erst dann relevant, wenn Sie diese Details auch für die Deutung nutzen.

Schreiben Sie so konkret, so präzise und gleichzeitig so knapp wie möglich. Auf gelungene sprachliche Gestaltung und lebhafte Darstellung kommt es hier noch mehr an als bei anderen Präsentationsformen. Der Essay ist besonders leserfreundlich, ohne deshalb wissenschaftsfeindlich zu sein. Inhaltlich darf, ja muss er ohnehin mehr wagen als andere Gattungen, stilistisch übrigens auch: Er soll attraktiv sein, ohne effektheischend zu geraten.

Eine Grenze hat der Wagemut indes. Selbstverständlich erstreckt sich die wissenschaftliche Nachweispflicht auch auf den Essay. Wörtliche und sinngemäße Zitate bedürfen der exakten Angabe, ob nun durch Fußnoten, Endnoten oder Kurzbelege in Klammern.

Reden & Schreiben

Der Anhang beinhaltet – wie bei der Hausarbeit – eine Bibliographie, getrennt in Quellen und Literatur, gegebenenfalls zudem eine Kopie der Quelle (erst recht bei schwer zugänglichen Text- oder Bildquellen).

Kurzum

Der Essay ist zugleich weniger und mehr als eine Hausarbeit: weniger insofern, als er sich meist auf ein ganz bestimmtes Detail der Quelle beschränkt – und mehr insofern, als er gerade daraus eine provokative These gewinnt.

Die Vorgehensweise beim Essay-Schreiben entspricht daher im Wesentlichen derjenigen beim Verfassen einer Hausarbeit. Sie brauchen eine möglichst klare Fragestellung. Die Antwort darauf besteht in einer Pointe aus der Quellenanalyse, die über die Quelle hinausweist und einen neuen Blick auf vermeintlich bekannte Phänomene eröffnet. Welche Rückschlüsse lassen sich über die besonderen Gegebenheiten der Zeit gewinnen, in der die Quelle entstanden ist?

Der Leser möchte am Ende eines Essays wie schon am Ende einer Hausarbeit erfahren, was Ihre Interpretation auch jenseits der konkreten Quelle bedeutet: Welche grundsätzlichen Folgerungen entstehen aus Ihrer Analyse, welche weiterführenden Fragen eröffnet sie? Was lehrt sie uns über konkrete politische, wirtschaftliche, soziale, geistesgeschichtliche oder andere Zusammenhänge? Um so wichtiger ist es, den spezifischen Zeugniswert der untersuchten Quelle zu beachten: Essays bilden kleine Ausschnitte der Geschichte ab. Deshalb besteht eine wesentliche Aufgabe des Textes darin, dem Leser deutlich zu machen, welche Position dieser Ausschnitt in einem größeren historischen Bild einnimmt.

Die Frage, was Sie mit Ihrer Quelle erklären wollen, ist ebenso wichtig wie die Frage, was Sie mit Ihrer Quelle erklären können. Deshalb basiert auch der Essay selbstverständlich auf Quellenkritik. Fragen nach der Überlieferung des Texts, nach dem Quellentyp, nach Form und Inhalt der Quelle, nach dem Urheber, nach Grund und Anlass der Entstehung der Quelle, nach Intentionen und Interessen können bei der Formulierung einer These helfen – und insbesondere die Frage nach der Funktion der Quelle: Sie dient der thematischen Eingrenzung. Von einem Wahlplakat als Quelle erwartet schließlich niemand objektive Informationen über damalige Gegebenheiten.

Gliederung des Essays

Die Gliederung des Essays ähnelt derjenigen der Hausarbeit und weicht doch deutlich davon ab. Üblicherweise bilden drei Seiten den minimalen, fünf Seiten den maximalen Umfang des eigentlichen Textes. Nicht mitgezählt werden dabei das Deckblatt (unter Angabe Ihrer Studiendaten sowie derjenigen der Veranstaltung) am Anfang des Essays und an seinem Ende die obligatorischen Bibliographien (siehe S. 210 ff.), die separat die benutzte(n) Quelle(n) und die konsultierte Literatur auflisten. Dazwischen steht der eigentliche Text samt wissenschaftlichem Apparat – ohne jegliche Binnengliederung. Selbst Einleitung, Hauptteil und Schluss werden nicht formal voneinander abgesetzt: Es gibt weder Überschriften noch Zwischenüberschriften, also auch kein Inhaltsverzeichnis.

Den Leser orientieren sinnvoll gesetzte Absätze und sprachliche Mittel. Schon die Einleitung skizziert die Gedankenführung des Textes – so dass der Leser sofort den sprichwörtlichen roten Faden erkennt, der im weiteren Verlauf der Erörterung jederzeit sichtbar bleiben und im Fazit abgebunden werden muss: Nutzen Sie die Gelegenheit, um das Resultat Ihrer Studien festzuhalten und dem Leser zu veranschaulichen, was Ihre Erkenntnisse bedeuten. Das eröffnet die große Chance, Ihre Befunde in Beziehung zu anderen Befunden zu setzen. So können Sie begründen, warum Ihre Forschungen bestehende Deutungen plausibler oder aber weniger plausibel machen.

Die weiteren formalen Anforderungen an einen Essay entsprechen grundsätzlich denjenigen, die an eine Hausarbeit zu richten sind, die sprachlichen ohnehin. Aus darstellerischen Gründen kann es ratsam sein, Zitate im Text statt per Fuß- oder Endnote eher per Seitenangabe in einer Klammer nachzuweisen – sofern Sie nur eine einzige Quelle untersuchen und mithin keine Verwechslungsgefahr besteht; obligatorisch bleiben indes vollständige Quellen- und Literaturverzeichnisse.

Reden & Schreiben

Die Bildanalyse als regulärer Sonderfall

Gemälde, Karikaturen, Fotografien et cetera kommen für den Essay als Quellen ebenso in Frage wie für eine Hausarbeit oder ein Referat. Doch in der konzentrierten Darstellungsform des Essays zeigt sich besonders, worauf man bei sämtlichen Quellen achten sollte, seien es Skulpturen, Bauwerke, Drucke oder andere Gattungen; Quellen sind keineswegs auf Zeugnisse einer künstlerisch anspruchsvollen Hochkultur beschränkt, sondern können auch dem Alltag entstammen – wie etwa Werbeplakate, mithilfe von Karikaturen ausgestaltete Flugblätter oder Andachtsbilder. Archäologen untersuchen nicht nur Tempel und Herrschergräber, sondern auch Abfallgruben und Kanalisationen.

Bilder wären als vermeintlich objektive Abbilder der jeweiligen historischen Gegenwart ebenso fehlverstanden wie Texte. Sie stellen nie eine Widerspiegelung, sondern immer eine mehr oder minder starke Brechung der historischen Realität dar. Alle Quellen entstehen unter subjektiven Interessen und Bedingungen, auch bildliche. Fokus, Schnitt und andere Gestaltungselemente bei Filmaufnahmen etwa folgen technischen Möglichkeiten, aber auch gezieltem Kalkül auf den Effekt. Bildquellen sind keine neutralen Aufnahmen der jeweiligen vergangenen Wirklichkeit, sondern selbst Faktoren der historischen Entwicklung gewesen. Dank ihrer hohen Suggestivkraft brachten sie Menschen zum Denken, zum Reden, zum Handeln.

Kurzum

Unsere Sehgewohnheiten entsprechen vielfach nicht den Sehgewohnheiten der Zeitgenossen. Auch Bildquellen müssen deshalb erklärt werden, sie „sprechen" keineswegs für sich. Bilder sind keine zusätzlichen Illustrationen, sondern eigenständige Quellen, die der kritisch-kundigen Analyse bedürfen!

Die Recherche nach Bildquellen folgt prinzipiell den gleichen Regeln wie die Recherche nach Textquellen. Zahlreiche Literatur-Titel weisen einen eigenen Abbildungsteil auf, auch Internet-Recherchen können wichtige Hinweise geben. Wikimedia Commons beispielsweise beinhaltet eine erstaunliche Vielzahl höchst verschiedener Bilder, die als Quellen nutzbar sind – vorausgesetzt, wie bei anderen Quellen auch, sie weisen einen vollständigen Herkunftsnachweis auf. Hier gelten die gleichen Prinzipien wie bei textgebundenen Quellen aus dem Netz: Die Online-Edition muss möglichst eine wissenschaftliche sein. Gewährleistet ist das in einschlägigen Datenbanken (von denen manche indes nicht frei zugänglich sind, zum Beispiel Prometheus: http://www.prometheus-bildarchiv.de); frei recherchieren kann man aber zum Beispiel in den Beständen des Bundesarchivs (https://www.bundesarchiv.de) oder der Library of Congress (https://www.loc.gov/collections: dank ihrer „Fair Use"-Klausel auch urheberrechtlich eher unproblematisch); in kommerziellen Bildarchiven wird oftmals erst der Zugang zur frei recherchierbaren Quelle kostenpflichtig.

Auch hier steht am Anfang die Überlegung, welche Art von Bildquellen Sie suchen und wo eine Überlieferung am ehesten zu erwarten steht. Dabei hilft ein eigenes wissenschaftliches Genre: Bildbände, die sich bisweilen auf bestimmte Motive, bestimmte Genres, bestimmte Materialien, bestimmte Künstler, bestimmte Epochen oder auf andere Kategorien konzentrieren. Zahlreiche Abbildungen finden Sie in der Regel zudem in Ausstellungskatalogen – hier empfiehlt es sich, besonders im Umfeld von Jubiläen bedeutender historischer Ereignisse oder Personen zu recherchieren.

Wie jede andere Quellenstudie benötigt die Bildinterpretation eine klare erkenntnisleitende Fragestellung. Sie gelingt um so überzeugender, je präziser das Bild aus seinem Entstehungskontext heraus erklärt wird; vielfach verharren Bildinterpretationen leider bei der an sich durchaus anspruchsvollen Bildbeschreibung, ohne ihre Befunde anschließend zu erklären. Der Weg von der ersten Anschauung bis hin zur Antwort auf eine selbst gefundene Fragestellung lässt sich mit dem Kunsthistoriker Erwin Panofsky als klassischer Dreischritt verstehen. Dazu gehören[130]

1. **„visuelle" Bestandsaufnahme:** Was eigentlich ist dargestellt, was genau sieht der Betrachter? Achten Sie auf die Hauptfiguren eines Gemäldes ebenso wie auf vermeintlich unscheinbare Details.

---

130 Panofsky, Erwin: Ikonographie und Ikonologie, in: Kaemmerling, Ekkehard (Hg.): Bildende Kunst als Zeichensystem. Ikonographie und Ikonologie, Band 1: Theorien – Entwicklung – Probleme, Köln 1994, S. 207–225.

Reden & Schreiben

2. „ikonographische" Analyse: Welche Besonderheiten sind in der Bildquelle zu entdecken? Welche Bedeutung haben die jeweiligen Elemente gehabt (zum Beispiel Heiligenfiguren, Tugendallegorien, bestimmte Gesichtsausdrücke oder Körperhaltungen)?

3. „ikonologische" Interpretation: Was bedeutete das Bild im Ganzen? Was sollte seine Aussage sein, die sich bisweilen sehr von dem unterscheiden kann, was tatsächlich als seine Aussage verstanden wurde? Wie verstärken die einzelnen Bild-Elemente eine gegebenenfalls auch verbalisierte Aussage?

Diese Vorgehensweise folgt der Annahme, dass die Bedeutung des Dargestellten im Ganzen auch, ja gerade erst aus den Details ersichtlich wird – analog zu einem Text, dessen Sinn sich erst aus den einzelnen Wörtern und deren Arrangement erschließt. Wie bei der Textanalyse geeignete Nachschlagewerke dabei helfen, den Gehalt einzelner Begriffe und ganzer Formulierungen zu verstehen, so gibt es zur Entschlüsselung von Bildquellen ikonographische Handbücher.[131] Sie gewähren Aufschluss über Assoziationen, die zeitgenössische Betrachter mit ihren Sinneseindrücken verbunden haben dürften. Welcher Heilige wurde mit dem Drachen abgebildet? Wen sollte der griechisch anmutende Gott mit dem Dreizack darstellen? Warum legte ein Herrscher großen Wert darauf, ihn auf einem imposanten Gemälde in seiner Nähe zu wissen? Was meinte die Pose des Porträtierten?

Kurzum

Bilder sind Quellen wie andere: verbunden mit spezifischen Intentionen und Interessen, mit spezifischen Darstellungszwecken und Darstellungsmitteln. Für wen war das zu interpretierende Bild eigentlich gedacht, wer konnte es wann und in welchem Zusammenhang betrachten?

---

131 Beispiele: Fondation pour le Lexicon Iconographicum Mythologiae Classicae (Hg.): Lexicon Iconographicum Mythologiae Classicae, 9+1 Bände, München/Zürich/Düsseldorf 1981–2009; Fleckner, Uwe/Warnke, Martin/Ziegler, Hendrik (Hg.): Handbuch der politischen Ikonographie, 2 Bände, München 2011; Poeschel, Sabine: Handbuch der Ikonographie. Sakrale und profane Themen der bildenden Kunst, Darmstadt 2016.

Auch Bildinterpretationen bedürfen der Quellenkritik. Wie sehr die Unterlippe einzelner Habsburger tatsächlich nach unten hing, ist kaum zu rekonstruieren – aber sehr wohl die hängende Unterlippe als Merkmal, mit dem Habsburger auf zeitgenössischen Porträts kenntlich gemacht wurden. Ob ein Herrschergemälde den Herrscher so abgebildet hat, wie er tatsächlich ausgesehen hat, lässt sich oft gar nicht überprüfen. Doch man kann nachvollziehen, wie er gesehen werden sollte respektive wollte: Bei Porträts, die meist Auftragswerke waren, geht es in der Quellenanalyse meist weniger um die besonderen Ausdrucksfähigkeiten des einzelnen Künstlers als vielmehr darum, zu welchem Zwecke der Geldgeber dessen Fertigkeiten eingesetzt wissen wollte. Darum hielten Verträge oftmals genau fest, wie das bestellte Produkt auszusehen habe – etwa ein Reiterstandbild in einer exakt vereinbarten Pose.

Dabei kommt es auch auf den unmittelbaren Kontext an, getreu den W-Fragen zu allen Quellen: Wo war das Bild für wen zu sehen? Auf welchen Bildungsgrad war die Komposition abgemischt? Inwiefern waren welche Betrachter mit Darstellung und Darstellungsweise vertraut? Welche Formen oder Inhalte waren gegebenenfalls ungewöhnlich? Wer genoss eigentlich Zugang zu dem Raum, in dem es an der Wand angebracht war? Wie war das Bild oder die Statue plaziert, ganz konkret: für eine Galerie der Freunde oder aber der Feinde gedacht? Wie plakativ und vordergründig oder wie subtil und hintergründig kam die Botschaft zum Ausdruck? Welche Aussagen waren damit verbunden? In welchem Kontext ist das Bild entstanden, für welchen Zusammenhang war es gedacht?

Kurzum

Die These, die am Ende einer Bildinterpretation steht, zielt oftmals weniger auf das Dargestellte selbst als auf Sinn und Zweck der Darstellung – und damit ebensosehr auf den Auftraggeber wie auf den Künstler. Bei beiden kommt es auf politische Interessen, gesellschaftliche Positionen, kulturelle Bindungen, religiöse Hintergründe und vieles mehr an.

Für Bildquellen gilt selbstredend die gleiche Regel wie für alle anderen Quellen – und in allen Formaten: Im Anhang eines Essays oder einer Hausarbeit müssen exakte Nachweise geführt werden, wo sie zu finden sind. In schriftlichen Arbeiten empfiehlt es sich zudem, einen Abdruck der Quelle in möglichst hoher Qualität im Anhang beizulegen (im A4-Format: 3000 x 2000 Pixel beziehungsweise mindestens 300 dpi), um gegebenenfalls auch Details in nachvollziehbarer Weise vergrößert belegen zu können. Ebenso wie bei Textquellen ist auf das Urheberrecht zu achten, zumindest bei einer wie auch immer gearteten Publikation, sei es nur auf der eigenen Homepage oder bei Facebook. Sobald Bild-, Ton- oder andere noch vom Urheberrecht geschützte Quellen ohne Lizenz (so etwa dürfen Bildquellen von Wikipedia Commons genutzt werden) öffentlich reproduziert werden, muss der Inhaber des Urheberrechts zuvor um sein Einverständnis ersucht werden.

2.3 Referat: Die Eigenheiten des direkten Dialogs

Referate stellen nicht etwa Hausarbeiten oder Essays dar, die zusätzlich vorgelesen werden – sondern eine eigenständige Gattung, eine mündliche Präsentationsform. Der wissenschaftliche Inhalt ist freilich derselbe. Wie für Hausarbeit und Essay gilt für das Referat die Maxime „ad fontes". Die Unterschiede liegen allein in der Darstellung. Hörer wollen anders angesprochen werden als Leser und sind noch viel ungeduldiger. Um so genauer gilt es zu prüfen, welche Informationen erforderlich oder aber irrelevant sind. Schließlich soll das Referat eine lebendige Diskussion anregen. Sie zu verhindern, fällt ganz leicht: möglichst viele möglichst belanglose Informationen möglichst ungeordnet in möglichst langen Sätzen vom Blatt ablesen.

Kurzum

Wie man ein schlechtes Referat hält:

▶ Zwingen Sie den Zuhörer in Rätsel und verraten Sie ihm auf keinen Fall, was eigentlich Ihr Thema ist!

▶ Zerren Sie den Zuhörer in ein langes Labyrinth aus schwer verständlichen Schachtelsätzen!

▶ Bombardieren Sie den Zuhörer mit exotischen Fremdwörtern und ellenlangen Zitaten!

▶ Lassen Sie den Zuhörer in einem Meer aus möglichst irrelevanten Details untergehen!

▶ Um den Zuhörer gekonnt zu langweilen, geben Sie Ihren Vortrag am besten wortwörtlich auf Powerpoint-Folien wieder!

Denken Sie an das Spezifikum eines Vortrags: Er besteht in unmittelbarer, nicht nur in zeitversetzter Interaktion mit dem Publikum! Daher ist ein Referat keine Faktensammlung, sondern ein Diskussionsangebot. Es bietet keine inhaltliche Patentlösung, sondern macht etwas zum Problem – indem es seinem Gegenstand ein Profil verleiht, indem es definiert, was wesentlich dazugehört und was nicht. Am Ende des Referats steht ebenfalls eine These: tunlichst eine neue, bisweilen auf der Basis neuentdeckter Informationen, bisweilen auf der Basis altbekannter Informationen, die auf neue Weise in das Thema eingebracht werden.

Also unterscheidet das Referat sich nicht in der inhaltlichen Herangehensweise von den schriftlichen Darstellungsformen, wohl aber in der Aufbereitung. Zuhörer brauchen noch mehr Anhalts-Punkte, um einem Referat folgen zu können – anders gesagt: eine jederzeit erkennbare gedankliche Gliederung, die es in der Einleitung vorzustellen gilt und auf die man als Referent immer wieder zu sprechen kommen sollte.

Kurzum

In einem Referat kann der Zuhörer nicht zurückblättern, wie es der Leser in einem Text vermag.

Dieser elementare Unterschied hat wichtige Konsequenzen. Zwar gelten die Regeln der deutschen Grammatik und des guten Stils unverändert auch für das Referat; gesprochene Sprache heißt also keineswegs Umgangssprache, unterscheidet sich gleichwohl von der geschriebenen. Mehr als ein Nebensatz pro Hauptsatz schadet der mündlichen Verständlichkeit erst recht, Partizipialkonstruktionen, Passiv- und Nominalstil gleichermaßen. Nutzen Sie möglichst wenig formale Verbindungsglieder („und dann", „ferner", „weiterhin", „außerdem" und andere) und dafür möglichst viele inhaltliche

Konnektoren (wie „denn", „dennoch", „damit", „weil" – übrigens: der spannendste Konnektor ist meist „obwohl").

Kurzum

Bei schriftlichen Arbeiten droht die Seitenzahl, bei Vorträgen tickt die Uhr. Behalten Sie schon bei der Anlage des Referats die Zeit im Blick. Hier ist Disziplin oberstes Gebot.

Selbst die besten Thesen verfehlen ihr Publikum, wenn sie aus dem zuvor festgesetzten Rahmen fallen. Zu kurze Referate hinterlassen ein verwirrtes Publikum, zu lange Referate ein genervtes. Um so wichtiger ist es, den Vortrag exakt auf die vorgegebene Dauer abzustimmen; das gelingt am besten durch mehrere Proben – mit Stoppuhr – zuhause oder am besten vor Kommilitonen. Sie werden durch Übung feststellen, dass Sie im Ernstfall möglicherweise etwas schneller oder langsamer reden als in der Probe und können diesen Erfahrungswert dann bei der Planung des nächsten Referates berücksichtigen.

Wer frei spricht, muss übrigens besonders gründlich proben: um sich nicht in unwichtigen Details zu verlieren, die am Ende die wichtige These verdrängen könnten. Auch Vortrags-Profis nutzen meist kleinere Kärtchen oder andere Erinnerungsstützen. Wer sich eng an sein Manuskript hält, kann wiederum einen persönlichen Richtwert für die Dauer ermitteln, die das Verlesen einer Seite erfordert. Eine individuell anzupassende Daumenregel besagt, dass je DIN A4-Seite etwa drei Minuten Redezeit zu veranschlagen sind. Jede Planung sollte eine kleine Zeitreserve beinhalten: um gegebenenfalls etwas ausführlich erklären zu können, was im Publikum fragende Blicke auslöst, oder um ein Joker-Thema einzubringen – dann und nur dann einzusetzen, wenn die Situation es gestattet oder gebietet. Freilich sagen Sie prinzipiell nie mehr, als Sie wirklich zu sagen haben: Referate sind keine Stilübungen im Zeitfüllen.

Kurzum

Auch Bilder, Tabellen und andere Visualisierungen brauchen Zeit zur Erläuterung. Bedenken Sie das bereits bei der Anlage Ihres Referats!

Überhaupt hat ein guter Referent stets das Publikum im Blick. Suchen Sie (Augen-)Kontakt: Nach Möglichkeit sollten Sie jeden einzelnen Zuhörer im Laufe des Vortrags gezielt anschauen, am besten mehrmals, damit er das Gefühl erhält, dieser Vortrag würde nur für ihn gehalten. So ist es auch! Achten Sie zudem auf Ihre Position im Raum beziehungsweise am Pult, gestalten Sie Gestik und Mimik so, dass sie ebenso dem Verlauf der Argumentation wie Ihrer Person angemessen ist: Ein Referat ist weder eine Beerdigungszeremonie noch ein Karnevalsauftritt – aber wenn Sie ein Referat über Beerdigungszeremonien oder Karnevalsauftritte in der Geschichte halten, werden Sie das erstere Thema pietätvoller, das zweite humorvoller angehen. Es macht zudem einen Unterschied, ob Sie es beim Verband der Bestatter oder beim Karnevalsverein halten.

Anders gesagt: Auch beim mündlichen Vortrag pflegen Sie zwar Ihren eigenen Stil, weil er der einzige ist, der zu Ihnen passt. Aber jedes Referat muss sich am Thema orientieren, am Rahmen, in dem es gehalten wird, und ohnehin am mutmaßlichen Kenntnisstand der Zuhörer sowie an deren Hörgewohnheiten.

Gliederung des Referats

Auch beim Referat kommt es auf eine inhaltlich stimmige Gliederung an. Wie eine schriftliche Arbeit leserorientiert gestaltet sein muss, so ein Vortrag hörerorientiert. Eine klare Abfolge der einzelnen Teile ist hier umso gebotener, als der Hörer nicht zwischendurch nachschlagen kann, in welchem Teil er sich gerade befindet, sondern jederzeit orientiert sein will. Einerseits besteht eine besondere Gestaltungspflicht, andererseits eine einzigartige Begeisterungschance: Sie können das Publikum durch eine motiviert-motivierende Haltung schon für sich gewinnen, ehe der erste Satz gesagt ist.

Einleitung

Die Struktur des Referats muss in der Einleitung anschaulich werden. Dabei hilft ein „Ohrenöffner", die klassische „captatio benevolentiae" – er motiviert den Zuhörer, den Vortrag aufmerksam zu verfolgen. Vor allem der erste Satz muss Lust auf mehr machen; er kann eine Anekdote beinhalten, die das Thema auf den Punkt bringt, er kann aus einer Paradoxie bestehen, wie auch immer. Wenn Sie frei sprechen, legen Sie sich in jedem Falle einen solchen Satz zurecht, proben ihn bis hinein ins Detail der Formulierung, lernen ihn auswendig – ebenso wie andere Kernsätze Ihres Referats!

Hauptteil
Auch der Hauptteil muss in sich stimmig strukturiert sein; die Gliederung sollte nicht zu vielschichtig geraten, schon ob der strikt limitierten Zeit. Gerade bei einem Referat lohnt sich indes gezielte Redundanz, also die systematisch-eingängige Wiederholung wichtiger Thesen beziehungsweise Sachverhalte. Zumal in längeren Vorträgen möchte der Zuhörer immer wieder informiert werden, welche Stufen die Argumentation bislang genommen hat und im Folgenden nehmen wird – kurzum: Er möchte wissen, warum er sich die Mühe machen sollte, weiterhin aufmerksam zuzuhören. Ein Referat darf deshalb nicht zum Flächenbombardement geraten, sondern hat einen scharf abgegrenzten Angriffspunkt; es beinhaltet diejenigen und nur diejenigen Informationen und Deutungen, die für die Fragestellung einschlägig sind. Überlegen Sie daher bei jeder Ausführung, ob sie wirklich der Erreichung Ihres Argumentationszieles dient.

Fazit
Das Fazit blickt auf den Gang der Erörterung pointiert zurück, stellt die These des Referats heraus – und blickt zugleich nach vorne: Schließlich folgt auf ein Referat meist eine Diskussion, zumindest die Gelegenheit zur Nachfrage. Deren Richtung kann ein gelungener Schlußsatz weisen, in den zugleich der Dank an das Publikum für dessen Aufmerksamkeit eingebracht werden sollte. Wenn Sie frei sprechen, legen Sie sich in jedem Falle auch einen solchen Satz zurecht. Proben Sie ihn und formulieren Sie ihn auch bei freier Rede im Manuskript aus!

Nach dem Referat ist vor dem Referat
Unmittelbare Rückmeldungen durch die Kommilitonen sind gerade in Proseminaren oft ein guter Brauch. Beteiligen Sie sich daran, wenn Sie selbst zum Publikum gehören; wenn Sie Referent sind, nehmen Sie geduldig die Eindrücke aus dem Publikum entgegen – ohne sie diskutieren oder widerlegen zu wollen, erlaubt sind lediglich Nach-

fragen um der Präzision willen. In manchen Seminaren geben die Hochschullehrer eine Einschätzung Ihrer Präsentation, nach der Sie sich auch erkundigen dürfen. So oder so können Sie bei allen Referaten bereits vor dem Vortrag einzelne Zuhörer ansprechen und sie um weitere persönliche Eindrücke bitten; Sie können ihr eigenes Referat auch auf Video aufzeichnen (lassen), um sich selbst als Redner erleben und verbessern zu können. Nutzen Sie alle Rückmeldungen, um das nächste Referat noch überzeugender und überzeugter halten zu können!

Frei reden oder vom Manuskript ablesen?

Beides ist legitim, beides hat Vorteile, beides hat Nachteile. Freie Rede wirkt lebendiger, kann aber zu unangenehmen Wortfindungs-Pausen und dazu führen, dass Ihr Referat ein anderes wird als dasjenige, das Sie sich ausgedacht haben. Von einem ausformulierten Manuskript abzulesen, bedeutet mithin eine wichtige Methode der Ergebnissicherung – kann indes eintönig wirken. Gerade Satzlängen, die eher für Leser als für Zuhörer konzipiert sind, ermüden Referenten wie Publikum. Hausarbeits-Stil ist daher nicht empfehlenswert. Achten Sie auf kurze Sätze, achten Sie auf Augenkontakt zum Publikum, achten Sie auf eine lebendige Vortragsweise: in einem angemessenen, zugleich abwechslungsreichen Tempo, mit deutlicher Artikulation und gezielten Akzentsetzungen. Schöpfen Sie nach Satzzeichen in Ruhe neuen Atem, halten Sie überhaupt immer wieder inne. Legen Sie zur Absetzung einzelner Teile des Referats voneinander getrost Kunstpausen ein. Das gilt selbstverständlich auch für Vorträge in freier Rede, die gleichermaßen von der inhaltlich sinnvollen Betonung lebt.

Reden & Schreiben

> **Kurzum**
>
> Reden Sie frei, als ob Sie von einem Manuskript abläsen. Lesen Sie von einem Manuskript ab, als redeten Sie frei. Das gelingt in beiden Fällen, indem Sie Ihren Vortrag möglichst gut memorieren und proben.

Reden ist eine schiere Übungssache – vielleicht fühlen Sie sich gerade am Anfang des Studiums mit einem ausformulierten Vortrag sicherer. Freie Rede kann man lernen, für viele Berufe muss man sie auch lernen: Können Sie sich einen Lehrer vorstellen, der seinen Unterricht vom Manuskript abliest? Eben! Welche Variante für Ihren Vortrag geeigneter ist, wissen Sie selbst am besten beziehungsweise finden es durch Experimentieren selbst heraus: Freie Rede kann brillant sein, die Wiedergabe eines ausformulierten Vortrags aber auch. Es kommt auf Sie, auf Ihren Typ an. Grundsätzlich sind Referatsstile ebenso individuell wie die Referenten selbst. Spielen Sie Ihre Stärken aus, die meist zwischen beiden Extremen liegen! Stichwortzettel oder Karteikarten (achten Sie bitte auf solides und stabiles Papier) sind oftmals gute Kompromisse; auch professionelle Redner setzen darauf.

Auswendiglernen müssen Sie Ihren Vortrag übrigens so oder so, damit er gelingt. So vermeiden Sie spontane Blackouts, die auch den besten Referenten unterlaufen können – beziehungsweise deren Konsequenzen: Wer seine Rede gut memoriert hat, findet schnell wieder in die Spur. Bei einem ausformulierten Vortrag geschieht das dank des Manuskripts unauffälliger, bei freier Rede hilft eine kurze Pause: Bitten Sie dann etwa einen Zuhörer, ein Fenster zu öffnen oder dergleichen, um sich selbst und das Publikum wieder sammeln zu können.

Interaktion mit dem Publikum

Elemente der Interaktion sind durchaus möglich. Sie können das Publikum einbinden und dessen Intuitionen oder Vorkenntnisse mit offenen Fragen erkunden. Wenn Sie so etwas einplanen, sollten Sie freilich bedenken, wie Sie fortfahren, wenn das Publikum nichts sagt oder nicht das, was Sie erwartet hätten. Zudem empfiehlt es sich, vorab die Spielregeln respektive diejenigen der Veranstaltung bekanntzumachen – vor allem, ob Sie Fragen schon während des Vortrages beantworten wollen oder erst nach dem eigentlichen Vortrag. Einen Königsweg gibt es nicht, sondern spezifische Vor- und Nachteile. Sind Nachfragen erst am Ende erlaubt, können Sie die Aufmerksamkeit der einen Zuhörer verlieren; sind sie schon während des Vortrags erlaubt, schalten womöglich andere ab, sobald exzentrische Fragen vom Thema ablenken. Bei Abweichungen dürfen Sie übrigens freundlich, aber bestimmt auf die Spielregeln verweisen.

Interaktive Elemente: mit Sinn und Verstand nutzen

Zu Wortmeldungen aus dem Publikum einzuladen, ist kein Selbstzweck – sondern dann sinnvoll, wenn Sie daraus für Ihre weitere Vortragsweise wichtige Informationen (etwa über das Vorwissen) gewinnen oder Ihr Publikum aufwecken wollen. Verpflichtendes Prinzip darf die Interaktion jedoch nicht sein. Schließlich ist nicht jeder im Publikum ein geeigneter Joker!

Medieneinsatz

Keineswegs jedes Referat benötigt eine Unterstützung per Projektion. Im Einzelfall kann sie sinnvoll, im nächsten schon wieder sinnlos sein. Es hängt von Ihrem Thema und von Ihrem Vortragsstil ab, welche Medien sich zur Vermittlung am besten eignen. Bisweilen lohnt sich sogar die Reduktion auf Ihre Stimme! Bilder, Landkarten, Grafiken und dergleichen mehr sind Illustrationen im wörtlichen Sinne: Sie sollen erläutern, also müssen sie selbst erläutert werden. Sie dürfen niemals bloß schmückendes Beiwerk sein! In wohldosiertem Einsatz dienen sie immer einem konkreten Vermittlungszweck – indem sie einen wesentlichen Gegenstand des Referates pointiert erläutern. Wer ein Porträt auflegt, steht in der Pflicht, aus dessen Erörterung wichtige Impulse für das Referatsthema insgesamt zu gewinnen. Wenn Ihnen in der Vorbereitung zu einem Porträt oder einer Statistik nichts einfällt, muss beides in der Präsentation ausfallen. Unkommentierte Abbildungen haben die fatale Nebenwirkung, die Aufmerksamkeit der Zuhörer vom Referat selbst abzuziehen. Darum gibt es keinen Medieneinsatz ohne explizite Erklärung.

Tischvorlagen können Ihren Vortrag sinnvoll unterstützen; erwägen Sie, ob Sie erst am Ende eine kleine Zusammenfassung ausgeben wollen, damit die Zuhörer nicht vom ausgeteilten Text abgelenkt werden – oder ob Sie bereits am Beginn Ihres Referats ein Blatt austeilen, auf dem etwa die Gliederung Ihres Vortrags, wichtige Quellenzitate, erklärungsstarke Graphiken oder ähnliches abgedruckt sind.

Tageslichtprojektoren mögen altmodisch sein. Aber Ihr Gebrauch kann sich lohnen: Sie können gegebenenfalls ad hoc die Reihenfolge

Reden & Schreiben

der Folien variieren, ohne dafür hin- und herklicken zu müssen. Zudem lassen sich mit Folienschreibern bestimmte Wörter, Zahlenreihen, Graphen et cetera hervorheben – letzteres empfiehlt sich vor allem, wenn Sie mit Ihrem Publikum in Interaktion treten wollen.

Anschriebe eignen sich zu ähnlichen Zwecken. Wo vorhanden, können Sie Tafel, Flipchart & Co. für Skizzen nutzen – für solche, die in der Interaktion mit dem Publikum entstehen, und natürlich auch für schon vorbereitete. Diese Medien eignen sich auch, um gegebenenfalls spontan unbekannte Personen- und Ortsnamen oder Begriffe anzuschreiben: immer vorausgesetzt, Ihre Handschrift bewirkt nicht zusätzliche Verwirrung. Am besten in klaren Druckbuchstaben schreiben!

Präsentationen sind kein Pflichtprogramm und schon gar kein Allheilmittel. Sie können die Chancen für eine überzeugende Vermittlung ebenso erhöhen wie die Risiken einer fehlschlagenden. Problematisch ist insbesondere das Verhältnis von gesprochenem zum an die Wand projizierten Wort. Folien sollen den Vortrag unterstützen, nicht ersetzen. Niemals darf eine Präsentation lediglich das Gesagte wiederholen oder, schlimmer noch, vorwegnehmen. Sie ist kein Stenogramm des Referats, sondern vielmehr mit dem Gesprochenen sinnstützend verwoben. Übrigens kann man nicht nur Powerpoint und Impress, sondern zum Beispiel auch Prezi nutzen. Zudem gibt es mittlerweile Whiteboards und ähnliche Geräte, die gleich mehrere Funktionen in sich vereinen und mehr als nur Präsentationen wiedergeben können.

Kurzum

Was können Präsentationen leisten?
▶ Veranschaulichung der Quellen
▶ Veranschaulichung der Thesen
▶ Veranschaulichung der Gliederung

Präsentationen sind nicht Zweck des Referats, sondern vielmehr in manchen, aber auch nur in manchen Fällen ein geeignetes Mittel der Darstellung. Sie dienen der Veranschaulichung von Quellen (etwa durch Zitate aus Text-Quellen oder vor allem bei audiovisuellen Quellen), der Hervorhebung von Thesen (also als gezielte Unterstützung Ihrer Argumentation) – sowie der Orientierung innerhalb der Vortragsgliederung. Folien haben gerade in der zuletzt genannten Hinsicht einen entscheidenden Vorteil: Anhand von Kopf- oder Fußzeile kann sich das Publikum jederzeit selbst vergegenwärtigen, in welchem Teil des Vortrages der Referent angelangt ist. Jede Folie kann unauffällig auf die Überschrift des Kapitels verweisen, das Sie gerade behandeln. Nutzen Sie solche strukturellen Vorteile, um Ihre Gliederung zu veranschaulichen. Das entbindet Sie nicht von der Pflicht, Argumentationsschritte zu begründen; der inhaltliche Folienübergang verdient mehr Sorgfalt als der visuelle.

„Ad fontes" bleibt auch für die Präsentation als Vermittlungsform das obligatorische Prinzip. Quellen dürfen in Präsentationen nicht bloß wiedergegeben, sondern müssen analysiert werden. Mit einer Präsentation lassen sich indes besonders wichtige Aspekte der Quellen und ihrer Deutung hervorheben. Auch hier lautet das Prinzip: Reduktion auf das Wesentliche. Folien sollen nicht wortwörtlich wiederholen, was Sie sagen, sondern verstärken, was Ihnen besonders wichtig ist. Deshalb weisen sie idealiter nur Stichpunkte auf, am besten je einzeln einzublenden – damit das Publikum weiterhin aufmerksam beachtet, was Sie noch zu sagen haben. Anders gesagt: Jedes Stichwort in den Folien erfordert bei (oder besser: vor) Einblendung eine Erklärung.

Eine Präsentation ist um so hilfreicher, je detaillierter sie Ihre Quellenbeobachtungen veranschaulicht. Wenn Ihre Argumentation eng an einzelne Wörter oder Formulierungen aus Textquellen gebunden ist, kann es sich lohnen, entsprechende Passagen parallel auf der Folie einzublenden – aber halten Sie die abgetippten Zitate möglichst kurz. Bild- oder andere Quellen lassen sich durch bloße Rede nur unzulänglich wiedergeben; nutzen Sie Möglichkeiten der Präsentationstechnik aus, um zum Beispiel wichtige Nahaufnahmen relevanter Bilddetails vorzuführen. Alles, was Sie zeigen, bedarf der Quellenkritik – Hintergrundbeleuchtungen wie unkommentierte Portraits sind eine Todsünde. Bilder, Fotografien oder Statistiken sind entweder Hauptwerk oder verboten, niemals nur Beiwerk. Überlegen Sie getrost, ob Sie wirklich eine Präsentation benötigen.

Reden & Schreiben

Kurzum

Nicht jedes Referat braucht Folien: Bloß weil alle anderen Powerpoint nutzen, müssen Sie das noch lange nicht tun!

Achten Sie darauf, dass die Präsentation nicht neben dem Referat dahinplätschert – sondern setzen Sie Akzente! Nicht alle Aspekte Ihres Vortrages sind folienwürdig; wenn Sie für einen längeren Teil Ihres Referates keine Materialien an der Wand benötigen, brauchen Sie den Raum nicht künstlich auszufüllen. Haben Sie Mut zum schwarzen oder weißen Bildschirm: Sie können jederzeit manuell (in Powerpoint mit den Tasten b beziehungsweise w) auf einen neutralen Hintergrund schalten. Auch solche Kniffe gehören zu einer professionellen Präsentation.

Achten Sie vor allem darauf, dass das Auge des Zuschauers immer noch auf Sie fällt, seine Konzentration auf den Inhalt! Folgende Daumenregeln können zur Orientierung dienen:
▶ höchstens eine Folie pro Minute,
▶ höchstens fünf Minuten pro Folie,
▶ höchstens fünf Stichpunkte pro Folie,
▶ höchstens fünf Wörter pro Stichpunkt.

Lesbarkeit gewinnt! Deshalb gilt für das Folien-Layout:
▶ Raum und Lichtverhältnisse beachten: Die Schrift muss in der ersten und in der letzten Reihe gut erkennbar sein! Wenn irgend möglich, machen Sie eine Generalprobe im späteren Vortragsraum. Das schützt vor unliebsamen technischen Überraschungen. Erstellen Sie möglichst mehrere universalkompatible Formate (pdf-Dateien), wenn Sie nicht Ihren eigenen Rechner nutzen!
▶ Weder optisch kreischen noch brummeln! Geeignete Farben und Kontraste (passend zum Hintergrund beziehungsweise zur Wandfarbe), höchstens drei Farben jenseits der s/w-Palette, sparsame Hervorhebungen, eher dezente als grelle Markierungen, augenschmeichelnde Hintergrundfarben, Komplementärkontraste nutzen.
▶ Weder optisch brüllen noch nuscheln! Daumenregel: Nicht kleiner als 16 pt in den Stichpunkten, nicht größer als 48 pt in den Überschriften.

▸ Lesbarkeit ist Trumpf! Wählen Sie eine gut lesbare Schriftart, einen gut lesbaren Satz – einheitlich in der gesamten Präsentation.

▸ Achten Sie auf ein klar strukturiertes Layout! Auch gute Vorlagen müssen Sie an Ihre Zwecke anpassen.

▸ Optische und akustische Effekte dosieren! Ansonsten bleibt vor allem der spektakuläre Folienübergang im Gedächtnis, nicht aber der Folieninhalt.

▸ Formatierungs- und Rechtschreibfehler vernichten alle Autorität, die Sie mit einer Präsentation zu demonstrieren suchen.

Im weiteren gelten für die Präsentation alle Regeln für gute Referate. Denken Sie zusätzlich an die Positionierung des Rechners und an Ihre eigene im Raum. Verbarrikadieren Sie sich nicht hinter dem Gerät! Verfolgen Sie die Folien auf dessen Bildschirm (statt an der Leinwand), um jederzeit dem Publikum zugewandt zu bleiben! Wenn Sie an der Leinwand etwas zeigen wollen, nutzen Sie Zeigestab, Maus oder Pointer – aber so, dass Sie niemals zwischen Publikum und Leinwand stehen. Zuletzt: Aktivieren Sie den Beamer erst, wenn Sie die erste Folie im Präsentationsmodus aufgerufen haben, schalten Sie am Ende umgekehrt zuerst den Beamer, dann Ihre Präsentation aus. So schön Ihr Desktophintergrund mit den jüngsten privaten Urlaubsbildern sein mag: Sie brauchen daraus keine öffentlich einsehbare Quelle zu machen. Achten Sie darauf, dass die Präsentation nach der letzten Folie andauert beziehungsweise auf die erste Folie wechselt; stellen Sie sicher, dass der Energiesparmodus deaktiviert ist, um eine Selbstabschaltung des Rechners zu verhindern.

Reden & Schreiben

Kurzum

Wie in der Rede der erste und der letzte Satz besonders wichtig sind, so in der Präsentation die erste und die letzte Folie: Achten Sie auf eine ansprechende Gestaltung und überlegen Sie, wohin Sie das Publikum lenken wollen. Als Teil des Referats möchte die Präsentation informieren und zugleich ein Diskussionsangebot unterbreiten. Welches war das gleich noch einmal?

2.4 Rezension: Ein wesentliches Wissenschaftsmedium

Im Gegensatz zu Hausarbeit und Essay dient die Rezension nicht der unmittelbaren Auseinandersetzung mit einem historischen Phänomen selbst. Sie besteht vielmehr in der zusammenfassenden Beurteilung eines oder mehrerer wissenschaftlicher Werke, also einem Einblick in die Literatur. Rezensionen, wie sie auch in großen Zeitungen oder Magazinen erscheinen, besprechen in der Regel neu erschienene Bücher – im Seminar an der Universität indes zu Übungszwecken auch ältere. Rezensionen informieren knapp über den Inhalt des besprochenen Werkes, das sie zugleich in den allgemeinen Forschungsstand einordnen. Das Urteil über das rezensierte Buch sollte sich nicht an den Vorlieben des Rezensenten orientieren, sondern vielmehr am Anspruch, an der Methode, an der These des Verfassers beziehungsweise der Verfasser.

Kompetente Rezensionen geben Hinweise darauf, welche Bücher die Lektüre lohnen und welche eher nicht – und für welche Recherchezwecke. Diese Abwägung setzt wiederum voraus, dass der Rezensent selbst kompetent ist; deshalb beinhalten Fachzeitschriften meist einen umfassenden Rezensionsteil, in dem Experten ihre Leseeindrücke aus Neuerscheinungen zu breiter Kenntnis bringen. Die meisten Rezensionen widmen sich der Anzeige eines Buches; Sammelrezensionen erfassen gleich mehrere Werke zu einem bestimmten Thema – und gehen fließend über in das Genre des Literaturberichts, der bisweilen Dutzende von Neuerscheinungen in einem Forschungsgebiet vergleichend in den Blick nimmt.

Universitären Übungszwecken wiederum kann der Rezensionsvergleich dienen: gewissermaßen eine Rezension von Rezensionen, bei der Sie wiederum mehrere Besprechungen vergleichen – und darlegen, aus welchen Gründen welche Rezensenten zu bisweilen höchst unterschiedlichen Einschätzungen ein- und desselben Werkes gelangt sind. Dafür gibt es fachliche, bisweilen auch höchst menschliche Gründe: In Rezensionen werden traditionell auch wissenschaftliche Auseinandersetzungen um Deutungen oder Methoden geführt, nicht immer strikt sachliche.

Qualität des Werkes

Rezensionen zu lesen, ist also eine herausfordernde Aufgabe – Rezensionen zu schreiben, nicht minder. Es gibt freilich gewisse Kriterien zur Beurteilung der intensiv gelesenen Bücher. Am wichtigsten ist vielleicht, was kein Kriterium sein darf. Rezensionen sind keine Wunschkonzerte: Welches Buch der Rezensent gerne gelesen oder geschrieben hätte, ist für die Beurteilung nicht unmittelbar relevant. Es wäre ein sinnloses Unterfangen, einem Handbuch mangelnde Detailliertheit oder einer Quellenedition eine fehlende These vorzuwerfen. Vielmehr erforscht die Rezension, ob der Verfasser des Werkes eine klare, plausible Leitfrage verfolgt und sie zu einer schlüssigen Antwort zu bringen vermag – und ob er darin seinen eigenen Ansprüchen sowie denjenigen des Genres genügt. Es geht um dieselben Fragen, die man sich selbst bei der Fertigstellung der eigenen Hausarbeit stellen sollte!

Kurzum

Kategorien für die Erstellung gelungener Rezensionen:

▶ Was für ein Buchtyp liegt vor?
▶ Wovon handelt das Buch eigentlich?
▶ Verfolgt es eine klare Leitfrage?
▶ Gibt es eine klare Antwort darauf?
▶ Ist das Quellencorpus dafür plausibel gewählt?
▶ Hat der Verfasser die einschlägige Literatur eingearbeitet?
▶ Wie positioniert sich der Verfasser dazu?
▶ Ist seine These neu oder „nur" die Variation einer bekannten?
▶ Legt der Verfasser Rechenschaft über seine Methode ab?
▶ Kann die Argumentation durch Schlüssigkeit überzeugen?
▶ Ist die sprachliche Gestaltung gelungen?
▶ Stimmen die Formalia?

Der Typ des zu besprechenden Textes hat wichtige Implikationen auch für die Gewichtung der geschilderten Kategorien. Bei einer Festschrift ist eine gewisse Inkohärenz der Beiträge üblich, bei einer Monographie wäre das eine Verfehlung; bei Sammelbänden wiederum muss die Besprechung kleinschrittiger vorgehen als bei der

Reden & Schreiben

Rezension eines Nachschlagewerks. Auch der Kontext von Entstehung und Publikation sind zu bedenken; an eine Habilitationsschrift darf man strengere Maßstäbe anlegen als an eine Dissertation, ein für ein breiteres Publikum verfasstes Buch muss nicht alle Merkmale aufweisen, die man in einer Spezialpublikation erwarten darf (zum Beispiel umfassende Register).

Vorgehen

Eine Rezension zu schreiben, heißt zunächst: lesen, lesen, lesen! Das zu rezensierende Werk muss in gründlicher Lektüre er- und bearbeitet werden; insbesondere Gliederung, Inhaltsverzeichnis, Einleitung und Schlussteil verdienen gesteigerte Aufmerksamkeit, weil sie Argumentation und Argumentationsweise bündeln.

Schon während des Lesens sollten Sie sich präzise Notizen machen: berichtende Notizen, die den Inhalt des Textes umschreiben und gegebenenfalls auch prägnante Zitate wörtlich festhalten, sowie bewertende Notizen, also Ihre Lektüreeindrücke. Verfolgen Sie den Verlauf der Argumentation nach, vermerken Sie unter genauer Angabe der Seitenzahl positive oder negative Auffälligkeiten: einerseits besonders überzeugende Formulierungen oder Neudeutungen, andererseits besonders wenig überzeugende Argumente oder gar Fehler. Gegebenenfalls sollten Sie anhand von Fachlexika oder anderen einschlägigen Studien überprüfen, ob der Autor des zu rezensierenden Werkes auf dem aktuellen Stand der Wissenschaft argumentiert.

Entscheidend für die Einschätzung eines Werkes ist der Anspruch, den die zu besprechende Studie erhebt. Zunächst ist zu fragen, ob die Einführung des Werkes diesen Anspruch in hinreichender Deutlichkeit vorstellt; sodann bleibt zu untersuchen, inwiefern die Leitfrage sich auf den aktuellen Stand der Forschung bezieht, und schließlich, ob die gewählten Quellen auf diese Leitfrage ihrer Natur nach überhaupt eine plausible Antwort gewähren können – und zwar in Verbindung mit der gewählten Deutungsmethode. Gelingt es dem Werk, das selbstgesteckte Erklärungsziel zu erreichen? Hilft die Struktur der Arbeit dabei, machen die einzelnen Kapitel in sich und im Zusammenhang eine klare Argumentationslinie erkenntlich? Welche expliziten oder impliziten Prämissen hegt der Verfasser?

Gelangt das Werk zu einem klaren, gegebenenfalls auch in seinem Facettenreichtum klaren Ergebnis? Weist es eine deutlich erkennbare These auf oder stellt es eher eine Sammlung von Informationen dar? Wirkt diese These überzeugend: inwiefern oder inwiefern nicht, warum oder warum nicht? Entspricht die äußerliche Gestaltung, von der Sprache bis hin zum wissenschaftlichen Apparat, den fachlichen Standards? Idealiter gehört dazu auch, zumindest bei einer Fachrezension: Inwiefern verändert das neu vorgelegte Werk die Forschungslandschaft (beziehungsweise bei schon länger erschienenen Werken: inwiefern hat es sie verändert)? Führt es zu einer neuen These, zu neuen Ansätzen, gar zu neuen Methoden?

Aufbau der Rezension

Rezension sind kurze Fließtexte ohne Binnengliederung durch Überschriften. Sie haben üblicherweise keine Anmerkungen, weil sie ihre Aufmerksamkeit ganz und gar dem zu rezensierenden Werk widmen, das exakt zu bibliographieren ist (hier üblicherweise mit Angabe des Verlags, vielfach auch der ISBN und des Preises). Ihr Umfang beträgt in wissenschaftlichen Zeitschriften meist zwischen zweitausend und zehntausend Zeichen, also ungefähr eine bis fünf Seiten – wie Sie aus eigener Lektüre wissen: Denn die regelmäßige Lektüre von Fachzeitschriften ist die effizienteste Möglichkeit, Entwicklungen innerhalb des Faches im Blick zu behalten (Tip: Bei vielen Fachzeitschriften kann man die Inhaltsverzeichnisse kostenfrei elektronisch abrufen oder sogar abonnieren).

Es gibt unterschiedliche Möglichkeiten, eine Rezension anzugehen. Verschiedene Varianten kann man am besten in den Rezensionsteilen der Fachzeitschriften ersehen und so verschiedene Kompositionsweisen kennenlernen. Ein bewährtes Prinzip lautet, einleitend das Thema des zu besprechenden Werkes vorzustellen; darauf folgt eine Zusammenfassung der wesentlichen Argumentationsschritte, die einerseits den Argumentationsgang wiedergibt, andererseits auch schon dessen Qualität abwägt – auf der Grundlage des vom Verfasser postulierten Anspruches und des bisherigen Forschungsstandes. Am Ende der Rezension steht eine knappe und pointierte Einschätzung des rezensierten Werkes, die erkennen lässt, für welche Leser sich die Mühen der eigenen Lektüre lohnen (oder eben nicht).

Reden & Schreiben

Die wichtigste formale Rücksichtname ist eine zwischenmenschliche. Schreiben Sie so über ein Werk, wie Sie Ihre eigenen Werke beschrieben wissen wollen: durchaus scharf in der Sache, aber sanft im Ton. Sprechen Sie eine deutliche, doch zurückhaltende Sprache. Ob Sie es wollen oder nicht: Sie beurteilen nicht nur ein Buch, sondern auch dessen Verfasser.[132]

2.5 Formalia: Hauptsache der Darstellung

Die saubere Ausgestaltung Ihrer Darstellung ist integraler Bestandteil Ihrer Leistung, auch ein notenrelevanter: Historisch Arbeiten verpflichtet zur Einhaltung bestimmter formaler Standards. Sie sind nicht wissenschaftlich alles, aber ohne sie ist alles wissenschaftlich nichts. Deshalb gilt den Formalia im Anschluss ein eigener Buchteil. Hier geht es nur um ihre Prinzipien. Sie bestehen in der formalen Korrektheit der Darstellung und in den exakten Nachweisen, die wörtliche und sinngemäße Zitate aus Quellen und Literatur eindeutig bezeichnen.

Kurzum

Zwei Regeln gelten immer: diejenigen der deutschen Sprache einerseits, diejenigen der Wissenschaft andererseits – insbesondere die Nachweispflicht.

Bei allen sprachlichen Unsicherheiten, die auch Profis gelegentlich überkommen, hilft der Duden weiter! Es ist keine Schande, sondern im Gegenteil eine alltägliche Aufgabe auch, ja gerade guter Autoren, sich in Zweifelsfällen noch einmal zu vergewissern: unter anderem der richtigen Schreibweise deutscher und fremdsprachiger Begriffe sowie von Eigennamen, der korrekten Zeichensetzung und Grammatik, der genauen Bedeutung mancher Fremdwörter.

---

132 Wenn Sie wissen wollen, wie man es eigentlich nicht machen sollte, indem man das zu rezensierende Werk polemisch „für ein ziemlich oberflächliches" bezeichnet, „wenig befriedigend nach Form wie nach Inhalt", dann lesen Sie beispielsweise: Below, Georg von: Rezension zu Karl Lamprecht: Deutsche Geschichte I–III, Berlin 1891–1893, in: Historische Zeitschrift, Band 71 (1893), S. 465–498, hier: S. 466.

Zum wissenschaftlichen Wesen eines Textes gehört insbesondere der wissenschaftliche Apparat. Er besteht aus zwei Teilen. In die Ausführungen eingeflochten sind **Fuß- beziehungsweise Endnoten:** Darin befinden sich sämtliche Nachweise für wörtliche Zitate (im Fließtext angezeigt durch An- sowie Abführungszeichen, also „…") sowie für sinngemäße Zitate. Ob nun aus Quellen oder aus der Literatur entnommen: Nachgewiesen werden muss alles, und zwar unter präziser Angabe der jeweils wiedergegebenen Stelle. Dazu gehört eine eindeutige Seiten-, bei literarischen Texten oftmals auch eine Zeilen- beziehungsweise Versangabe. Bei bestimmten Quellen gelten auch abweichende Konventionen, je nach Epoche, Genre und Usus des Binnenfaches (siehe S. 207 f.).

Einen weiteren wesentlichen Teil des wissenschaftlichen Apparates stellt die **Bibliographie dar.** Hier listen Sie sämtliche Quellen und Literatur auf, die Sie in Ihre Arbeit eingebracht haben: und zwar in getrennten Verzeichnissen. Der Leser muss auf einen Blick unterscheiden können, was Sie als Quelle, was hingegen als Literatur nutzen.

In allen Teilen des Apparats kommt es auf Klarheit und Genauigkeit an. Aus Ihren Angaben muss allzeit eindeutig hervorgehen, was Sie wörtlich oder dem Sinne nach zitieren: Das schließt mindestens die Angabe des Autors ein (der indes bei zahlreichen Quellen gar nicht bekannt ist), Titel und gegebenenfalls Untertitel, Erscheinungsort und Erscheinungsjahr.

Es gibt mannigfache Varianten des Zitierens und Bibliographierens; solange Ihre Hochschullehrer oder Ihre Universität keine verbindlichen Vorgaben machen, dürfen Sie sich frei für eine der zahlreichen Varianten entscheiden – die Sie dann allerdings auch konsequent verwenden müssen. Legen Sie sich also auf einen Standard fest, den Sie dann strikt beachten, und zwar tunlichst auf denjenigen, den Sie für den sinnvollsten halten. Alles weitere finden Sie im nächsten Buchteil ab S. 193.

Reden & Schreiben

2.6 Zur Vertiefung

XXI. Eine Münze als Bildquelle: Caesars Propaganda im Bürgerkrieg

Die untenstehende Münze wurde während des römischen Bürgerkriegs (49–45 v. Chr.) geprägt, und zwar in den Jahren 47 oder 46 v. Chr. – in Caesars Machtbereich in Afrika. Sie lässt erkennen, worauf sich der bald siegreiche Caesar und seine Parteigänger beriefen. Versuchen Sie sich an einer Deutung dieses Münzbildes, am besten mithilfe eines Handbuches zur antiken

Mythologie. Hinweis: Auf der anderen Seite der Münze ist die Göttin Venus zu sehen – fiktive Ahnherrin Caesars und auch Mutter der Hauptfigur auf der hier abgebildeten Seite.

Abb. 26: Römischer Denar, 47/46 v. Chr., Afrika

XXII. Berninis Aeneas-Gruppe: Funktionen einer Skulptur

Für die Villa des Kardinals Scipio Borghese fertigte der Barockkünstler Gianlorenzo Bernini im Jahre 1618 eine spektakuläre Skulptur an: eine Gruppe mit Aeneas, Anchises und Ascanius. Versuchen Sie, mithilfe rascher Recherchen über Sujet, Auftraggeber, Künstler und vor allem die Struktur des damaligen Kirchenstaates die eminent politische Bedeutung dieses Kunstwerks zu erfassen.

Abb. 27: Gianlorenzo Bellini: Aeneas-Gruppe, Palazzo Borghese, Rom

XXIII. Eine Bildquelle verstehen: Plakat aus dem Jahre 1917

1. *Visuelle Bestandsaufnahme:* Was sehen Sie?
2. *Ikonographische Analyse:* Was bedeuten die einzelnen Bildelemente?
3. *Ikonologische Deutung:* Welchen Sinn stiftete das Plakat?

Abb. 28: Werbeplakat für Kriegsanleihe, 1917, Maße: 86 auf 59 cm

XXIV. Eine Simulation: Feldpostkarte aus dem Ersten Weltkrieg

Es handelt sich um die Feldpostkarte, deren Text Sie bereits dechiffriert haben. Sie war benannt als „Nr. 131: Mittagspause in Feindesland" und entstammte einer ganzen Serie unter dem Titel „Der europäische Krieg 1914/16: Wirklichkeitsbilder vom Kriegsschauplatz". Viele solcher Aufnahmen waren gestellt, manche sogar schon vor dem Krieg aufgenommen, etwa bei Truppenübungen.[133] Selbst wenn es sich hier um einen Schnappschuss handeln sollte, wäre es ein arrangierter: weil der Fotograf – entweder überlegt oder, noch charakteristischer, intuitiv – eben dieses Motiv und diesen Bildausschnitt gewählt hat. Welches Bild vom Krieg entstand hier?[134] Wie sah der Krieg aus, genauer: wie sollte er aussehen?

Abb. 29: Feldpostkarte, versandt am 17. April 1916: Mittagspause im Feindesland, Vorderseite (im Original farbig)

---

133 Goergen, Jeanpaul: Wirklichkeitsbilder vom Kriegsschauplatz. Bilder und Nachbilder der Schlacht an der Somme 1916, in: Rother, Rainer/Herbst-Meßlinger, Karin (Hg.): Der Erste Weltkrieg im Film, München 2009, S. 28–48.

134 Eine Einführung bietet etwa: Brocks, Christine: Die bunte Welt des Krieges. Bildpostkarten aus dem Ersten Weltkrieg 1914–1918, Essen 2008.

XXV. Graphische Kriegsführung: Karikatur aus der napoleonischen Ära

Die hier abgedruckte, vielfach reproduzierte Karikatur entstand im Jahre 1806; betitelt war sie als „Der Pferdedieb von Berlin". Welchen historischen Hintergrund hatte sie, welche Aussage(n) machte sie, welchen Beitrag leistete sie sozusagen zur graphischen Kriegsführung gegen Napoleon?

Abb. 30: Der Pferdedieb von Berlin, Karikatur, 1806 (im Original Farblithographie)

Reden & Schreiben

Die Form des Historisch Arbeitens

Historisch Arbeiten braucht Standards, inhaltliche wie formale. Letztere schaffen erst den Raum für erstere. Deshalb ist die formale Ausgestaltung Ihrer Hausarbeit ein wesentlicher Bestandteil Ihrer Leistung, auch der Bewertung Ihrer Leistung. Diese Standards sollten rasch zur Routine werden. Es ist eine bloße Frage der Aufmerksamkeit und der Übung. Deshalb sollten Sie gerade zu Beginn des Studiums hinreichend viel Zeit für die formal korrekte Fertigstellung Ihrer Arbeiten einplanen.

Die folgenden Ausführungen beziehen sich auf die wissenschaftliche Hausarbeit. Die vorgestellten Grundsätze lassen sich jedoch auf andere Formen (insbesondere den Essay) übertragen. Allgemeine Grundregeln und Konventionen für das Layout sowie für Zitier- und Belegstile gelten für alle Genres. Dennoch kennt das Fach Geschichte keine bis ins Detail verbindliche Vorgabe, sondern viele verschiedene Varianten. Es sind unterschiedliche Formen in Gebrauch, die im Folgenden auch andeutungsweise dargestellt werden. Alle müssen indes zwei unbedingten Grundregeln genügen: **Einheitlichkeit und Eindeutigkeit. Diese formalen Standards sind niemals verhandelbar.**

1. Die äußere Gestalt

Achten Sie auf die Vollständigkeit Ihrer Arbeit. Das Layout Ihrer Arbeit dient in erster Linie der Lesbarkeit. Im besten Falle verstärkt es die Wirkung Ihrer Ideen, im schlechtesten unterminiert sie diese: Wer schlampig schreibt, denkt auch schlampig.

Eine vollständige Arbeit besteht aus folgenden Teilen:
1. Deckblatt
2. Inhaltsverzeichnis
3. Text & Fußnotenapparat
4. Bibliographie (Quellen & Literatur)
5. Ggf. Anhang

6. Ggf. Eigenständigkeitserklärung
7. Ggf. Scheinformular

Das **Deckblatt** Ihrer Arbeit versammelt alle notwendigen Informationen zur Einordnung Ihrer Arbeit, also zumindest den Titel, die betreffende Veranstaltung und Ihre persönlichen Angaben. Ebenso wie beim Layout des Textes gilt hier: lieber schlicht und einfach als verspielt und verschnörkelt. Dem folgenden Beispiel können Sie ein taugliches Schema entnehmen:

Bergische Universität Wuppertal

Fakultät 1 – Historisches Seminar

PS: Einführung in die Geschichtswissenschaft

Dozent: Prof. Dr. Leopold v. Ranke

SS 2018

**Formen und Methoden kritischer Geschichtsschreibung
im 19. Jahrhundert**

Theodor Mommsen   Abgabedatum: 29.07.2018

Matr.-Nr.: 30111817

B.A. Geschichte / Ev. Theologie

Treitschke-Str. 25

42001 Wuppertal

Abb. 31: Deckblatt einer Hausarbeit

Das **Inhaltsverzeichnis** erstellen Sie am besten mithilfe Ihrer Textverarbeitung – sie kann es automatisch erzeugen, wenn Sie die Überschriften mit entsprechenden Formatvorlagen versehen haben. Es listet sämtliche Kapitel und Unterkapitel auf, von der Einleitung bis zum Anhang. Aktualisieren Sie das Inhaltsverzeichnis immer wieder und unbedingt unmittelbar vor der Abgabe Ihrer Arbeit, damit die Seitenzahlen im Verzeichnis mit denen im Text übereinstimmen. Deckblatt und Inhaltsverzeichnisse werden gewöhnlich nicht als Seiten gezählt; das heißt, Ihre Einleitung beginnt mit Seite 1.

Einleitung 1

1. Hauptkapitel 2
   1.1 Unterkapitel 3
   1.2 Unterkapitel 5

2. Hauptkapitel 7
   2.1 Unterkapitel 9
   2.2 Unterkapitel 11

Fazit 13

Bibliographie 15
   1. Quellen 15
   2. Literatur 15

Anhang 16

Abb. 32: Aufbau eines Inhaltsverzeichnisses

Kapitelüberschriften sind Relevanzzuweisungen. Achten Sie auf eine inhaltlich sinnvolle Gliederung. Dazu gehört auch, alleinstehende Unterkapitel zu vermeiden – wo Sie nur ein einziges Unterkapitel haben, brauchen Sie es nicht. Der Hauptteil Ihrer Arbeit besteht aus **Fließtext** und **Fußnoten**. Schematisch sieht das wie auf der folgenden Seite aus:

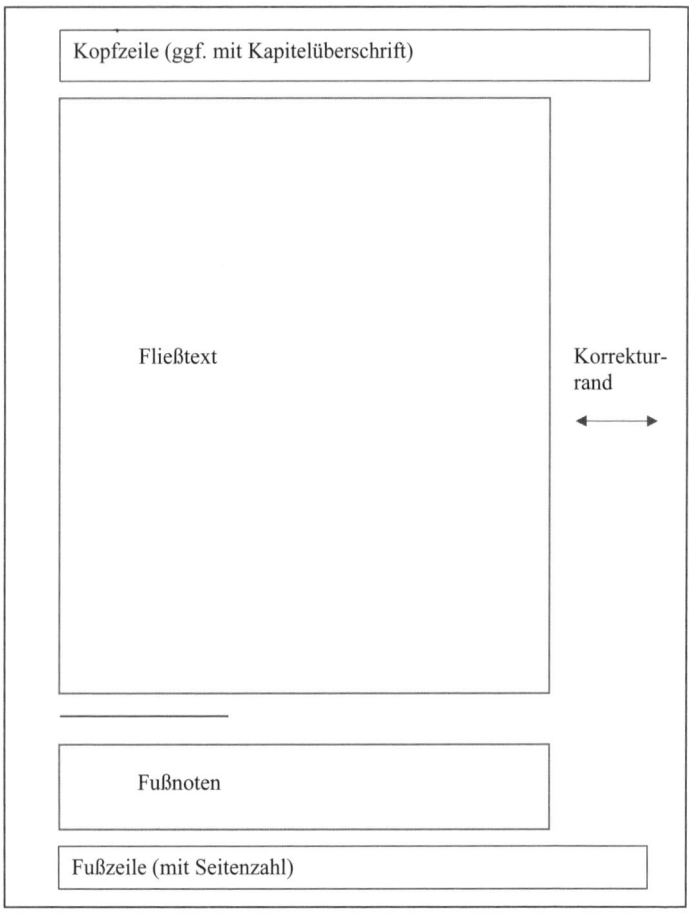

Abb. 33: Aufbau einer Textseite einer Hausarbeit

Das **Layout** von Fließtext und Fußnoten dient in erster Linie der **Lesbarkeit** des Textes. Es ist kein Spielfeld für Kreativität, sondern eine sorgfältig auszugestaltende handwerkliche Übung – bis hin zu einwandfreier Orthographie und Interpunktion!

Achten Sie auf eine klare, saubere Gestaltung. Zierschriften und graphische Elemente sind ebenso unangebracht wie ein achtloser

Ausdruck, der elementarer Formatierungen entbehrt wie etwa Blocksatz, abgesetzte Überschriften, Seitenzahlen et cetera.

Die Fußnoten stehen am Ende der jeweiligen Seite und werden durchgehend nummeriert. Alle gängigen Textverarbeitungsprogramme bieten eine entsprechende Einfüge-Funktion (meist: Strg+Alt+F). In der Regel können Sie getrost die Standardformatierung des Programms übernehmen. Üblicherweise werden Fußnotenziffern in geringerer Schriftgröße und hochgestellt (^{2}) ausgegeben. Der Fußnotentext erscheint ebenfalls kleiner als der Haupttext (meist 2 pt geringer), aber muss in derselben Schriftart gehalten sein.

Lorem ipsum dolor sit amet, consetetur sadipscing elitr, sed diam nonumy eirmod tempor invidunt ut labore et dolore magna aliquyam erat, sed diam voluptua. At vero eos et accusam et justo duo dolores et ea rebum. Stet clita kasd gubergren, no sea takimata sanctus est Lorem ipsum dolor sit amet.[1]

Lorem ipsum dolor sit amet, consetetur sadipscing elitr, sed diam nonumy eirmod tempor invidunt ut labore et dolore magna aliquyam erat, sed diam voluptua.[2] At vero eos et accusam et justo duo dolores et ea rebum. Stet clita kasd gubergren, no sea takimata sanctus est Lorem ipsum dolor sit amet.

---

[1] Lorem ipsum dolor sit amet, consetetur sadipscing elitr, sed diam nonumy eirmod tempor invidunt ut labore et dolore magna aliquyam erat, sed diam voluptua.

[2] At vero eos et accusam et justo duo dolores et ea rebum.

Abb. 34: Haupttext und Fußnoten

Allgemeinverbindliche Layout-Vorgaben existieren nicht. Falls Ihre Hochschullehrer eigene Stylesheets ausgeben oder anderweitige Vorschriften machen, halten Sie sich tunlichst daran. Falls nicht, stehen Ihnen gewisse Gestaltungsspielräume offen. Gängige Textverarbeitungsprogramme verfügen über geeignete Vorlagen. Folgende Einstellungen können Ihnen als Orientierung dienen:

▶ Angemessene Schriftgröße: 10 bis 12 pt (Fußnoten je circa 2 pt kleiner)

▶ Zeilenabstand: 1,2fach bis 1,5fach

▶ Korrekturrand: 3 bis 5 cm

▶ Serifenschriftart im Fließtext (Times, Palatino und ähnliche) – Grotesken (Arial, Helvetica) finden nur in Überschriften Verwendung!

▶ Blocksatz: kein Flattersatz, Silbentrennung aktivieren!

Formalia

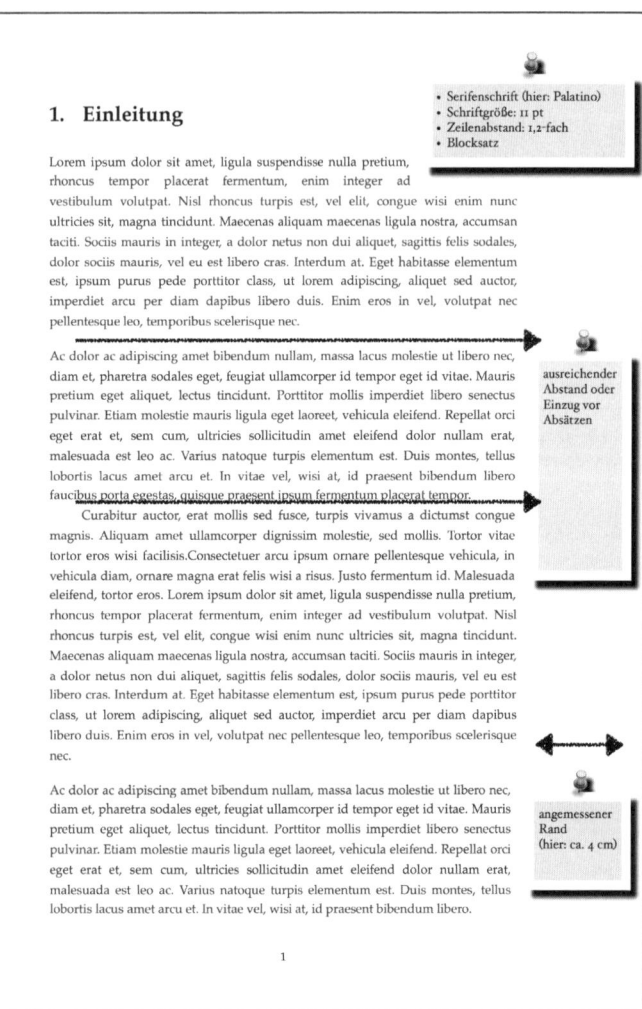

Abb. 35: Gelungenes Layout – ein Beispiel

Verlassen Sie sich im Prinzip und in allen Details auf den gesunden Menschenverstand und auf Ihr Augenmaß. Obenstehend finden Sie ein gelungenes Layout-Beispiel. Achten Sie auf die Hinweise.

Ehe Sie Ihre eigene Arbeit einreichen, betrachten Sie bitte am besten einen Ausdruck sehr genau – und überlegen sich, ob Sie einen solchen Text selbst gerne in die Hand nehmen und lesen würden!

Die **Bibliographie** steht am Ende des Textes (jedoch vor einem eventuellen Anhang). Die formale Ausgestaltung der bibliographischen Angaben ist untenstehend en détail geschildert. Hier kommt es auf das Prinzip an, und zwar auf das folgende. Die Bibliographie listet sämtliche verwendeten Materialien auf, beinhaltet also:

▶ Quellen (möglicherweise getrennt nach Gattungen, zum Beispiel publizierte und archivalische Quellen)
▶ Literatur
▶ Gegebenenfalls Abbildungsnachweise.

Bibliographie

1. Quellen
    a. Publizierte Quellen
    b. Archivalische Quellen

2. Literatur

3. Abbildungsnachweise

Abb. 36: Schematischer Aufbau der Bibliographie

Ein eventueller **Anhang** umfasst von Ihnen verwendete Materialien, in der Regel Quellen, die nicht oder nur schwer zugänglich publiziert sind (beispielsweise Archivalien: wie auf der folgenden Seite). Auch hier ist ein Herkunftsnachweis unbedingt erforderlich! Der Anhang wird in der Regel nicht mit einer Kapitel-Nummer versehen, erscheint gleichwohl im Inhaltsverzeichnis (siehe S. 195).

Formalia

Anhang

Feldpostkarte, versandt am 19. April 1916
Deutsche Kriegerkarte, Serie 1: „Vorm Feinde", Karte Nr. 3: „Sein Einziger."
Maße: 8,7 x 13,7 cm
Privatbesitz des Verfassers
Vorderseite

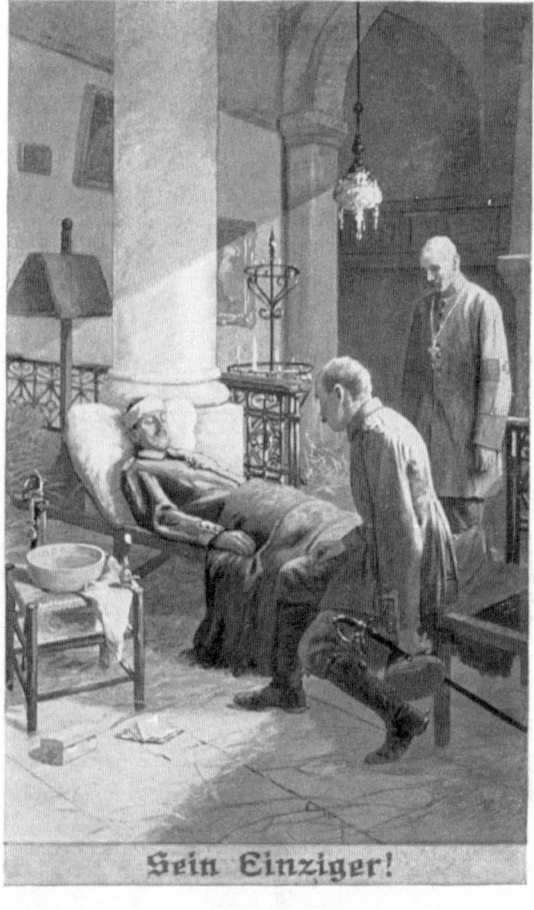

Abb. 37: Beispiel eines Anhangs mit Abbildung (im Original farbig)

Inzwischen verlangen die meisten Universitäten zusammen mit der Abgabe schriftlicher Arbeiten eine unterschriebene **Eigenständigkeitserklärung**, die Sie in der Regel als Formular bei Ihrer Universität herunterladen können. Sofern die Scheine Ihrer Universität nicht schon komplett digital verwaltet werden, bietet es sich außerdem an, ein vorausgefülltes **Scheinformular** beizulegen. Achten Sie hier – wie übrigens auch im Deckblatt – auf vollständige und korrekte Angaben, auch des Titels der Lehrveranstaltung sowie des Hochschullehrers. Es gibt keine falsche Schreibvariante unserer Nachnamen, die wir noch nicht vorgelegt bekommen hätten! Übrigens werden hier Titel (Doktorgrad) und Amtsbezeichnungen (Professor, Privatdozent) genannt, während sie bei bibliographischen Angaben prinzipiell entfallen. Vermeiden Sie auf dem Titelblatt Ihrer Arbeit unfreiwillige Downgrades Ihrer Hochschullehrer – Upgrades mögen willkommener sein, ziemen sich aber ebensowenig: Auf den jeweiligen Homepages können Sie sich der richtigen Benennung vergewissern!

2. Belegen & Zitieren

Die Belege im Anmerkungsapparat garantieren zusammen mit den bibliographischen Angaben die inhaltliche Nachvollziehbarkeit Ihrer Ausführungen. Sie ist eine wesentliche Verpflichtung wissenschaftlichen Arbeitens. Zu jeder Hausarbeit gehört daher notwendigerweise ein wissenschaftlicher Apparat. Er weist sämtliche Materialien, die Sie in Ihrer Recherche benutzt haben und auf die Sie Ihre Argumentation stützen, in einer klar nachvollziehbaren und überprüfbaren Referenz sowie in einer einheitlichen Struktur nach. Quellen und Literatur werden sowohl im Anmerkungsapparat (also in den Fußnoten) als auch in der Bibliographie aufgeführt. Nachstehendes Schaubild verdeutlicht die vier wesentlichen Fälle, die in den folgenden Abschnitten eingehend erläutert werden.

Formalia

	Anmerkungen	Bibliographie
Quellen	Genaue Stellenangabe	Vollständige bibliographische Angaben der verwendeten Quelle oder Edition
Literatur	Genaue Stellenangabe nach einem der beiden Schemata: ▶ Vollbeleg/Kurzbeleg ▶ Autor-Jahr-Schema (Harvard-Schema)	Vollständige bibliographische Angaben der verwendeten Literatur

Die Grundsätze des richtigen Zitierens und Belegens lassen sich rasch zusammenfassen:

▶ Achten Sie unbedingt auf eindeutige Nachweise: Alles, was Sie für Ihre Arbeit genutzt haben, Quellen wie Literatur, bedarf einer klar nachvollziehbaren und überprüfbaren Referenz in den jeweiligen Fußnoten sowie im Literaturverzeichnis.

▶ Das Literaturverzeichnis listet alle Werke, die Sie in Ihre Arbeit eingebracht haben, mit vollständigem Titel und vollständigen bibliographischen Angaben auf. Am besten sortieren Sie alphabetisch nach den Nachnamen der Autoren; mit Ihrer Textverarbeitung gelingt das automatisiert. Achten Sie penibel darauf, dass Sie sämtliche Angaben einheitlich strukturieren.

▶ Der wissenschaftliche Apparat im laufenden Text besteht aus Fußnoten, die stets mit einem Punkt abzuschließen sind. Ihr Zweck liegt darin, wörtliche und sinngemäße Zitate aus den Quellen oder aus der Literatur korrekt zu belegen, also unter Angabe der jeweiligen Seitenzahlen exakt nachzuweisen.

2.1 Der Anmerkungsapparat

Das Gebot der Transparenz wissenschaftlichen Arbeitens fordert die konsequente Offenlegung aller verwendeten Materialien, also sowohl der Quellen als auch der Literatur. Während die Bibliographie dazu dient, dem Leser die eindeutige Identifizierung der Werke zu ermöglichen, dienen die Fußnoten dem konkreten Nachweis eines direkten oder indirekten Zitats im Text; Anmerkungen können mitunter auch als Endnoten ans Ende des gesamtes Textes statt der jeweiligen

Seiten gestellt werden – oder, doch davon ist eher abzuraten, auch in Klammern (die den Lesefluss arg stören). Manche Autoren nutzen Fuß- und Endnoten auch zu ergänzenden Kommentaren. Wir raten davon ab: Was wichtig ist, sollte im Haupttext stehen, was unwichtig ist, braucht nirgendwo zu stehen. Allenfalls wäre es eine Überlegung wert, bei fremdsprachigen Zitaten womöglich das Original in den Apparat zu integrieren, um Brüche durch die Übersetzung kenntlich zu machen (oder umgekehrt).

2.2 Arten von Zitaten

Ob Quelle oder Literatur – man unterscheidet zwei Arten von Belegen: das direkte Zitat und das indirekte Zitat, das auch Paraphrase genannt wird. Das **direkte Zitat** gibt Ihre Vorlage **wörtlich** wieder, wohingegen das **indirekte Zitat** Ihre Vorlage **in Ihren eigenen Worten** umschreibt. Folgendes ist zu beachten:

Kurzum

Das direkte Zitat:
- ▸ ist eine wörtliche Wiedergabe.
- ▸ steht in Anführungszeichen.
- ▸ signalisiert etwaige Auslassungen.
- ▸ macht eigene Erläuterungen kenntlich.
- ▸ zeigt originale und eigene Hervorhebungen an.
- ▸ weist einen unmittelbar folgenden exakten Beleg auf.

Im folgenden Beispiel wird aus einer Quelle direkt zitiert, das heißt wörtlich. Die Passage steht in Anführungszeichen und wird mit einem exakten Beleg in der Fußnote abgeschlossen. Da das Original hier Hervorhebungen aufweist, werden diese exakt wiedergegeben und in der Fußnote vermerkt.

Der renommierte britische Schriftsteller Rudyard Kipling beurteilte die Möglichkeiten, mit Deutschland zu einem politischen Arrangement zu gelangen, im Jahre 1915 nicht minder skeptisch: „Das ist der lebenswichtige Punkt, den wir in Eng-

Formalia

land verstehen *müssen*. Wir haben es zu tun mit Tieren, die sich selbst wissenschaftlich und philosophisch unfassbar weit jenseits der Zivilisation gestellt haben", berichtete er von der Westfront in die Heimat.[135]

Kenntlich zu machen sind nicht nur Merkmale der Originalquelle, sondern auch Ihre Eingriffe: Auslassungen einerseits, erklärende Einfügungen andererseits – jeweils in eckigen Klammern, Auslassungen […] wie Einfügungen [Text, eventuell eingeleitet durch „d. h.", „sc." oder dergleichen, eventuell ausgeleitet durch Ihre Initialen oder „der Verf."]. Auslassungen sind vollauf legitim, solange sie nicht den Textsinn verfälschen; Einfügungen sollten aus Gründen der besseren Lesbarkeit sparsam dosiert werden. Üblich ist es, offenkundige Tippfehler oder eigenartige Schreibweisen als solche zu kennzeichnen – um nicht den Verdacht zu erwecken, der Verfasser habe schlampig gearbeitet, kann man die Schreibweise als diejenige der Originalquelle auszeichnen. Schließlich ist es untersagt, die Rechtschreibung des Originals zu „verbessern". Alle drei Fälle weist das folgende Beispiel auf:

Unter dem Titel „Wenn zwei sich streiten" plädierte die Zeitung „Terdschüman-i Hakikat" dafür, die Juli-Krise mit nüchterner Staatsräson zu bewältigen: „in der Politik besteht die Kunst darin, daß man die Schwäche und Verlegenheit des Gegners sich zu nutze macht. […] im Falle einer Niederlage Serbiens oder eines neuen Balkankrieges [zuletzt in den Jahren 1912 und 1913], was könnte da wohl der Türkei schlimmes [sic] passieren?". Dieser Artikel redete gar einer „Pflicht" der türkischen Presse das Wort, sich „ruhig abwartend zu verhalten oder […] die Leute, die unser Unglück verschuldet haben, *in eine schwierige Lage* zu versetzen".[136]

---

135 Kipling, Rudyard: Collected Works, Band 20: The War/A Fleet in Being, New York 1970, S. 71 [Hervorhebung im Original, eigene Übersetzung].
136 Wenn zwei sich streiten, in: Terdschüman-i Hakikat, zitiert nach der Übersetzung in: Osmanischer Lloyd, 12. Juli 1914, S. 2 [Eigene Hervorhebung].

Kurzum

Das indirekte Zitat (die Paraphrase):
▶ gibt die Vorlage in Ihren eigenen Worten wieder.
▶ steht nicht in Anführungszeichen.
▶ weist einen exakten Beleg auf.
▶ beachtet den Modus (Konjunktiv)!

In der formalen Ausgestaltung der Nachweise für beide Arten von Zitaten gibt es keine allgemeinverbindlichen Regeln, wohl aber eine Reihe von Konventionen, die Ihnen gewisse Spielräume lassen – sofern Ihre Hochschullehrer diese nicht durch exakte Vorgaben verengen.

▶ Ob Sie den Seitenzahlen ein „S." voranstellen, ist Geschmackssache – solange Sie es einheitlich handhaben. Üblich ist es jedenfalls.

▶ Seien Sie präzise in den Angaben der Stellen! Geben Sie die genaue Seitenzahl an (gegebenenfalls mit „f."). Vermeiden Sie pauschale Belege („S. 15–20" oder gar „S. 15 ff."). Damit bürden Sie Ihren Lesern unnötige Sucharbeit auf – und arbeiten unpräzise, also: unwissenschaftlich.

▶ Bei Belegen aus den gleichen Werken, auf die Sie sich in unmittelbar aufeinanderfolgenden Fußnoten beziehen, können Sie mit Abkürzungen wie „a. a. O." (am angegebenen Ort) oder „ebd." (ebenda) arbeiten. „Am angegebenen Ort" verwendet man, wenn Werk und Seitenzahl mit der vorangehenden Fußnote übereinstimmen – „Ebenda", wenn nur das Werk übereinstimmt, so dass in diesem Falle unbedingt eine Seitenangabe folgen muss. Allerdings ist hier Vorsicht geboten. Wenn Sie im Arbeitsprozess weitere Fußnoten einfügen, entstehen rasch Fehler, die Sie durch Nachkorrekturen beheben müssen!

▶ Belege von indirekten Zitaten können mit „vgl." (vergleiche) eingeleitet werden. Im Grunde ist diese Abkürzung aber überflüssig: Was soll der Leser womit vergleichen? Sie können darauf getrost verzichten, es sei denn, Ihr Hochschullehrer legt darauf besonderen Wert. Manche nutzen „vgl." oder „s." (siehe) ausschließlich für Verweise auf weitere einschlägige Quellen oder Literatur. Hier gilt: Wie auch immer Sie sich entscheiden, halten Sie sich konsequent daran!

Formalia

▶ Zitiert werden sollte prinzipiell direkt. Sie gehen ja immer ad fontes! Allerdings ist das in seltenen Fällen nur mit unzumutbarem Aufwand durchführbar. Bei sehr entlegenen Quellen oder Werken, die Sie ausnahmsweise nicht selbst einsehen konnten und daher via Literatur zitieren, ergänzen Sie bei direkten Zitaten ein „zitiert nach:", bei indirekten Zitaten ein „nach" oder „bei".

▶ Alternativ zu den genannten „deutschen" Abkürzungen sind auch folgende „anglo-lateinische" möglich. Wie auch immer Sie sich selbst entscheiden, bitte konsequent – und nicht in Mischweise.

„deutsche" Abkürzungen	„anglo-lateinische" Abkürzungen
S./Plural: ebenfalls S.	p./Plural: pp. [pagina(e)]
Hg./Plural auch: Hgg.	ed./Plural: edd. oder eds. [editor(es/s)]
f./Plural: ff.	sq./Plural: sqq. [sequens/sequentes]
a. a. O.	loc. cit. [loco citato]
ebd.	ibid.[ibidem]
s.	v. [vide]
vgl.	cf. [confer]

Der analytisch notwendige Abstand zu den Quellen drückt sich übrigens ganz konkret in der akkuraten Verwendung der indirekten Rede aus. Deren Einsatz – so banal es scheinen mag – ist vielleicht das wichtigste Instrument des Historikers. Sie erst hilft, die für echte Erkenntnis nötige Distanz zu wahren. Um ein Beispiel zu geben: Heinrich Himmler hat in seiner berüchtigten Posener Rede vor kommandierenden SS-Offizieren im Oktober des Jahres 1943 behauptet, „anständig geblieben zu sein", habe die SS-Männer hart gemacht – und postuliert, dass dies ein „niemals geschriebenes und niemals zu schreibendes Ruhmesblatt unserer Geschichte" sei.[137] Wer hier den Indikativ nutzt („hat" beziehungsweise „ist"), macht sich selbst versehentlich zum Antisemiten.

---

137 Rede des Reichsführers-SS bei der SS-Gruppenführertagung in Posen am 4. Oktober 1943 (Document 1919-PS), in: Trial of the Major War Criminals Before the International Military Tribunal Nuremberg 14 November 1945–1 October 1646, Band 29: Documents and Other Material in Evidence. Numbers 1850-PS to 2233-PS, Nürnberg 1948, S. 110–173, hier: S. 145.

Belegen von Quellen

Quellenbelege dienen ebenso wie Literaturbelege der Nachprüfbarkeit Ihrer Materialgrundlage und Ihrer Argumentation. Daher gilt: **Belegen Sie exakt!** Das beinhaltet bei Editionen selbstverständlich auch den Namen des Herausgebers! Die meisten Historiker neigen dazu, insbesondere bei Werkausgaben den Namen des Herausgebers nicht vor den Namen des Urhebers der Quelle zu stellen, sondern ihn ans Ende zu setzen – keine der beiden folgenden Varianten ist richtiger als die andere, beide haben ihre Vorzüge. Die erstere lenkt den Blick schneller auf den Urheber, der zweite auf die Edition. Beide Informationen sind wichtig, aber in unterschiedlicher Weise. Wie auch immer Sie es halten, halten Sie es konsequent!

> Jünger, Ernst: In Stahlgewittern. Historisch-kritische Ausgabe, hg. v. Helmuth Kiesel, Stuttgart 2014.
> Kiesel, Helmuth (Hg.): Ernst Jünger: In Stahlgewittern. Historisch-kritische Ausgabe, Stuttgart 2014.

Im Gegensatz zu Belegen aus der Literatur werden Quellen mitunter nicht nach Seitenzahlen zitiert, sondern nach der Zählweise der jeweiligen Editionen und Quellensammlungen. Insbesondere in der Alten und Mittelalterlichen Geschichte ist die Zählung nach Buchnummer und Kapitel oder Paragraph üblich.

In der Altertumswissenschaft wird meist nach kanonischen Buch- und Kapitelzählungen zitiert, in Ausnahmefällen nach Seitenangaben. Diese Einteilung des Textes ist in der Regel erst später eingeführt worden: Plat. Rep. 514a beispielsweise bedeutet einen Verweis auf Platons De re publica (Politeia) gemäß der Seiten-Einteilung, die Platons humanistischer Herausgeber Henricus Stephanus in einer dreibändigen Werkausgabe am Ende des 16. Jahrhunderts getroffen hat – während man Aristoteles nach den Seitenzahlen der ersten modernen Ausgabe zitiert, die Immanuel Bekker in den 1830er Jahren veröffentlicht hat.

Diese Zählung wird immer befolgt, unabhängig davon, welche Edition Sie konkret nutzen; ein Verweis auf den Autorennamen und den Werktitel genügt hier – beides wird in der Regel in den üblichen

Formalia

Abkürzungen ausgedrückt, die Sie in einschlägigen altertumswissenschaftlichen Handbüchern oder Lexika wie dem Neuen Pauly aufgeführt finden.

> Caes. Gall. I 21, 2 (= C. Iulius Caesar, Commentarii de bello Gallico, Buch 1, Kapitel 21, Satz 2).

In der Mediävistik wird in der Regel nach der MGH-Ausgabe in der Form: Autor, Werk, Buch/Kapitel/Paragraph, Seitenzahl und gegebenenfalls Zeile zitiert.

> Widukind, Sachsengeschichte I 16, S. 27, Z. 4 f. (= Widukind von Corvey, Die Sachsengeschichte (Res gestae Saxonicae). Hg. v. Paul Hirsch/Hans-Eberhard Lohmann, (MGH SS rer. Germ. [60]), Hannover 1935, Buch 1, Kapitel 16, Seite 27, Zeilen 4 und 5).

Für die Neuere Geschichte – von der Frühen Neuzeit bis zur Zeitgeschichte – lassen sich ähnlich strikte Regeln für die Zitation von Quellen nicht generell aufstellen. Hier orientieren Sie sich am besten an der Ihnen vorliegenden Quellenedition. Gleichwohl haben sich für manche Autoren maßgebliche Editionen durchgesetzt, nach denen zu zitieren ist – so etwa im Falle der Akademieausgabe (AA) der Schriften von Immanuel Kant: Kant AA VIII, 37 (= Immanuel Kant, Beantwortung der Frage: Was ist Aufklärung, Akademieausgabe der Werke von Immanuel Kant, Band 8: Abhandlungen nach 1781, Berlin/Leipzig 1923, S. 35–42, hier: S. 37).

Quer durch die Epochen gilt: Nicht alle Quellen haben einen erkennbaren Urheber. Wo der Urheber zwar bekannt, aber nicht auf dem Titelblatt eingetragen ist, kann man das durch eine Ergänzung kenntlich machen wie etwa: [Wangenheim, Karl August von:] Die Idee der Staatsverfassung. In ihrer Anwendung auf Wirtembergs alte Landesverfassung und den Entwurf zu deren Erneuerung, Frankfurt am Main 1815. Wo der Urheber auch mithilfe der Literatur nicht zu ermitteln ist, kann man die jeweilige Quelle entweder ganz ohne Autorenangabe verzeichnen oder ein [Anonymus] einfügen.

Kurzum

Entscheidend ist hier wie bei allen weiteren Formalia: Wahren Sie Einheitlichkeit und
Eindeutigkeit Ihrer Belege!

Belegen von Literatur

Es gibt zahlreiche Varianten, Literaturstellen zu belegen. In der
Geschichtswissenschaft sind zwei Systeme des Zitierens gebräuchlich:

▶ **Vollbeleg/Kurzbeleg**: Der erste Beleg eines Werkes beinhaltet die
vollständigen bibliographischen Angaben (so wie diese auch in
Ihrer Bibliographie stehen), gefolgt von der Seitenzahl. Bei allen
weiteren Belegen dieses Werkes erscheint nur ein Kurzbeleg, aber
immer mit einer Seitenangabe. Der Kurzbeleg besteht in der Regel
aus dem Nachnamen des Autors sowie einer prägnanten Abkürzung des Titels. Das erste bedeutungstragende Substantiv des
Titels kann oftmals genügen – aber achten Sie darauf, ähnliche
Titel immer unterscheidbar zu halten.

▶ **Autor-Jahr-Schema (Harvard-Schema)**: Bei diesem Zitiersystem
besteht der Beleg immer aus dem Nachnamen des Autors, dem
Erscheinungsjahr in Klammern sowie der Seitenangabe: Autor
(Jahr), Seite. Passen Sie in diesem Fall Ihre Bibliographie an! Da
es sich bei der Autor-Jahr-Angabe um eine Abkürzung handelt,
wird diese in der Bibliographie aufgelöst. Weil eine solche Darstellung mitunter wenig elegant wirkt, ist auch eine verkürzte
Version gebräuchlich. Wir stellen Ihnen unten beide Varianten
vor; so oder so müssen Sie darauf achten, Publikationen eines
Autors aus dem selben Jahr zu unterscheiden (NN 2014a; NN
2014b et cetera).

Beispiel Vollbeleg-Kurzbeleg:
Fußnoten mit Erstbeleg und Folgebeleg
Entsprechender Eintrag im Literaturverzeichnis

---

[1] Leonhard, Jörn: Die Büchse der Pandora. Geschichte des Ersten Weltkriegs, München 2014, S. 45.
[2] Leonhard: Büchse der Pandora, S. 39.

Formalia

Literaturverzeichnis:

Leonhard, Jörn: Die Büchse der Pandora. Geschichte des Ersten Welt-kriegs, München 2014.

Beispiel Autor/Jahr-System:
Fußnoteneintrag
Entsprechender Eintrag im Literaturverzeichnis in Langversion

---

[1] Leonhard (2014), S. 45.
[2] Leonhard (2014), S. 39.

Literaturverzeichnis:

Leonhard (2014) = Leonhard, Jörn: Die Büchse der Pandora. Geschichte des Ersten Weltkriegs, München 2014.

Verkürzte Variante:
Entsprechender Eintrag im Literaturverzeichnis in Kurzversion

Literaturverzeichnis:

Leonhard, Jörn (2014): Die Büchse der Pandora. Geschichte des Ersten Weltkriegs, München.

2.3 Die Bibliographie

Die Bibliographie verzeichnet sämtliche von Ihnen verwendeten Materialien, also Quellen und Literatur. Im Umkehrschluss bedeu-tet dies: was von Ihnen nicht verwendet – sprich: weder direkt noch indirekt zitiert – wurde, steht nicht in Ihrer Bibliographie. Dies gilt auch für Werke, die Sie lediglich zum Einlesen oder zur allgemeinen Grundinformation verwendet haben. Aus Gründen der Übersicht-lichkeit ist es üblich, Quellen und Literatur getrennt aufzuführen und jeweils alphabetisch aufzulisten.

Bibliographie

Quellen

Neumann, Felix: Die Jugend von Langemarck. Ein Heldenlied aus Flandern, Berlin 1917.

Sekundärliteratur

Afflerbach, Holger: Falkenhayn. Politisches Denken und Handeln im Kaiserreich (Beiträge zur Militärgeschichte 42), München 1994 (Diss. Düsseldorf 1993).

Bienert, Hans: Realität und Mythos im Ersten Weltkrieg. Das Beispiel Langemarck/Ypern, in: Leviathan Band 44 (2016), S. 97–125.

Dithmar, Reinhard: Der Langemarck-Mythos in Dichtung und Unterricht, Neuwied u.a. 1992.

Fox, Colin: The Myths of Langemarck, in: Imperial War Museum Review, Band 10 (1995), S. 13-25.

Fransecky, Tanja von: Der Langemarck-Mythos und seine Funktion als ideologischer Wegbereiter des Dritten Reiches, in: Siggelkow, Ingrid (Hg.): Erinnerungskultur und Gedächtnispolitik, Frankfurt am Main 2003, S. 51-78.

Hüppauf, Bernd: Schlachtenmythen und die Konstruktion des „Neuen Menschen", in: Hirschfeld, Gerhard / Gerd Krumeich / Irina Renz (Hg.): „Keiner fühlt sich hier mehr als Mensch...". Erlebnis und Wirkung des Ersten Weltkriegs, Essen 1996, S. 43-86.

Hüppauf, Bernd: Langemarck, Verdun and the Myth of a *New Man* in Germany after the First World War, in: War & Society, Band 6 (1988), S. 70-103.

Hüppauf, Bernd: Kriegsliteratur, in: Hirschfeld, Gerhard / Krumeich, Gerd / Renz, Irina (Hgg.): Enzyklopädie Erster Weltkrieg, Paderborn [2]2014, S. 177-191.

Ketelsen, Uwe-K.: Die Jugend von Langemarck. Ein poetisch-politisches Motiv der Zwischenkriegszeit in Deutschland, in: Koebner, Thomas / Rolf-Peter Janz / Frank Trommler (Hg.): „Mit uns zieht die neue Zeit". Der Mythos Jugend. Frankfurt am Main 1985, S. 68-96.

Krumeich, Gerd: Langemarck, in: François, Etienne / Schulze, Hagen (Hg.); Deutsche Erinnerungsorte, Band 3, München 2001, S. 292-309.

Nebelin, Manfred: Ludendorff: Diktator im Ersten Weltkrieg, München 2010.

Rohrkrämer, Thomas: August 1914 — Kriegsmentalität und ihre Voraussetzungen, in: Michalka, Wolfgang (Hg.): Der Erste Weltkrieg. Wirkung, Wahrnehmung, Analyse, München 1994, S. 759-777.

Weinrich, Arnd: Kult der Jugend - Kult des Opfers. Der Langemarck-Mythos in der Zwischenkriegszeit, in: Historical Social Research Band 34 (2009), S. 319-330.

Ziemann, Benjamin: „Macht der Maschine" – Mythen des industriellen Krieges, in: Spilker, Rolf / Ulrich, Bernd (Hg.): Der Tod als Maschinist – Der industrialisierte Krieg 1914 -1918. Eine Ausstellung des Museums Industriekultur Osnabrück im Rahmen des Jubiläums „350 Jahre Westfälischer Friede" 17. Mai - 23. August 1998, Bramsche 1998, S. 176-189.

Abb. 38: Beispiel einer Bibliographie

Formalia

Quellen

Hier geben Sie an, mit welchen Quelleneditionen oder archivalischen oder anderen Quellen Sie gearbeitet haben. So erfährt der Leser mit einem Blick, auf welcher Quellenbasis Sie argumentieren. Bei übersetzten Quellen etwa kommt es darauf an, welche Übersetzung Sie verwendet haben. Aber auch in der Originalsprache können je nach Edition erhebliche Unterschiede in der Textgestalt vorliegen, zum Beispiel bei antiken Autoren, aber auch bei manchen Texten aus der Neuzeit. So macht es einen großen Unterschied, welche Auflage der „Stahlgewitter" von Ernst Jünger Sie zitieren.

Wo immer möglich, sollten Sie eine Edition verwenden, die wissenschaftlichen Ansprüchen genügt. Je nach Epoche und Autor haben sich oft sogenannte maßgebliche Ausgaben etabliert (beispielsweise die MGH-Editionen in der Mediävistik), die als Textgrundlage für jedwede wissenschaftliche Bearbeitung dienen und nach denen zu zitieren ist. Achten Sie ferner auch unbedingt auf die Vollständigkeit der bibliographischen Angaben. Sie umfassen bei literarischen Quellen mindestens: **Autor, Titel, (ggf. Bandangabe), Herausgeber, Ort und Jahr. In der Regel wird zuerst der Urheber der Quelle genannt – und der Herausgeber nachgestellt** (anders als bei Sammelbänden).

> Caesar: Der Gallische Krieg/Bellum Gallicum, hg. v. Otto Schönberger, Berlin ⁴2013.
>
> Widukind von Corvey: Die Sachsengeschichte (Res gestae Saxonicae), hg. v. Paul Hirsch/Hans-Eberhard Lohmann, MGH SS rer. Germ. [60], Hannover 1935.
>
> Castiglione, Baldassare: Das Buch vom Hofmann (Il libro del Cortegiano), übers. u. erl. v. Fritz Baumgart, München 1986.

Sind die Quellen in Corpora ediert, wie etwa Münzen oder Inschriften, so zitieren Sie diese dann mit: **Name des Corpus (häufig in Abkürzung), (ggf. Bandangabe), Herausgeber, Ort und Jahr.**

> CIL (d. h.: Corpus Inscriptionum Latinarum) VI 8, 3, hg. v. Géza Alföldy, Berlin 2000.

Archivalische Quellen werden mit Archivsigle, Provenienzangaben und Signatur nachgewiesen: **Archivname (häufig in Abkürzung, die dann allerdings in einem eigenen Abkürzungsverzeichnis aufzuschlüsseln ist), Bestand, Signatur.**

> GSTA (d.h.: Geheimes Staatsarchiv) Berlin, HA I, Rep. 89, Nr. 673, Akte 28.

Bei gedruckten Quellen sind die gleichen Regeln anzuwenden, die auch für die Literatur gelten. Achten Sie insbesondere bei unselbständig erschienenen Texten darauf, im Literaturverzeichnis die exakten Seitenangaben der gesamten Quelle zu nennen – und im Anmerkungsapparat exakt die Seite anzugeben, auf die Sie konkret verweisen, beispielsweise:

> Kraus, Karl: In dieser grossen Zeit, in: Kraus, Karl: Schriften, Band 3: Weltgericht I, hg. v. Christian Wagenknecht, Frankfurt am Main 1988, S. 9–24, **hier: S. 17.**

Bei Online-Quellen sollten (sofern bekannt) der Name des Autors, die Bezeichnung der Quelle, die Internet-Adresse (sofern möglich ein Permalink, also eine dauerhafte URL) sowie unbedingt das genaue Abrufdatum (meist angeschlossen mit Stand oder Zugriff) genannt werden.

> Feldpostbrief von August Dänzer an seine Eltern, 05. September 1914, via: http://www.uni-cms.net/feldpostsammlung/index.php?ID_dokument=558&ID=290 (Stand: 24. Juni 2018).

Literatur

Für korrekte bibliographische Angaben der verwendeten Literatur muss man wissen, welche Sorte von Publikation vorliegt. Wir stellen Ihnen im Folgenden für die häufigsten Fälle – Monographie, Sammelband, Sammelbandaufsatz, Zeitschriftenaufsatz, Lexikonartikel, Rezension und Internetbeleg – zunächst die jeweiligen Grundformen mit den unbedingt notwendigen Angaben vor und gehen dann auf etwaige Ergänzungen und Sonderfälle ein.

Monographien

Die unabdingbaren bibliographischen Angaben für Monographien umfassen: **Autor, Titel, Ort und Jahr der Publikation.** Daraus folgt das Grundmuster:

AUTOR: TITEL, ORT JAHR.

Zitationsbeispiele:
Clark, Christopher: Die Schlafwandler. Wie Europa in den Ersten Weltkrieg zog, München 2013.
Clark (2013) = Clark, Christopher: Die Schlafwandler. Wie Europa in
den Ersten Weltkrieg zog, München 2013.[138]

Es gibt weitere bibliographische Elemente und zahlreiche Sonderfälle, von denen sich die üblichsten wie folgt zusammenfassen lassen:
► **Reihentitel:** Bei Monographien, die im Rahmen einer Reihe erschienen sind, können Sie Titel und gegebenenfalls Herausgeber sowie Nummer des Bandes innerhalb der Reihe in Klammern angeben. Wenn Hochschullehrer darauf bestehen, machen Sie es; überhaupt können Sie mit dieser Angabe nichts falsch machen. Aber es ist fraglich, was eigentlich genau diesen Aufwand rechtfertigt – Beispiel: Mommsen, Wolfgang: Die Urkatastrophe Deutschlands. Der Erste Weltkrieg 1914–1918, Stuttgart [10]2004 (Gebhardt: Handbuch der deutschen Geschichte, Band 17).
► **Bandangaben:** Bei mehrbändigen Werken geben Sie stets die Anzahl der Bände (und der Erscheinungsjahre des ersten und letzten Bandes) an, wenn Sie das Gesamtwerk benutzt haben, ansonsten den von Ihnen verwendeten Band – Beispiel: Shaw, Stanford J.: The Ottoman Empire in World War I, 2 Bände, Ankara 2006/2008.

---

138 Variante: Christopher Clark (2013): Die Schlafwandler. Wie Europa in den Ersten Weltkrieg zog, München.

- ▶ **Dissertationen**: Handelt es sich bei dem Werk um eine Dissertation, so können sie den Ort der Universität und das Jahr der Promotion gesondert angeben. Sie sollten es unbedingt tun, wenn die Dissertation nicht gesondert als Buch publiziert worden ist. Das gilt analog auch für Habilitationsschriften oder andere Abschlussarbeiten wie unveröffentlichte Master-Thesen. Beispiele: Afflerbach, Holger: Falkenhayn. Politisches Denken und Handeln im Kaiserreich, München 1994 (Diss. Düsseldorf); Scheer, Tamara: Kontrolle, Leitung und Überwachung des Ausnahmezustandes während des Ersten Weltkriegs, Diss. Wien 2006.

- ▶ **Englische Titel:** Bei englischen Titeln werden Substantive, Adjektive und Verben in der Regel großgeschrieben. Vereinheitlichen Sie hier getrost, auch wenn manche Verlage es anders halten.

- ▶ Bisweilen werden **Bücher in Lizenz** von verschiedenen Verlagen herausgegeben. Geben Sie die exakten Angaben der von Ihnen verwendeten Ausgabe an, weil die diversen Ausgaben nicht immer seitenidentisch sind. Also wären zu unterscheiden: Münkler, Herfried: Der Große Krieg. Die Welt 1914–1918, Berlin 2013 – und: Münkler, Herfried: Der Große Krieg. Die Welt 1914–1918, Bonn 2014.

- ▶ **Autor:** Es werden alle Autoren aufgeführt. Angaben von Übersetzern oder ähnlichem sind bei Literaturangaben nicht üblich – akademische Titel oder Funktionen werden ebenfalls nicht genannt.

- ▶ **Ort**: Den Ort des Verlages finden Sie in der Titelei des Buches; bei mehreren Verlagsorten geben Sie alle an oder kürzen nach dem ersten Ort mit „u. a." ab, also zum Beispiel: Rauchensteiner, Manfried/Broukal, Josef: Der Erste Weltkrieg und das Ende der Habsburgermonarchie 1914–1918, Wien/Köln/Weimar 2015 – oder aber: Rauchensteiner, Manfried/Broukal, Josef: Der Erste Weltkrieg und das Ende der Habsburgermonarchie 1914–1918, Wien u. a. 2015.

- ▶ In manchen Fällen ist **kein Ort** angegeben – insbesondere in älteren Publikationen: In frühneuzeitlichen Texten sind oftmals sogar fiktive oder falsche Druckorte genannt. Dann behelfen Sie sich mit „o. O."/„ohne Ort" oder ergänzen den Druckort, wenn Sie ihn mithilfe der Literatur oder durch die wissenschaftliche Katalogisierung großer Bibliothek recherchiert haben, in eckigen Klam-

Formalia

mern – hier ein Beispiel, in dem auch der nicht auf dem Titel genannte Autor ergänzt wird: [Fulda, Friedrich Karl:] Ueber das Cameralstudium in Wirtemberg. In Vier Briefen, [Tübingen] 1805.

▸ In manchen Fällen ist **kein Jahr** angegeben: in diesen seltenen Fällen wird angefügt „o. J."/„ohne Jahr". Auch hier sind wissenschaftlich ermittelte Ergänzungen in eckigen Klammern zulässig, die indes nicht immer vorliegen, gerade bei älteren Quellen – zum Beispiel: [Anonymus:] A List of the Names of all the Subscribers to the Bank of England, [ohne Ort, ohne Jahr].

▸ **Auflage**: Die erste Auflage wird nie angegeben, ebensowenig Zusätze wie „verbessert" oder „erweitert". Ab der zweiten Auflage gibt man diese entweder durch Kommata abgetrennt zwischen Titel und Ort an oder als hochgestellte Ziffer, die an das Erscheinungsjahr angehängt beziehungsweise ihm vorangestellt wird – zum Beispiel: Clark, Christopher: Die Schlafwandler. Wie Europa in den Ersten Weltkrieg zog, 18. Aufl., München 2014 – oder: Clark, Christopher: Die Schlafwandler. Wie Europa in den Ersten Weltkrieg zog, München 2014[18] – oder Clark, Christopher: Die Schlafwandler. Wie Europa in den Ersten Weltkrieg zog, München [18]2014.

▸ **Nachdruck:** Mitunter werden Bücher viele Jahre nach Ersterscheinung reproduziert, also im Text unverändert (indes bisweilen um ein neues Vor- oder Nachwort ergänzt) nachgedruckt. In solchen Fällen machen Sie es durch eine entsprechende Ergänzung [Nachdruck/ND, Reprint] kenntlich – zum Beispiel: Erzberger, Matthias: Die Säkularisation in Württemberg von 1802 bis 1810. Ihr Verlauf und ihre Nachwirkungen, Stuttgart 1902 [ND Aalen 1974]; Gelzer, Matthias: Caesar, der Politiker und Staatsmann, Wiesbaden [6]1960 [ND Stuttgart 2008].

Sammelband

Die notwendigen bibliographischen Angaben für Sammelbände umfassen: **Herausgeber, Titel, Ort und Jahr der Publikation**. Daraus folgt das Grundmuster:

HERAUSGEBER (HG.): TITEL, ORT JAHR.

Wie genau Sie den beziehungsweise die Herausgeber kenntlich machen, obliegt Ihnen. Üblicherweise fügt man an den Namen beziehungsweise die Namen in runden Klammern einen entsprechenden Hinweis an („Hg." & „Hrsg.", „Hgg." & „Hrsgg." oder anglo-lateinisch „ed." & „eds." respektive „edd."); hier zählt die Reihung in der Titelei, nicht das Alphabet! Handelt es sich um mehrere Herausgeber, werden in der Regel alle namentlich genannt, sofern nicht mehr als drei Namen aufzuführen sind – bei mehr als dreien wird oftmals nur der erste Name auf dem Buchtitel genannt und um ein „u. a." (oder anglo-lateinisch: „et al.") ergänzt. Bei Herausgebern im Plural kann man die Abkürzung an den Numerus anpassen (etwa „Hgg."), muss es aber nicht (und darf der Einfachheit halber etwa das schlichte „Hg." beibehalten). Wie Sie es handhaben wollen, entscheiden Sie selbst – und setzen es dann konsistent um!

> **Zitationsbeispiele für einen beziehungsweise mehrere Herausgeber:**
>
> Michalka, Wolfgang (Hg.): Der Erste Weltkrieg. Wirkung, Wahrnehmung, Analyse, München/Zürich 1994.
>
> Michalka (1994) = Michalka, Wolfgang (Hg.): Der Erste Weltkrieg. Wirkung, Wahrnehmung, Analyse, München/Zürich.
>
> Mommsen, Hans u. a. (Hg.): Der Erste Weltkrieg und die Beziehungen zwischen Tschechen, Slowaken und Deutschen, Essen 2000.
>
> Mommsen, Hans/Dušan, Kovác/Jiri, Malír (Hg.): Der Erste Weltkrieg und die Beziehungen zwischen Tschechen, Slowaken und Deutschen, Essen 2000.

Auch hier werden Sie früher oder später auf Sonderfälle stoßen, die Sie dann pragmatisch klug zu behandeln wissen werden. Sammelbände, die als Festschriften (FS) zu Ehren namhafter Wissenschaftler herausgegeben werden, können auch in Kurzform bibliographiert werden wie etwa:

Formalia

Hein, Dieter/Hildebrand, Klaus/Schulz, Andreas (Hg.): Historie und Leben: Der Historiker als Wissenschaftler und Zeitgenosse. Festschrift für Lothar Gall, München 2006 – oder: Hein, Dieter/Hildebrand, Klaus/Schulz, Andreas (Hg.): Historie und Leben: Der Historiker als Wissenschaftler und Zeitgenosse (FS Lothar Gall), München 2006.

Weinmann-Walser, Marlis (Hg.): Historische Interpretationen. Gerold Walser zum 75. Geburtstag dargebracht von Freunden, Kollegen und Schülern, Stuttgart 1995 – oder: Weinmann-Walser, Marlis (Hg.): Historische Interpretationen (FS Gerold Walser 75), Stuttgart 1995.

Ausstellungskataloge wiederum geben zusätzlich zum Titel oft Ausstellungstitel und -dauer an wie etwa:

Spilker, Rolf/Ulrich, Bernd (Hg.): Der Tod als Maschinist – Der industrialisierte Krieg 1914–1918. Eine Ausstellung des Museums Industriekultur Osnabrück im Rahmen des Jubiläums „350 Jahre Westfälischer Friede" 17. Mai – 23. August 1998, Bramsche 1998.

Ergänzende Angaben wie Bände, Auflagen, Reihentitel und dergleichen werden übrigens wie bei Monographien behandelt.

Beiträge in Sammelbänden
Die notwendigen bibliographischen Angaben für Beiträge in Sammelbänden umfassen: **Autor, Titel des Beitrages, Herausgeber, Titel des Bandes, Ort und Jahr der Publikation sowie Seitenangaben.** Daraus folgt das Grundmuster:

AUTOR: TITEL, in: HERAUSGEBER (HG.): BANDTITEL, ORT JAHR, SEITEN.

Zitationsbeispiele:

Fransecky, Tanja von: Der Langemarck-Mythos und seine Funktion als ideologischer Wegbereiter des Dritten Reiches, in: Siggelkow, Ingrid (Hg.): Erinnerungskultur und Gedächtnispolitik, Frankfurt am Main 2003, S. 51–78.

Fransecky (2003) = Fransecky, Tanja von: Der Langemarck-Mythos und seine Funktion als ideologischer Wegbereiter des Dritten Reiches, in: Siggelkow, Ingrid (Hg.): Erinnerungskultur und Gedächtnispolitik, Frankfurt am Main 2003, S. 51–78.[139]

Bei sämtlichen unselbständigen Publikation – ob Beiträge zu Sammelbänden, Zeitschriftenartikel, Lexikon-Lemmata, Rezensionen oder andere Genres – gilt: Geben Sie im Literaturverzeichnis immer die exakten Seitenzahlen des Beitrags und in Anmerkungen immer auch genau die Seite an, auf die Sie verweisen!

In der Fußnote:

Gregory, Adrian: A Clash of Cultures. The British Press and the Opening of the Great War, in: Paddock, Troy R. E. (Hg.): A Call to Arms. Propaganda, Public Opinion, and Newspapers in the Great War, Westport (Connecticut)/London 2004, S. 15–49, hier: S. 28.

In der Bibliographie:

Gregory, Adrian: A Clash of Cultures. The British Press and the Opening of the Great War, in: Paddock, Troy R. E. (Hg.): A Call to Arms. Propaganda, Public Opinion, and Newspapers in the Great War, Westport (Connecticut)/London 2004, S. 15–49.

Artikel in Zeitschriften

Die notwendigen bibliographischen Angaben für Zeitschriftenartikel umfassen: **Autor, Aufsatztitel, Zeitschrift, Band (gegebenenfalls auch Nummer), Jahr sowie Seitenangaben.** Daraus folgt das Grundmuster:

AUTOR: TITEL, in: ZEITSCHRIFT, BAND ### (JAHR), SEITEN.

Formalia

---

139 Variante: Fransecky, Tanja von (2003): Der Langemarck-Mythos und seine Funktion als ideologischer Wegbereiter des Dritten Reiches, in: Siggelkow, Ingrid (Hg.): Erinnerungskultur und Gedächtnispolitik, Frankfurt am Main, S. 51–78.

Zitationsbeispiele:

Fox, Colin: The Myths of Langemarck, in: Imperial War Museum Review, Band 10 (1995), S. 13–25.

Zeitschriftentitel und Bandnummer sind hier durch „in" abgetrennt. Es lassen sich freilich auch andere Versionen denken: Manche Autoren verzichten auf das „in" (siehe unten, S. 226), andere auf den „Band",[140] andere ergänzen die Heftnummer (bei Zeitschriften, die mehrfach pro Jahr erscheinen), wieder andere trennen die Jahreszahl statt mit Klammern durch Kommata ab.[141] Zeitschriften werden in der Fachliteratur oft abgekürzt: zum Beispiel HZ für die Historische Zeitschrift, GuG für Geschichte und Gesellschaft. Wer in seinen eigenen Schriften abkürzt, schuldet dem Leser ein Abkürzungsverzeichnis – bei dem Sie sich getrost am Usus einschlägiger Standardwerke orientieren können. Abkürzung ist freilich eine Option, keine Pflicht. Einmal mehr gilt hier: Entscheiden Sie sich für eine klare Bezeichnung respektive Bezeichnungsweise und halten Sie sie konsequent ein! Denken Sie auch hier daran, bei einem Fußnoteneintrag stets noch die konkrete Seite anzufügen, auf die Sie verweisen möchten: McEwen, John M.: The National Press during the First World War. Ownership and Circulation, in: Journal of Contemporary History, Band 17 (1982), S. 459–486, hier: S. 467.

Artikel in Lexika

Einträge (sogenannte Lemmata) in wissenschaftlichen Lexika haben gekennzeichnete Autorenangaben. Die notwendigen bibliographischen Angaben für Lexikonartikel umfassen daher: **Autor, Lemma, Lexikon, Seiten- beziehungsweise Spaltenangaben.** Daraus folgt das Grundmuster:

---

140 In diesem Falle: Fox, Colin: The Myths of Langemarck, in: Imperial War Museum Review, 10 (1995), S. 13–25.

141 In diesem Falle: Fox, Colin: The Myths of Langemarck, Imperial War Museum Review 10, 1995, S. 13–25.

AUTOR: Art. LEMMA, in: LEXIKON, SEITEN/SPALTEN.

Bei mehrbändigen Lexika ist die Angabe des Bandes obligatorisch:

AUTOR: Art. LEMMA, in: LEXIKON, Band ###, SEITEN/SPALTEN.

Zitationsbeispiele:

Hüppauf, Bernd: Art. Kriegsliteratur, in: Hirschfeld, Gerhard/Krumeich, Gerd/Renz, Irina (Hg.): Enzyklopädie Erster Weltkrieg, Paderborn ²2014, S. 177–191.

Hüppauf (2014) = Hüppauf, Bernd (2014): Art. Kriegsliteratur, in: Hirschfeld, Gerhard/Krumeich, Gerd/Renz, Irina (Hg.): Enzyklopädie Erster Weltkrieg, 2. Aufl., Paderborn, S. 177–191.[142]

Auch hier lohnen zahlreiche Varianten genaue Beachtung – schon deshalb, weil manche Hochschullehrer auf bestimmte Zitationsweisen abonniert sind.

▶ Der Name des Autors findet sich in der Regel am Ende des Lexikoneintrags und wird häufig abgekürzt. In diesem Falle müssen Sie die Abkürzung mit Hilfe des Autorenverzeichnisses (am Anfang oder am Ende des Lexikons) auflösen.

▶ Beachten Sie, dass Lexika häufig nach Spalten (Sp.), nicht nach Seiten (S.) zählen!

▶ Viele Lexika werden abgekürzt zitiert: etwa RE – Realenzyklopädie der klassischen Altertumswissenschaften, DNP – Der Neue Pauly, LexMA – Lexikon des Mittelalters, EdN – Enzyklopädie der Neuzeit.

▶ **Herausgeber**, **Erscheinungsort** und **-jahr** können fakultativ hinzutreten – zumindest bei Standardwerken kann man gegebenenfalls darauf verzichten, nicht aber bei weniger bekannten Nachschlagewerken.

▶ Auch weitere Auflagen werden angegeben, wie auch bei Monographien und Sammelbänden: Hüppauf, Bernd: Art. Kriegsliteratur,

Formalia

---

142 Variante: Hüppauf, Bernd (2014): Art. Kriegsliteratur, in: Hirschfeld, Gerhard/ Krumeich, Gerd/Renz, Irina (Hg.): Enzyklopädie Erster Weltkrieg, 2. Aufl., Paderborn, S. 177–191.

in: Hirschfeld, Gerhard/Krumeich, Gerd/Renz, Irina (Hg.): Enzyklopädie Erster Weltkrieg, Paderborn, ²2014, S. 177–191.

▶ Meist sind Lexika mehrbändig. Denken Sie also unbedingt daran,
die Nummer des Bandes (und am besten auch das Erscheinungsjahr dieses Bandes) exakt anzugeben. Beispiel: Walter, Uwe: Art.:
Periodisierung. DNP Band 9 (2000), Sp. 576–582.

▶ Statt „Art." kann auch „s.v." („sub voce", das heißt: „unter dem
Stichwort") verwendet werden. Dann wird das Lemma meist
am Ende plaziert, so wie im folgenden Beispiel: Walter, Uwe:
DNP Band 9, Sp. 576–582, s.v. Periodisierung. Manche wiede-
rum verzichten gänzlich auf Angaben wie „Art." und behandeln
Lexika-Artikel bibliographisch wie Sammelband-Artikel.

Rezensionen

Die notwendigen bibliographischen Angaben für eine Rezension
umfassen: **Name des Rezensenten, rezensiertes Werk, Rezensions-
organ.** Das rezensierte Werk wird mit den vollständigen bibliographischen Angaben zitiert, also bei einer Monographie mit AUTOR,
TITEL, ORT, JAHR sowie ggf. BAND, AUFLAGE et cetera). Da es
sich bei den Rezensionsorganen zumeist um Fachzeitschriften handelt, gelten für sie die oben dargestellten Regeln, bei Internetrezensionen die Regeln für Internetbelege. Daraus folgt das Grundmuster

---

**REZENSENT: Rez. AUTOR, TITEL, ORT JAHR, in: ZEITSCHRIFT,
Band ### (JAHR), SEITEN**

Zitationsbeispiel mit Varianten:

Kos, Franz-Josef: Rezension zu: Holger Afflerbach, Falkenhayn. Politisches Denken und Handeln im Kaiserreich, München 1994 (zugl. Diss.
Düsseldorf 1994), in: Historische Zeitschrift, Band 261 (1995), 602 f.

Kos, Franz-Josef (1995) = Kos, Franz-Josef (1995): Rez. Holger Afflerbach, Falkenhayn. Politisches Denken und Handeln im Kaiserreich,
München 1994 (zugl. Diss. Düsseldorf), in: HZ 261/2 (1995), 602 f.

Kos, Franz-Josef (1995): Rez. Holger Afflerbach, Falkenhayn. Politisches
Denken und Handeln im Kaiserreich, München 1994 (zugl. Diss. Düsseldorf), in: HZ 261/2, 1995, 602 f.

Internetrezensionen nennen zusätzlich zum Rezensenten und dem rezensierten Werk zumindest die URL. Häufig geben Internetrezensionen selbst Zitationsvorschläge, so etwa:

> Patrick Merziger: Rezension zu: Eckert, Georg; Geiss, Peter; Karsten, Arne (Hrsg.): Die Presse in der Julikrise 1914. Die internationale Berichterstattung und der Weg in den Ersten Weltkrieg. Münster 2014, in: H-Soz-Kult, 3.11.2015, <www.hsozkult.de/publicationreview/id/rezbuecher-22926>.

Internetbelege

Für Internetquellen haben sich noch immer kaum allgemeinverbindliche Standards herausgebildet. Jedoch gilt auch hier: Ihre Angaben müssen eindeutig und nachvollziehbar sein. Völlig unzureichend wäre es, nur den Link zu nennen – Sie erinnern sich daran: Texte ohne Autorenangabe sind nicht zitierfähig! Daher umfasst ein Internet-Beleg mindestens **den Urheber beziehungsweise Autor, den Titel beziehungsweise Namen des Portals, die exakte URL und das Datum des letzten Zugriffs**. Was eines der genannten Elemente entbehrt, erfüllt nicht die Bedingungen, die an wissenschaftliche Literatur in der Regel zu stellen sind!

Falls Sie über Google-Books oder über andere Angebote auf digitale Werke zurückgreifen, die auch **identisch** in Druckform vorliegen (dann auch die Auflage abgleichen!), so zitieren Sie die bibliographischen Angaben für die analoge Form, gegebenenfalls ergänzt um den Hinweis auf das benutzte Portal, zum Beispiel:

> Wilke, Jürgen: Presseanweisungen im zwanzigsten Jahrhundert. Erster Weltkrieg – Drittes Reich, Köln/Weimar/Wien 2007.
> Wilke, Jürgen: Presseanweisungen im zwanzigsten Jahrhundert. Erster Weltkrieg – Drittes Reich, Köln/Weimar/Wien 2007, via: https://books.google.de/books?id=4f4dcPXX_9oC&printsec=frontcover&dq=erster+weltkrieg&hl=de&sa=X&ved=0ahUKEwjhrOXYk-LZAhVqCMAKHXuxDyMQ6AEITzAI#v=onepage&q=erster%20weltkrieg&f=false (Stand: 24. Juni 2018).

Formalia

Das Layout der bibliographischen Angaben

Erst die beschriebenen Elemente der bibliographischen Angaben machen Ihre Bibliographie vollständig und erfüllen so das Gebot der **Eindeutigkeit**. Was bedeutet aber die Forderung nach **Einheitlichkeit** für Ihre Bibliographie? Bei den bisherigen Beispielen sind Ihnen mehrere Darstellungsvarianten als gleichwertig aufgefallen: etwa bei der Angabe der Auflage eines Buches oder bei Nummer und Jahrgang eines Zeitschriftenaufsatzes.

Sie haben vielleicht von Ihren Hochschullehrern konkrete Handreichungen für die formale Ausgestaltung Ihrer Bibliographie erhalten. Wenn dem so ist, halten Sie sich daran! Falls Sie sich darüber wundern, dass diese Vorgaben bisweilen von Fach zu Fach oder gar von Hochschullehrer zu Hochschullehrer variieren: Glückwunsch – Sie haben eine wichtige Lektion gelernt!

Während es bei der Frage nach den notwendigen bibliographischen Angaben zumeist recht klare, eindeutige Antworten gibt, existieren bei der Anordnung dieser Angaben recht vielfältige (aber keinesfalls beliebige!) Freiräume: Freiräume, die Verlage, Autoren, Herausgeber und Hochschullehrer je nach Fachkonvention, nach Geschmack oder auch bisweilen nach Sachzwängen unterschiedlich nutzen. Schauen Sie sich beispielsweise verschiedene Publikationen Ihrer Hochschullehrer an: Sie werden sich (schon divergierender Verlagsvorgaben halber) im Layout mehr oder wenig stark voneinander unterscheiden, jedoch immer die Gebote der Eindeutigkeit und Einheitlichkeit erfüllen.

Für die Praxis des Historisch Arbeitens bedeutet dies, dass das Layout der Arbeiten für jede Publikation an die konkreten Vorgaben von Verlagen und Herausgebern angepasst werden muss. Für Aufsätze in der Historischen Zeitschrift etwa gelten unter anderem folgende Vorgaben:[143]

---

143 Die kompletten Gestaltungsrichtlinien sind abrufbar via: http://historische-zeitschrift.degruyter.com/gestaltungsrichtlinien (Stand: 24. Juni 2018).

Monographien
Percy Ernst Schramm, Hamburg, Deutschland und die Welt. Leistungen
    und Grenzen hanseatischen Bürgertums in der Zeit zwischen Napole-
    on I. und Bismarck. 2. Aufl. Hamburg 1952.

Aufsätze in Zeitschriften
Wolfgang Zorn, Wirtschafts- und sozialgeschichtliche Zusammenhänge
    der deutschen Reichsgründung (1850–1879), in: HZ 197, 1963,
    318–342.

Aufsätze in Sammelwerken
Peter Alter, Der britische Generalstreik von 1926 als politische Wende,
    in: Theodor Schieder (Hrsg.), Beiträge zur britischen Geschichte im
    20. Jahrhundert. (HZ, Beih. 8.) München 1983, 89–116.

Abb. 39: Gestaltungsrichtlinien der Historischen Zeitschrift

Unterscheiden Sie zwischen der inhaltlichen und der formalen
Dimension von bibliographischen Angaben! Die unbedingt nötigen bibliographischen Inhalte sind fächerübergreifend recht klar
fixiert, bei der formalen Gestaltung gilt: Existieren Vorgaben, halten
Sie sich exakt daran – andernfalls machen Sie sich Ihre eigenen. Folgende Varianten entsprechen nicht den Gestaltungsrichtlinien der
HZ und würden von der Redaktion moniert werden. Sie sind aber
vollkommen korrekt und üblich – bei konsequenter Umsetzung:

Monographien:
SCHRAMM, PERCY ERNST: *Hamburg, Deutschland und die Welt. Leistun-*
    gen und Grenzen hanseatischen Bürgertums in der Zeit zwischen Napo-
    leon I. und Bismarck, 2. Aufl. Hamburg 1952.
Schramm, Percy Ernst: *Hamburg, Deutschland und die Welt. Leistungen*
    und Grenzen hanseatischen Bürgertums in der Zeit zwischen Napo-
    leon I. und Bismarck, Hamburg [2]1952.
Percy Ernst Schramm, Hamburg, Deutschland und die Welt. Leistungen
    und Grenzen hanseatischen Bürgertums in der Zeit zwischen Napo-
    leon I. und Bismarck, Hamburg 1952[2].

Formalia

Zeitschriftenaufsätze:

Wolfgang Zorn, Wirtschafts- und sozialgeschichtliche Zusammenhänge der deutschen Reichsgründung (1850–1879), HZ 197 (1963), S. 318–342.

ZORN, WOLFGANG: Wirtschafts- und sozialgeschichtliche Zusammenhänge der deutschen Reichsgründung (1850–1879), Historische Zeitschrift 197, 1963, 318–342.

Aufsätze in Sammelbänden:

Alter, Peter: Der britische Generalstreik von 1926 als politische Wende, in: Beiträge zur britischen Geschichte im 20. Jahrhundert, hrsg. v. Th. Schieder, München 1983, S. 89–116.

PETER ALTER, *Der britische Generalstreik von 1926 als politische Wende,* in: Theodor Schieder (Hg.): Beiträge zur britischen Geschichte im 20. Jahrhundert, München 1983, 89–116.

Diese Varianten enthalten alle notwendigen bibliographischen Angaben (Autor, Titel, Ort, Jahr, Auflage) – und formale Hervorhebungen, deren es freilich keineswegs zwingend bedarf. Sie wären in dieser Form in Publikationen jenseits der Historischen Zeitschrift denkbar: in einer anderen Fachzeitschrift, in einer Monographie, in Ihrer Hausarbeit. Welche Variante auch immer Sie wählen: Treffen Sie eine sinnvolle Entscheidung und setzten Sie sie bis ins Detail konsequent um!

Anhang

Freud & Leid des Hochschullehrers

Hochschullehrer sein zu dürfen, ist eine große Freude. Wir erleben viele glückliche Momente, auch bei der Durchsicht zahlreicher schriftlicher Arbeiten. Umgekehrt sind wir selbst unglücklich, wenn wir Arbeiten mit elementaren handwerklichen Fehlern bekommen. Dabei handelt es sich oft um Formalia und andere grundsätzliche Probleme. Inhaltlich gilt: Eine gute Hausarbeit zeichnet sich nicht dadurch aus, dass der lesende Hochschullehrer Ihre These teilt: Ganz im Gegenteil, eine gute Hausarbeit lädt zur Diskussion ein!

Freud des Hochschullehrers: Die schönsten Lektüren

Das größte Vergnügen bereiten Arbeiten,
- die von Titelblatt bis Bibliographie sorgfältig gearbeitet sind.
- die von solider Kenntnis der einschlägigen Literatur zeugen.
- die eine selbständige Auseinandersetzung mit Quellen belegen.
- denen man Ihre Lust am Forschen und Schreiben anmerkt.
- die gut formuliert sind und zu einer spannenden Pointe führen.
- in denen Sie zeigen, was Sie im Seminar gelernt haben.
- die Ihren engagierten Mut zu eigener Deutung ausdrücken.
- die eigenes Reflexionsvermögen erkennen lassen.
- die gedanklich wie sprachlich auf den Punkt gebracht wurden.
- die sie überraschen und aus denen sie selbst noch lernen.

Leid des Hochschullehrers: Die häufigsten Fehler

► Schreib-Fehler: sprachliche Mängel, vor allem in Rechtschreibung und Zeichensetzung, sowie stilistische Missgriffe

► Denk-Fehler: keine intensive Untersuchung der Quellen mangels Quellenkritik

► Recherche-Fehler: mangelhafte Suche nach Quellen oder Literatur

► Distanz-Fehler: inkonsequenter Gebrauch der indirekten Rede, dadurch unbeabsichtigte Objektivierung der Quelle

► Perspektiven-Fehler: „schräge" Fragestellungen, die nicht zur Quelle passen

► Teleologie-Fehler: Die tatsächlichen Auswirkungen einer Quelle erklären diese Quelle meist nicht besser, sondern schlechter

► Frage-Fehler: bloße Wiedergabe des Quelleninhalts statt Erklärung

► Gliederungs-Fehler: Abwesenheit des „roten Fadens", meist schon an einem aussagelosen Inhaltsverzeichnis abzulesen

► Konsequenz-Fehler: unklare Abfolge der Argumentationsschritte

► Thesen-Fehler: keine Deutung der Quellenbeobachtung ersichtlich, meist schon an einem aussageschwachen Titel zu erkennen

In Kürze: Merkblatt für alle Genres

Wer historisch arbeitet, arbeitet mit Quellen – indem er einen Fund in der Quelle erklärt, statt ihn nur festzuhalten beziehungsweise zu wiederholen. Viele Zitate mögen per se interessant sein. Aber sie bedürfen allesamt einer Befundung, einer Einordnung: Warum ist die Quelle so, wie sie ist? Warum hat sie ihre spezifische Form und ihren spezifischen Inhalt bekommen? Wie ist ein bestimmtes Phänomen in der Quelle zu erklären? In solchen Erwägungen besteht die wesentliche Leistung jeder Analyse: Jede These muss am Ende etwas besagen, was nicht schon in der Quelle selbst steht. Das gilt für alle Quellengattungen ebenso wie für alle Darstellungsweisen des Historisch Arbeitens, vom Referat im Proseminar bis zur Dissertation. Zur Standortbestimmung können jeweils die folgenden drei Fragen dienen. Wer sie auf Anhieb beantworten kann, ist schon fast am Ziel angekommen – und wer sie sich stellt, mindestens schon einmal auf dem richtigen Weg.

1) Was will ich sagen?
Worin besteht mein Thema wesentlich?
Welche besondere Aussagekraft besitzt meine Quelle dafür?

2) Was kann ich sagen?
Welche Rückschlüsse erlaubt die Quelle (Quellenkritik)?
Von welchen Annahmen gehe ich aus (Methoden et cetera)?

3) Was möchte ich zur Diskussion stellen?
Wie lautet meine These, zusammengefasst in einem Satz?
Was bedeutet meine These? Was verstehe ich nun besser?

Mit Blick auf das Publikum lassen sich diese Erwägungen noch kürzer zusammenfassen: Was an der Quelle ist interessant? Inwiefern finde ich es interessant? Wie erkläre ich anderen, warum ich was interessant finde?

Checklisten

Die folgenden Listen haben wenigstens zwei Verwendungszwecke. Einerseits können Sie sie nutzen, um am Ende der jeweiligen Etappen Ihres Weges ad fontes eine Standortbestimmung vorzunehmen. Andererseits können die Listen bereits am Anfang dazu dienen, die Richtung festzulegen: als eine Art Forschungs-Kompass, dessen Ausschläge Ihnen einen Hinweis darauf geben, welches Teil-Kapitel dieser Handreichung gegebenenfalls eine neuerliche oder vertiefte Lektüre wert sein könnte! Sämtliche Listen finden Sie auch online unter http://www.utb-shop.de/9783825250393 (Zusatzmaterial), um sie für jede Arbeit neu abhaken zu können.

Checkliste Recherche

☐ Haben Sie mehrere Rechercheinstrumente genutzt oder haben Sie sich lediglich auf eines verlassen?

☐ Beinhaltet Ihre Literaturliste auch wirklich einschlägige Literatur (inklusive Aufsätze?) oder besteht sie überwiegend aus Einführungen, Handbüchern und Lexikonartikeln?

☐ Sind Sie in der Lage, Ihr Arbeitsvorhaben zumindest grob in eigenen Worten zu skizzieren?

☐ Haben Sie durch die Recherche oder in der gefundenen Literatur eine oder mehrere Quellen gefunden, die Sie zu eigenen Fragestellungen anregen?

☐ Im Zweifelsfall halten Sie Rücksprache mit Ihren Hochschullehrern!

Checkliste Lesen

☐ Was weiß ich schon?

☐ Was will ich eigentlich herausfinden?

☐ Wo benötige ich Überblickswissen, wo muss ich in die Tiefe lesen?

☐ Wann brauche ich welche Literatur? Und wozu genau?

- ☐ Text und Kontext: Verstehe ich den Text der Quellen? Verstehe ich die Quellensprache? Achtung: Wörterbücher, Fachlexika et cetera konsultieren!
- ☐ Was sagt mein Bauchgefühl? Fühle ich mich umfassend informiert?
- ☐ Immer wieder: Was habe ich bis jetzt verstanden, was noch nicht?
- ☐ Komme ich (m)einer Leitfrage näher?
- ☐ Übrigens: Gezielte Nachrecherche ist nicht Ausnahme, sondern Regel! Apropos: Haben Sie fremdsprachige Literatur integriert?

Checkliste Denken

- ☐ Was will ich eigentlich herausfinden?
- ☐ Was kann ich aus der Quelle herausfinden – und was nicht?
- ☐ Welche Funktion hatte die Quelle beziehungsweise sollte sie haben? Für wen war sie gedacht? Was bedeutet das für ihre Gestaltung?
- ☐ Welche Art von Leitfrage bringt Text und Kontext sinnvoll in Verbindung?
- ☐ Welche neue Erkenntnis, genauer: welche Art neuer Erkenntnis könnte daraus entstehen?
- ☐ Was ändert jeder weitere Rechercheschritt an meinem Bild? Muss ich ihn überhaupt noch gehen?

Checkliste Quellenanalyse

- ☐ Um welche Art Quelle handelt es sich?
- ☐ Wie wurde die Quelle überliefert?
- ☐ Wann entstand die Quelle?
- ☐ Wo entstand die Quelle?
- ☐ Wer hat die Quelle verfasst oder in Auftrag gegeben?
- ☐ Warum ist die Quelle entstanden?
- ☐ Was stellte die Quelle dar? Gegebenenfalls auch: Was nicht?
- ☐ Wie stellte die Quelle dar, was sie darstellte?
- ☐ Wie war die Quelle strukturiert und komponiert?

Anhang

- ☐ Welche Begriffe, welche sprachlichen oder außersprachlichen Mittel verwendete sie?
- ☐ An wen war die Quelle gerichtet?
- ☐ Welchen Zweck sollte die Quelle erfüllen?
- ☐ Wem sollte die Quelle nutzen?
- ☐ Was hat der Urheber getan, indem er dieses und jenes geschrieben oder verfertigt hat?

Checkliste Fragestellung

- ☐ Habe ich eine klare Fragestellung? Anders gesagt: Was interessiert mich an der Quelle eigentlich?
- ☐ Ist meine Fragestellung historisch? Anders gesagt: Erfolgt die Erklärung vor dem zeitgenössischen Horizont oder spiele ich Weltenrichter?
- ☐ Passt die Fragestellung zur Quelle? Anders gesagt: Habe ich die Funktion der Quelle präzise bestimmt? Von Propaganda wird niemand eine objektive Darstellung erwarten.
- ☐ Was muss ich wissen, um die Fragestellung beantworten zu können – und was brauche ich dazu nicht? Anders gesagt: Was muss ich für meine Darstellung noch recherchieren, was nicht?
- ☐ Wie verhält sich meine Fragestellung zu bisherigen Fragestellungen in der Literatur? Anders gesagt: Was sehe ich anders?
- ☐ Was macht das methodische und inhaltliche Spezifikum meiner Herangehensweise aus? Anders gesagt: Wie ist mein Erklärungs-Ansatz beschaffen?

Checkliste Schreiben

- ☐ Sind Leitfrage und These klar exponiert? Am besten erkennt das mitunter ein unbefangener Gegen-Leser!
- ☐ Haben Sie einen treffenden Titel und gegebenenfalls treffende Binnen-Überschriften gefunden? Am besten fragen Sie sich, ob Sie einen Text mit dieser Überschrift selbst wirklich lesen wollten!

- ☐ Entsprechen die Formulierungen wissenschaftlichen Konventio nen, von der indirekten Rede bis zur Wortwahl? Am besten den gesamten Text vor der Abgabe einige Tage liegenlassen, dann gründlich überarbeiten!
- ☐ Ist der Stil gelungen, und vor allem: Passt er zum Genre? Beden ken Sie noch einmal die Eigenheiten der Darstellungsformen!
- ☐ Mehrere Korrekturdurchgänge erledigt? Rechtschreibprüfung durch Maschine (Word: F7) und Mensch aktivieren! Im ortho graphischen Zweifelsfall und bei Unsicherheit in der Zeichenset zung das Regelwerk konsultieren!
- ☐ Stimmt das Layout beziehungsweise Format (Einrichtung von Text und Überschriften, Schriftgrößen, Schriftarten, Abstände, Seitenzahlen und anderes mehr)?
- ☐ Alles auf Konsistenz geprüft? Insbesondere bei Schreibvarianten und im wissenschaftlichen Apparat auf Einheitlichkeit und Voll ständigkeit achten!

Checkliste am Beginn der Niederschrift

- ☐ Welchem Genre gehört meine Arbeit an?
- ☐ Welchen Anforderungen genau soll sie genügen?
- ☐ Welche speziellen Vorgaben machen Hochschullehrer beziehungs weise Prüfungsordnung?
- ☐ Termine und Terminplanung: Wann muss respektive soll die Arbeit abgeschlossen sein, wieviel Zeit ist dafür einzuplanen (inklusive einer Phase der Überarbeitung)?
- ☐ Welche Hinweise lassen sich aus der Lehrveranstaltung, dem Seminarapparat et cetera gewinnen?
- ☐ Gibt es einschlägige Bibliographien oder Forschungsüberblicke (zum Beispiel Oldenbourg Grundriss der Geschichte)?
- ☐ „Lessons learned": Habe ich die Rückmeldungen zu vorigen Arbeiten als Anregungen für die aktuelle Arbeit genutzt?

Checkliste vor Abgabe der Niederschrift

☐ Gut' Ding will Weile haben. Habe ich mein Werk ruhen lassen, um es einer kritischen Re-Lektüre zu unterziehen?

☐ Was ist meine These, reduziert auf einen kurzen Satz? Was habe ich eigentlich (Neues) herausgefunden? Was besagt das über den größeren Kontext?

☐ Was bedeutet meine These? Perspektiven öffnen: Was hätte ich herausfinden wollen, wenn ich noch mehr Zeit und Raum gehabt hätte?

☐ Formalia I: Habe ich die wesentlichen allgemeinen und speziellen Regeln beachtet? Habe ich Rücksprache mit meinem Hochschullehrer gehalten?

☐ Formalia II: Stimmen Rechtschreibung und Layout? Ist die einzureichende Hausarbeit ein vollständiges und fehlerfreies Exemplar? Ist die Präsentation mit dem Präsentations-PC kompatibel?

Checkliste Reden

☐ Sind Leitfrage und These klar exponiert? Am besten erkennt das mitunter ein unbefangener Probe-Hörer!

☐ Sind Sie sich der Eigenart des Vortrags bewusst? Kurze Sätze formulieren!

☐ Sind Sie sich der Eigenart des Publikums bewusst? Überlegen Sie, welches Wissen Sie jeweils voraussetzen dürfen!

☐ Haben Sie sich wenigstens drei Sätze wortwörtlich zurechtgelegt: den ersten Satz, die These, den letzten Satz?

☐ Egal, ob Sie frei sprechen oder sich eng ans Manuskript halten wollen: Haben Sie die wesentlichen Teile des Textes memoriert und verinnerlicht, das heißt: auswendiggelernt?

☐ Bei Präsentationen: Penibel auf Tippfehler und einheitliches Layout geprüft (Formatvorlagen, Schriftgrößen, Schriftarten, Abstände, Seitenzahlen und anderes)?

☐ Sie sind etwas nervös? Gut so, genau richtig: Erst Lampenfieber bringt Sie auf Betriebstemperatur!

Checkliste Studium

☐ Generell: Was interessiert mich? Was weckt meine Forscherlust? Welche Epochen, welche Quellen, welche Themen, welche Methoden?

☐ Womit möchte ich wertvolle Lebenszeit verbringen? Wirklich mit Historisch Arbeiten? Wenn ja: Glückwunsch! Wenn nein: Schade. Aber dann werden Sie mit einem anderen Fach glücklich!

☐ Wie setze ich meine Ressourcen – Zeit, Geld, Motivation – ein? Lehrbücher lohnen die Anschaffungskosten meist!

☐ Speziell für das Fach Geschichte: Habe ich Lust an guten Formulierungen – beim Schreiben, beim Reden, beim Lesen?

☐ Welche Erwartungen habe ich? Wie verhalten sich meine Erfahrungen dazu? Interessiert mich mein Fach als Wissenschaft?

☐ Welche Kenntnisse und Kompetenzen möchte ich mir aneignen? Was ist mein aktueller Stand?

☐ Welche persönlichen Stärken kann ich stärken? Welche Schwächen schwächen?

☐ Wie kann ich dabei den Rat anderer nutzen? Kümmern Sie sich um Feedback durch Hochschullehrer und Kommilitonen, erst recht, wenn es ausbleibt – und geben Sie es, wenn erwünscht!

Anhang

Zu den Vertiefungen

Bei den folgenden Hinweisen handelt es sich keineswegs um allein gültige oder exklusive Patentlösungen, sondern um Denkanstöße; einen Anspruch auf Vollständigkeit erheben sie daher schon gar nicht. Jeder Historiker stellt andere Fragen. Geschichtsschreibung ist keine Mathematik. Aber die folgenden Hinweise lassen zumindest die Kategorien transparent werden, in denen Historiker denken (können), wenn sie nach Erklärungen suchen.

I. Ein Beispiel aus der Antike – Caesars Gallischer Krieg

Die Frage nach der Quelle bei diesem Thema klingt reichlich banal: Caesars Gallischer Krieg! Gerade bei solch bekannten und gängigen Werken wie Caesars Commentarii sind häufig eine Fülle unterschiedlicher Ausgaben und vor allem Übersetzungen auf dem Markt.[144] Gerade wenn Sie mit Übersetzungen arbeiten, lohnt sich häufig der Vergleich mehrerer (etwa auch englischer oder französischer[145]). Sie bekommen durch die Übersetzungsvarianten oftmals ein besseres Gespür für den Gehalt des Originals.

Wie gelangen Sie zu diesen Ausgaben? Entweder suchen Sie in den OPACs Ihrer UB oder Ihres Bibliotheksverbundes nach vorhandenen Ausgaben. Achten Sie dabei darauf, dass ältere Werke in der Regel unter einem Einheitstitel verzeichnet werden. Im Falle von Caesars Gallischem Krieg lautet dieser „De bello Gallico". Oder Sie schlagen in den gängigen altertumswissenschaftlichen Lexika und Literaturgeschichten nach, wo die wichtigsten Ausgaben verzeichnet sind.[146] Die einschlägigen Passagen zu Ariovist und seinen

---

144 Die derzeit maßgebliche kritische Edition ist: C. Iulii Caesaris Commentarii rerum gestarum, hg. v. Wolfgang Hering, Leipzig 1987. Gute deutsche zweisprachige Ausgaben sind etwa: Gaius Iulius Caesar: De bello Gallico/Der Gallische Krieg. Lateinisch/Deutsch, übers. u. hg. v. Marieluise Deissmann, Stuttgart 2014; C. Iulius Caesar: Der Gallische Krieg. Lateinisch-deutsch, hg. v. Otto Schönberger, Berlin ⁴2013.

145 Zum Beispiel: César: Guerre des Gaules, hg. v. Léopold-Albert Constans: 2 Bände, Paris 1926 (Collection Budé) [diverse ND]; Caesar: The Gallic War, hg. v. Edwards, Henry John, Cambridge/MA 1917 (Loeb Classical Library) [div. ND].

146 Kuhn-Chen, Barbara: Art. Caesar, Gaius Iulius, in: DNP Suppl. Band 2, Sp. 129–131.

Germanen finden Sie dann leicht über den Personen- beziehungs weise Sachindex.

Damit ist aber nur der erste Teil der Recherche beendet. Gibt es über Caesars eigenen Text hinaus womöglich noch andere relevante Quellen? Die systematische Suche über die Sekundärliteratur verweist Sie beispielsweise bei der Barbaren-Darstellung auf Autoren wie Diodor, Strabon und Tacitus, für die Auseinandersetzung mit Ariovist stehen Ihnen mit den Historienwerken Cassius Dios und Appians sowie den Biographien Plutarchs weitere Quellen zur Verfügung, die eine etwas andere Sichtweise auf den Konflikt liefern.[147]

Erster Ansatzpunkt für die unsystematische Literatur-Recherche können auch hier wieder einschlägige Einstiegswerke sein (Literaturgeschichten, Lexika, kommentierte Textausgaben des Bellum Gallicum, einführende Monographien zu Caesar und seinem Werk). Denken Sie daran, dass dieses Thema auch in Arbeiten über die Germanen behandelt werden kann! In einem nächsten Schritt führen Sie für die systematische Recherche eine gezielte Schlagwortsuche in den einschlägigen Katalogen und althistorischen (!) Datenbanken (Année Philologique) durch. Unbedingt sinnvoll ist hier auch eine englische Schlagwortsuche (Caesar + Germans; Caesar + Ethnography). Beispielhaft nach Ressourcen aufgeschlüsselt, wären unter anderem folgende Ergebnisse einer systematischen Recherche denkbar:

OPAC-Suche: Bleckmann, Bruno: Die Germanen. Von Ariovist bis zu den Wikingern, München 2009; Gelzer, Matthias: Caesar, der Politiker und Staatsmann, Wiesbaden ⁶1960 [ND Stuttgart 2008]; Gesche, Helga: Caesar, Darmstadt 1976; Riggsby, Andrew M.: Caesar in Gaul and Rome. A War in Words, Austin 2006; Schauer, Markus: Der Gallische Krieg. Geschichte und Täuschung in Caesars Meisterwerk, München 2016; Walser, Gerold: Caesar und die Germanen. Studien zur politischen Tendenz römischer Feldzugsberichte, Wiesbaden 1956.

Année Philologique, Gnomon und JSTOR: Fischer, Franz: Caesar und Ariovist. Studien zum Verständnis des Feldzugsberichts, in: Bonner Jahrbücher, Band 199 (1999), S. 31–68; Heinrichs, Achim: Überlegungen zur „Meuterei" von Vesontio, in: Acta classica Universitatis

147 Cass. Dio XXXVIII 34–47; App. Kelt. 16–18; Plut. Caes. 19.

Anhang

scientiarum Debreceniensis, Band 38/39 (2002/2003), S. 143–157; James, Bryan: Speech, authority, and experience in Caesar, Bellum Gallicum 1. 39–41, in: Hermes, Band 128 (2000), S. 54–64; Schadee, Hester: Caesar's Construction of Northern Europe. Inquiry, Contact and Corruption in 'De Bello Gallico', in: The Classical Quarterly, Band 58 (2008), S. 158–180; Steidle, Wolf: Beobachtungen zum Geschichtswerk des Cassius Dio, in: Würzburger Jahrbücher für die Altertumswissenschaft, Band 14 (1988), S. 203–224.

Google-Books/Google-Scholar: Christ, Karl: Caesar und die Geschichte, in: Weinmann-Walser, Marlis (Hg.): Historische Interpretationen. Gerold Walser zum 75. Geburtstag dargebracht von Freunden, Kollegen und Schülern, Stuttgart 1995, S. 9–22; Dobesch, Gerhard: Caesar als Ethnograph, in: Heftner, Herbert/Tomaschitz, Kurt (Hg.): Gerhard Dobesch. Ausgewählte Schriften, Band 1: Griechen und Römer, Köln/Weimar/Wien 2001, S. 453–505.

II. Ein Beispiel aus dem Mittelalter – Karl der Große und die Sachsenkriege

Quellen- und Literaturrecherche gehen hier Hand in Hand. Als Einstieg bieten sich Überblickswerke und Handbücher zum Karolingerreich an sowie neuere Monographien zu Karl dem Großen.[148] Sie finden letztere über eine einfache Schlagwort-Recherche in den gängigen OPACs. Achten Sie dabei darauf, dass Karl der Große im Englischen wie im Französischen „Charlemagne" heißt! Bedenken Sie ferner auch hier die Gegenseite und suchen Sie gezielt nach Literatur zu den Sachsen. Für die Materialrecherche gilt: Verwertbar sind nur wissenschaftliche Werke mit Anmerkungsapparat!

Zugleich können Sie epochenspezifische Datenbanken nutzen, in diesem Falle also Monumenta Germaniae Historica, Regesta Imperii und Repertorium der Geschichtsquellen des deutschen Mittelalters: Wenn Sie hier mit verschiedenen Suchbegriffen und -kombinationen arbeiten (zum Beispiel: „Sachsenkrieg", „Karl" + „Sachsen",

---

148 Zum Beispiel: Schieffer, Rudolf: Die Zeit des karolingischen Großreichs (714–887), Stuttgart [10]2005 (Handbuch der deutschen Geschichte, Band 2); Schneider, Reinhard: Das Frankenreich, München [4]2001, (Oldenbourg Grundriss der Geschichte, Band 5); Fried, Johannes: Karl der Große. Gewalt und Glaube. Eine Biographie, München [4]2014; McKitterick, Rosamond: Karl der Große, Darmstadt 2008.

„Widukind") erhalten Sie eine große Anzahl von Treffern – mit denen Sie zugleich einen ersten Eindruck von der Bandbreite möglicher Themen und Fragestellungen bekommen. Neben den literarischen Hauptquellen für die Sachsenkriege kommen grundsätzlich auch archäologische Zeugnisse in Frage. Sogar die Verteilung bestimmter Ortsnamen wie Sachsenhausen lässt Rückschlüsse auf den Umgang mit den besiegten Sachsen zu.[149]

So oder so: Sie werden unweigerlich zu den literarischen Hauptquellen gelangen, vor allem zu den Annales regni Francorum (Fränkische Reichsannalen), zur Einhardsvita Karls des Großen, zum Gedicht des Poeta Saxo sowie zu einschlägigen Erlassen wie dem Capitulare Saxonicum oder der Capitulatio de partibus Saxoniae. Hinweise zu Ausgaben, Übersetzungen und Kommentaren finden Sie in den Quellenverzeichnissen Ihrer Literatur oder im Repertorium der Geschichtsquellen. Wie wichtig gerade bei komplexen Überlieferungs- und Entstehungsbedingungen von Quellen eine solide Textgrundlage ist, verdeutlicht der Fall der Reichsannalen. Diese sind in verschiedenen Versionen auf uns gekommen und in einer späteren Fassung, den sogenannten Einhardsannalen, nochmals überarbeitet worden. Die Edition in den MGH verzeichnet hierzu sämtliche Varianten,[150] während die Übersetzung in der Freiherr vom Stein-Gedächtnisausgabe die Zusätze der Einhardsannalen lediglich in Auswahl anführt.[151]

III. Ein Beispiel aus der Frühen Neuzeit – Der Dreißigjährige Krieg

Der vermeintlich einfache Weg über Wikipedia erweist sich als wenig tragfähig: Der Artikel zum Zweiten Prager Fenstersturz im Jahre 1618 zitiert zwar aus zeitgenössischen Quellen, jedoch auf Basis einer Edi-

---

149 Gütter, Adolf: Die Ortsnamen „Sachsen", „Sachsenheim" und „Sachsendorf". Namenzeugnisse für die Ansiedlung von deportierten Sachsen in der Zeit der Sachsenkriege Karls des Großen im ostfränkischen Raum, in: Archiv für die Geschichte von Oberfranken, Band 84 (2004), S. 7–22.

150 Annales regni Francorum, hg. v. Friedrich Kurze, MGH SRG 6, Hannover 1895. Digital via: http://www.mgh.de/dmgh/resolving/MGH_SS_rer._Germ._6_S._II (Stand: 24. Juni 2018).

151 Rau, Reinhold: Quellen zur karolingischen Reichsgeschichte, Band 1 (Freiherr vom Stein-Gedächtnisausgabe 5), Darmstadt 1968.

Anhang

tion, die wissenschaftlichen Ansprüchen nicht genügt. Umfangreiche und zuverlässige Quellenangaben bieten auch hier einschlägige Gesamtdarstellungen,[152] Handbücher wie die betreffenden Bände des Oldenbourg Grundriss der Geschichte oder des Handbuchs der Deutschen Geschichte (dem „Gebhardt"),[153] aber auch Biographien – Wallenstein als Beispiel[154] – einzelner Akteure. Dort finden Sie präzise Verweise ad fontes, und zwar zu wissenschaftlichen Editionen.[155] Spezifische Stichwortsuchen („Fenstersturz", aber auch „Defenestration" oder die geeigneten Vokabeln etwa für tschechische Publikationen) in einschlägigen Datenbanken führen direkt zur Literatur, die ihrerseits unmittelbar auf die Quellen verweist.[156]

Schon bei diesen Recherchen werden Sie feststellen: Der Dreißigjährige Krieg ist seiner Dauer und der vielfältigen Aspekte wegen, die mit ihm verbunden waren, ein sehr weites Feld, das Sie für eine Hausarbeit unbedingt enger abstecken müssen. Lassen Sie sich ruhig durch Recherche und Lektüre inspirieren! Sie werden dabei schnell auf mögliche Schwerpunktsetzungen für die weitere Recherche stoßen, wie zum Beispiel die Rolle der Konfessionsstreitigkeiten, das Spiel der europäischen Mächte, die Auswirkungen des Krieges auf die lokale Bevölkerung, Fragen nach Gewalt und Gewalterfahrungen. Die Fachliteratur verweist Sie dann auf interessante Quellen:

---

152 Darunter: Kampmann, Christoph: Europa und das Reich im Dreißigjährigen Krieg, Stuttgart 2008; Arndt, Johannes: Der Dreißigjährige Krieg 1618–1648, Stuttgart 2009; Münkler, Herfried: Der Dreißigjährige Krieg. Europäische Katastrophe, deutsches Trauma 1618–1648, Berlin 2017; Wilson, Peter H.: Der Dreißigjährige Krieg. Eine europäische Tragödie, Darmstadt 2017.

153 Darunter: Lutz, Heinrich/Kohler, Alfred: Reformation und Gegenreformation, München ⁵2002 (Oldenbourg Grundriss der Geschichte, Band 10); Lanzinner, Maximilian/Schormann, Gerhard: Konfessionelles Zeitalter 1555–1618. Dreißigjähriger Krieg 1618–1648, Stuttgart ¹⁰2003 (Gebhardt: Handbuch der deutschen Geschichte, Band 10).

154 Mann, Golo: Wallenstein. Sein Leben erzählt von Golo Mann, Frankfurt am Main 1971.

155 Darunter: Janácek, Josef u. a. (Hg.): Documenta Bohemica Bellum Tricennale Illustrantia, 7 Bände, Prag 1971–1981; Schmid, Josef Johannes (Hg.): Quellen zur Geschichte des Dreißigjährigen Krieges. Zwischen Prager Frieden und Westfälischem Frieden, Darmstadt 2009 (Ausgewählte Quellen zur deutschen Geschichte der Neuzeit, Band 21).

156 Darunter: Neuhaus, Helmut: Fenstersturz mit Folgen: Der Dreißigjährige Krieg, in; Welt- und Kulturgeschichte, Band 8 (2006), S. 369–384.

von den Akten des Westfälischen Friedens (Acta Pacis Westphalicae, gedruckt oder digital via: http://www.pax-westphalica.de) über literarische Verarbeitungen (Paul Gerhards Kirchenlieder ebenso wie die Sonette des Andreas Gryphius oder Grimmelshausens Schelmenroman „Der abenteuerliche Simplicissimus") bis hin zu einer erstmals in der Frühen Neuzeit weit verbreiteten Quellengattung, sogenannten Ego-Dokumenten, die das Schicksal der „einfacheren" Bevölkerung nachvollziehbar machen – zum Beispiel tagebuchartige Aufzeichnungen von Söldnern oder Bauern.[157]

IV. Tradition und Überrest

1) Römische Münzfunde bei einer Ausgrabung: in der Regel ein klassischer Überrest – womöglich hat ein römischer Soldat die Münze einst verloren; ein Hortfund könnte darauf hindeuten, dass die Münzen einst vor Plünderern versteckt wurden. Achtung: Sobald der Münzfund im Museum ausgestellt wird, gerät er unter der Hand zur Tradition!

2) Der Kölner Dom: eine Tradition, da der Dom seit vielen Jahrhunderten instandgehalten wird, bisweilen auch verändert. Der heute so bekannte Turm wurde erst in den 1840er Jahren errichtet. Achtung: Selbst innerhalb der Tradition können Überreste existieren – zum Beispiel, wenn anlässlich von Erhaltungsarbeiten im Fundament ein bislang unbekanntes Grab entdeckt wird.

3) Das Silberbesteck Ihrer Urgroßeltern: Wenn Sie es bei der Haushaltsauflösung unerwartet irgendwo im Schrank entdecken, handelt es sich um einen Überrest – aber wenn Sie es in Schubladen einsortiert haben und es gezielt an bestimmten Festtagen zur Erinnerung an die Vorfahren nutzen, betreiben Sie selbst Traditionsbildung!

4) Eine Wehrmachts-Pistole hinter dem losen Stein einer Gartenmauer. Wie subjektiv diese Unterscheidung sein kann, zeigt dieses Beispiel. Für Mitglieder der Familie, die um die Existenz dieser in den letzten Kriegstagen versteckten Waffe wissen und die Waffe

---

157 Darunter: Der Dreißigjährige Krieg in zeitgenössischer Darstellung. Hans Heberles „Zeytregister" (1618–1672). Aufzeichnungen aus dem Ulmer Territorium. Ein Beitrag zu Geschichtsschreibung und Geschichtsverständnis der Unterschichten, hg. v. Hans Zillhardt, Ulm 1975; Peter Hagendorf: Tagebuch eines Söldners aus dem Dreißigjährigen Krieg, hg. v. Jan Peters, Göttingen 2012.

in der Mauer belassen haben, handelt es sich um eine Tradition –
schließlich hätten sie die Pistole auch verschwinden lassen können.
Der Bauarbeiter, der bei einer Sanierung der besagten Gartenmauer
plötzlich einen unerwarteten Fund macht, hat auf einmal einen Überrest in der Hand.

V. Ein Ereignis – unterschiedliche Sichtweisen: Caesar und Cassius Dio

Der auffälligste Unterschied liegt in der Schilderung des Aufruhrs.
Caesar legte großen Wert darauf, dass die Erschütterung der Moral
von militärisch unerfahrenen, adligen (!) Mitgliedern seiner Entou-
rage ausgegangen sei, die es erheblich an Selbstbeherrschung – Kern-
tugend eines römischen Mannes – hätten fehlen lassen. Deren Verhalten habe sich wie eine ansteckende Krankheit auf die eigentlich
zuverlässigen Mannschaften und Zenturionen ausgebreitet. Letztere
bildeten als erfahrene Berufssoldaten das Rückgrat des Heeres und
stellten ein Gegenstück zu den unerfahrenen adligen Militärtribunen und anderen Offizieren dar. Caesar versuchte also, die Schuld
an der Misere auf eine kleine Gruppe abzuwälzen und den Großteil
seines Heeres zu exkulpieren.

Obwohl er mit dem Titel „Commentarii" seinem Werk einen
betont nüchternen Charakter verleihen und von echter Historiographie abgrenzen wollte, sieht man an dieser Episode, dass Caesar
ganz bewusst und höchst geschickt literarische Gestaltungsmittel zur
Leserlenkung einsetzte. Cassius Dios Darstellung hingegen schmei-
chelte dem Feldherrn Caesar weit weniger, obgleich der grobe Gang
der Dinge mit Caesars Version übereinstimmt. Die Rede der Soldaten
von Caesars Ehrgeiz, der in einen nicht gerechtfertigten Krieg führe,
weist darauf hin, dass Caesars Agieren in Gallien keineswegs so klar
legitimiert war, wie der Feldherr es in seinem Werk den Lesern glauben machen mochte. Die bloße Scheidung von Primär- und Sekundärquelle bleibt an sich bedeutungslos, solange Sie sie nicht im konkreten Einzelfall fruchtbar machen.

VI. Quellenkritik im Exempel: Die Sachsenkriege

Der genaue Zweck der Namensliste – die Identifizierung als Liste
von Geiseln ist streng genommen schon eine, wenn auch allgemein

akzeptierte historische Interpretation – bleibt ebenso wie ihre Entstehungsumstände im Dunkeln. Gleichwohl gibt sie einen Einblick in die Praxis der Verwahrung hochrangiger Geiseln im Frankenreich. Über die genauen Umstände, wie und wann sie den Franken überstellt wurden, gibt die Quelle keine Auskunft.

Demgegenüber liefern die Reichsannalen ein deutlich farbigeres, wenn auch nicht unproblematisches Bild der historischen Vorgänge. Als Annalen verzeichneten sie nach Jahren geordnet wichtige Ereignisse in vergleichsweise kurzer, prosaischer Form. Dies bedeutet jedoch nicht, dass sie gänzlich ohne Wirkungsabsicht geschrieben sind. Im Gegenteil: Sie beschrieben in geraffter Form die Ereignisse aus Sicht des karolingischen Hofes, wie unschwer an der überaus positiven Darstellung Karls und seiner Erfolge zu erkennen ist. Beiden Quellen gemein ist die Auflistung der Geiseln nach den drei sächsischen „Stämmen", den Westfalen, Ostfalen und Engern.

VII. Quellen im Widerspruch: Zwei Langemarcks

Die Abfassung als Tagebuch sowie der ursprüngliche Sperrvermerk weisen die Aufzeichnungen zunächst als Primärquelle und Überrest auf. Die spätere Überarbeitung zeugt jedoch eindeutig von einer Publikationsabsicht (Verfassung eines Vorwortes!), weshalb diese überarbeitete Version zur Tradition wird. Inwieweit der zeitliche Abstand von einigen Jahren bereits genügt, die bearbeiteten Aufzeichnungen schon zur Sekundärquelle zu machen, darüber lässt sich trefflich – und letztlich fruchtlos – streiten. Wichtiger als eine solche akademische Einordnung ist ohnehin die Frage, wie und wofür Sie die Quelle fruchtbar machen. Eine (leider noch nicht existente) historisch-kritische Edition der Tagebücher müsste unbedingt die verschiedenen Überarbeitungspuren und Textversionen sichern und sichtbar machten. Das offizielle Kommuniqué der OHL (siehe S. 110) war hingegen vor allem dazu angelegt, die (angeblichen) Erfolge der Sturmangriffe und den Patriotismus der Soldaten herauszustellen, um die Kriegswilligkeit in der Heimat zu festigen. Demgegenüber zeigt Müllers Eintrag, dass sich die politisch-militärische Führung der horrenden Verluste, die die Angriffe von Langemarck letztlich zum Fehlschlag machten, bewusst war.

VIII. Recherche nach gegenständlichen Quellen zum Ersten Weltkrieg

Denkbar wären unter anderem folgende Kategorien, mit denen Sie eine systematische Recherche angehen können.

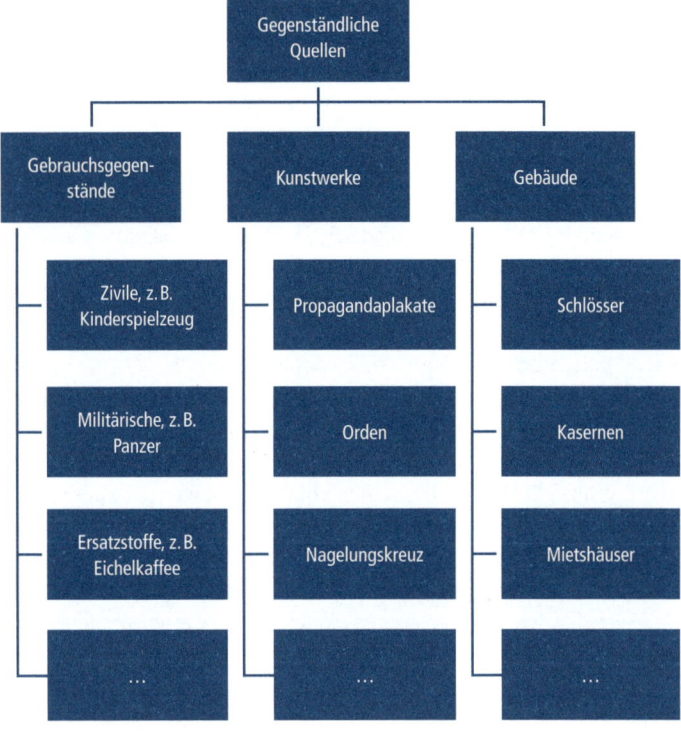

IX. Eine Feldpostkarte entschlüsseln

[Ergänzungen der Herausgeber in eckigen Klammern; Zeilenwechsel sind mit „/" angegeben]

Bedruckt

> Feldpostkarte
> Der europäische Krieg 1914/16.
> Wirklichkeitsbilder vom Kriegsschauplatz, Nr. 131:
> Mittagspause im Feindesland
> Nach einer Originalaufnahme von Gebr. Haeckel, Berlin
> Feldpoststempel
> K[aiserlich] D[eutsche] Feldpostexped[ition] der 28. Infanterie-Div.; 17.4.16. 9–10 V
> Soldatenbriefstempel [zum Nachweis der Portofreiheit]
> (Briefstempel Infanterie-Regiment Markgraf Ludwig Wilhelm (3. Badisches) Nr. 111, II. Batallion)

Handschriftlich

> Adresse
>> An / Fräulein / Barbara Wiegand / In / Eppelheim b. Heidelberg / Bahnstraße 267

> Absender (oben auf dem Kopf stehend)
>> Abs. Musk[etier] K[arl] Müller
>> 14. A[rmee]K[orps] 28. I[nfanterie]D[ivision] 6/iii

> Text
>> Im Felde, den 15.4.16 / Liebe Barbara! / Habe Deine Karte vom 12. mit Freuden erhalten / besten Dank. Geht mir auch / gut bin noch gesund und hoffe / dasselbe auch von Dir / Es grüßt Dich Dein / Lieber Karl / Aufs Wiedersehen / Bald Antwort.

X. „W-Fragen" im Beispiel: Ernst Jüngers „In Stahlgewittern"

▸ Welche **Überlieferung** liegt vor? Kritische Edition in Buchform,[158] unter Berücksichtigung der Unterschiede zwischen den zahlreichen Auflagen.

▸ Welcher **Quellentyp** liegt vor? Tagebuchähnliche Erzählung des Kriegsalltags eines Frontoffiziers – typische „Schützengrabenliteratur": übliche zeitgenössische Publikationsform.[159]

▸ Welche **Funktion** hatte die Quelle, was war jeweils „sagbar"? Das Buch sollte seine Leser in mannigfacher Hinsicht beeinflussen, literarisch wie politisch – vor allem aber sollte es verkauft werden.

▸ **Wer** war Urheber der Quelle? Ernst Jünger; geprägt von der Jugendbewegung, militärbegeistert (1913 Eintritt in die Fremdenlegion, 1914 Kriegsfreiwilliger), Kompanieführer der Infanterie, hochdekorierter Kriegsheld, nun erstmals Autor.[160]

▸ **Wann** und **wo** ist sie entstanden, in welchem Kontext? Welche Vorgeschichte hatte die Quelle? Literarische Darstellung der Kriegserlebnisse als eigene Gattung,[161] freilich zunächst eher als authentischer Erfahrungsbericht eines Kriegshelden wahrgenommen: vorgeblicher Tatsachenbericht, der Autor blieb bis 1923 Berufsoffizier.

▸ **Warum** ist sie entstanden? Welche Motive und Zwecke lassen sich entdecken? Verarbeitung der Kriegseindrücke unter den Bedingungen der deutschen Kriegsniederlage und des politischen Zusammenbruchs sowie der weiteren Zeitläufte.

▸ **Welche** besonderen **formalen und inhaltlichen Merkmale** liegen vor? Deutung des Krieges als Materialschlacht; Erzählungen über militärisches Draufgängertum, zudem in der Geste des Realismus erzählt (nahe lägen also Recherchen in einschlägigen Handbüchern zu Erzählungsweisen in der Weimarer Zeit).

---

158 Jünger, Ernst: In Stahlgewittern. Historisch-kritische Ausgabe, hg. v. Helmuth Kiesel, Stuttgart ²2014.

159 King, John: „Wann hat dieser Scheißkrieg ein Ende?". Writing and Rewriting the First World War, Schnellroda 2003.

160 Kiesel, Helmuth: Ernst Jünger. Die Biographie, München 2007.

161 Kriegsbriefe deutscher Studenten, hg. v. Philipp Witkop, München 1915.

XI. Caesar als Schriftsteller

Bei den Stammes- und Personennamen helfen kommentierte Editionen der Quelle oder die gängigen Fachlexika wie der Neue Pauly oder das Oxford Classical Dictionary. Hier erfahren Sie zum Beispiel, dass es sich bei Publius Crassus um den Sohn des im Jahre 53 v. Chr. gegen die Parther gefallenen M. Licinius Crassus handelte, der wiederum mit Caesar und Pompeius den sogenannten Ersten Triumvirat gebildet hatte. Vor diesem Hintergrund mag die lobende Erwähnung – ein von Caesar immer mit großen Bedacht eingesetztes Mittel – nicht nur vom Gefechtsverlauf, sondern auch von politischen Erwägungen Caesars motiviert gewesen sein.

Die Erwähnung der germanischen Frauen scheint auf den ersten Blick eine Überdramatisierung Caesars zu sein. Doch lehrt ein Blick in die Literatur, dass sich Kelten und Germanen in der Schlacht derart anfeuern ließen. Informiert man sich hingegen über die typisch römische Kampfesweise, so verwundert, dass Caesars Soldaten so schnell die feindlichen Linien erreicht haben sollen, dass sie keine Zeit mehr für das Werfen ihrer Speere fanden. Geht man davon aus, dass sich beide Schlachtreihen mehrere hundert Meter entfernt standen, so erscheint ein solcher Sprint in voller Rüstung (!) doch eher als eine literarische Übertreibung Caesars, der vielleicht die von ihm wiederhergestellte Kampfbegeisterung seiner Soldaten aufzeigen wollte. Bis zum Beginn des 19. Jahrhunderts war Historiographie eben auch und gerade Literatur, die sich der verschiedensten rhetorischen Mittel bediente. Es lohnt sich daher immer, solche Quellen auch aus philologischer Perspektive zu betrachten.

Schließlich könnten Sie auch auf die Idee kommen, das von Caesar geschilderte Geschehen auf einer Karte zu verfolgen.[162] Wenn man sich Caesars Argumentation von einer germanischen Bedrohung Galliens vor Augen hält[163] und mit dem Ort der Schlacht – nach Caesar fünf Meilen vom Rheinufer entfernt! – vergleicht, so kann

---

162 Zum Beispiel mit dem Kartenband des Neuen Pauly oder einem anderen historisch informierten Kartenwerk.

163 So schreibt Caesar von Berichten, Ariovist habe seine Grenzen schon um drei Tagesmärsche überschritten und sei im Anmarsch auf Vesontio: Caes. Gall. I 38.1.

man durchaus fragen, ob sich nicht eher der römische Prokonsul in die germanische Interessensphäre vorgewagt hat.

XII. Widersprüche in den Quellen: Auflösung mittels der Literatur

Allgemeine Nachschlagewerke wie das Lexikon des Mittelalters (und ggf. Atlanten), aber auch Wörterbücher für das Verständnis des Originals helfen hier weiter. Das verwickelte Verhältnis von Reichsannalen zu Einhards-Annalen behandeln: Wattenbach, Wilhelm/Levison, Wilhelm/Löwe, Heinz: Deutsche Geschichtsquellen im Mittelalter. Vorzeit und Karolinger, Heft II, Die Karolinger vom Anfang des 8. Jahrhunderts bis zum Tode Karls des Grossen, Weimar 1953, S. 254–266. Die neuere Literatur zu einzelnen Quellen finden Sie zusammengestellt und aktualisiert in den Geschichtsquellen des deutschen Mittelalters (http://www.geschichtsquellen.de). Denken Sie bei literarischen Quellen ferner an Verfasserlexika und Literaturgeschichten![164]

XIII. Eine Quelle begreifen: Der Prager Fenstersturz im Jahre 1618

Sie haben auch bei der Lektüre dieser Quelle natürlich stets bedacht: Kein Bericht ist neutral. Es kommt auf die Formulierungen und die Zusammenhänge an, die der Autor suggeriert – zum Beispiel auf den Gegensatz, der zwischen der Frömmigkeit der soeben aus der Frühmesse gekommenen katholischen Statthalter und der Keckheit der protestantischen Aufrührer konstruiert wurde. Naheliegend wäre nun ein Blick auf eine etwaige Gegenüberlieferung! Erst einmal aber kommt es darauf an, die fraglichen Bezeichnungen und Begriffe zu erkunden – mithilfe einschlägiger Hilfsmittel.

---

164 Buchwald, Wolfgang/Hohlweg, Armin/Prinz, Otto: Tusculum-Lexikon griechischer und lateinischer Autoren des Altertums und des Mittelalters, München/Zürich 1982³; Wachinger, Burghart (Hg.): Die deutsche Literatur des Mittelalters – Verfasserlexikon, 10 Bände, Berlin 1978 ff.

Beobachtete Details	Hilfsmittel
Begriffe: „Behaimbische" heißt „böhmische" „sub utraque" heißt: wer das Abendmahl in beiderlei Gestalt einnahm, also Hussiten oder Protestanten	Sprachgeschichtliche beziehungsweise historische Wörterbücher, zum Beispiel Grimm, Adelung, Zedler Einschlägige Nachschlagewerke, etwa theologische Lexika
Datum: Besaß der 23. Mai besonderen Symbolgehalt (zum Beispiel Namenstag eines bestimmten Heiligen, ein besonderes Fest im Kirchenjahr)? Besaß der 23. Mai eine besondere politische Bedeutung (zum Beispiel ein Jahrestag, ein regulärer Termin für periodische Ereignisse)? Besaß der 23. Mai 1618 eine besondere politische Bedeutung (zum Beispiel als Beginn oder Ende einer Regierungszeit)?	Heiligenkalender/Heiligenlexikon Messbücher et cetera Einschlägige Handbücher/Chronologische Nachschlagewerke Regentenlisten, Literatur (Wenige Woche zuvor hatte König Matthias weitere Treffen der böhmischen Stände verboten)
Ort: Wo befand sich eigentlich die Böhmische Kanzlei? Und wo die Kirche? Der Veitsdom übrigens war die böhmische Hauptkirche!	Historische Atlanten Historische Stadtpläne
Personen: Wer waren die Statthalter – und vor allem: in wessen Diensten? Der Kaiser und der böhmische König sind zwar die gleichen Personen, aber kaiserliche waren nicht böhmische Beamte. Wer gehörte zu den böhmischen Ständen – weniger namentlich als strukturell?	Nationalbiographien, Prosopographien Handbücher zur böhmischen beziehungsweise habsburgischen Geschichte
Institutionen: Wofür war eigentlich die Böhmische Kanzlei zuständig?	Spezialdarstellungen zur böhmischen Geschichte
Situation: Warum mussten die Bürger vor der Tür warten (oder aber: warum wollte der Autor diesen Anschein erwecken)? Handelt es sich um ein übliches (also ritualisiertes) oder um ein unübliches Procedere?	Studien zur symbolischen Repräsentation Verfassungsgeschichtliche Überblickswerke

XIV. Einen Autor fassen: Zum Kontext der Feldpostkarte

Um etwas über den Absender herauszufinden und ihn womöglich als Person zu identifizieren, benötigen Sie Literatur zum Aufbau der zeitgenössischen Armeen, am besten Handbücher zur Militärgeschichte,[165] und einschlägige Literatur[166]. Dann können Sie den Soldat einer Einheit zuordnen: „M" steht für den Dienstgrad „Musketier" (niedrigster Dienstgrad, noch unterhalb des Gefreiten), „AK" für „Armeekorps", „ID" für „Infanteriedivision", „6/iii" benennt schließlich das Bataillon („6") und die Kompanie („iii") – die Gliederung erfolgt also von oben nach unten. Jetzt braucht es Darstellungen über den Kriegsverlauf, um festzustellen, wo diese Einheit in der betreffenden Zeit lag, welchen besonderen Einflüssen sie ausgesetzt war et cetera! Auch Regimentsbücher oder zum Beispiel Familienbücher oder ähnliche Quellen aus dem Heimatort des Soldaten ermöglichen wichtige individuelle und kollektive Zuordnungen. Übrigens: Bei der Zuordnung von Kriegsfotografien brauchen Sie entsprechende Literatur über Uniformen oder Ausrüstung.[167]

XV. Fallstricke der Quellenlektüre: Caesar als Heeres- und Leserführer

Wie oben schon erläutert, hatten antike Historiographen bei der Wiedergabe von Reden durchaus Gestaltungsspielräume. Es ist daher keineswegs ausgemacht, dass sich Caesar akkurat an den Wortlaut der Mitteilungen hielt. Dies gilt umso mehr, als Ariovists Reaktion recht genau dem römischen Stereotyp eines überheblichen Barbaren entspricht (dessen Hoffnungen natürlich im weiteren Verlauf drastisch enttäuscht werden). Ferner ist der Zweck von Caesars Schilderungen zu berücksichtigen: Er schrieb seine Commentarii auch und gerade zur Rechtfertigung seines Eingreifens in Gallien – ein Eingreifen, das von seiner Kommandogewalt als Prokonsul der römischen Provinzen Gallia Cisalpina und Transalpina eher schlecht als recht gedeckt war.

---

165 Meier-Welcker, Hans (Hg.): Handbuch zur deutschen Militärgeschichte 1648–1939, Bände 2 & 3, München 1979.
166 Stachelbeck, Christian: Deutschlands Heer und Marine im Ersten Weltkrieg, München 2013.
167 Etwa: Knötel, Herbert: Uniformenkunde – Das Deutsche Heer – Friedensuniformen bei Ausbruch des Weltkrieges, Stuttgart ²1982.

Seine innenpolitischen Gegner in Rom warteten nur auf eine Möglichkeit, ihn wegen seiner Alleingänge politisch kaltzustellen. Vor diesem Hintergrund sollte Ariovists schroffe, beleidigende Haltung gegenüber einem römischen Amtsträger und damit gegenüber dem römischen Staat für Caesars Publikum als einleuchtende Rechtfertigung für den folgenden Kriegszug gegen die Germanen erscheinen.

XVI. Vom Nutzen der Stereotype: Einhards Sachsen

Parallelen zu anderen Quellen liegen in der Darstellung der Sachsen als untreu und hinterhältig – Verstöße gegen göttliches und menschliches Recht meinten hier wohl vor allem den Bruch von Eiden und des Gesandtschaftsrechts. Ferner betont auch Einhard die Christianisierung als Kriegsziel Karls. Angesichts der einleitenden Hervorhebung der Länge und Grausamkeit des Krieges überrascht das versöhnliche Ende, das Franken und Sachsen zu einem Volk verschmelzen lässt (und nicht etwa die Unterwerfung der Sachsen betont). Das gleiche Motiv findet sich auch am Ende des Werkes des Poeta Saxo, der wohl Einhards Wendung kannte und verarbeitete. Mögliche weiterführende Fragen sind zum Beispiel: Welche unterstützenden Maßnahmen zur Christianisierung ergriffen die Franken? Gibt es außer den literarischen Quellen beispielsweise noch archäologische Zeugnisse der Auseinandersetzung? Welche Gründe könnte es geben, dass schon bald nach dem Ende der verlustreichen Kriege Quellen wie Einhards Lebensbeschreibung von einer Verschmelzung der Völker reden konnten? Welche Rolle spielte dabei die sächsische Oberschicht, die teils bereits mit der fränkischen versippt war?

Anhang

XVII. Auf der Suche nach dem Unausgesprochenen. Wagen Sie sich daran, die drei freien Kästchen analog auszufüllen!

	„Es zieht."	„Lecker!"	„Der Kanzler badet gerne lau" (Herbert Wehner über Willy Brandt, 1973)[168]	„Der Herrscher ist der erste Diener des Staates" (Friedrich der Große, 1740)[169]
Sach-mittei-lung	Durchs Zimmer weht ein kalter Wind.	Das Essen ist gut gekocht.	Kanzler Willy Brandt führt nicht adäquat.	Der Herrscher dient dem Staat, nicht umgekehrt.
Selbst-offenba-rung	Mir ist diese Kälte unangenehm.	Ich fühle mich wohl.	Andere können's besser, mich eingeschlossen.	Ich empfinde mein Amt eher als Bürde und Pflicht.
Bezie-hungs-deutung	Wenn ich Dir etwas bedeute, wirst Du etwas unternehmen.	Schön, dass Du Dir beim Kochen so viel Mühe gibst.	Du agierst zu passiv; Partei und Fraktion fühlen sich vernachlässigt.	Ich kümmere mich um das Gemeinwohl beziehungsweise um Eure Sorgen.
Appell	Bitte schließe das Fenster!	Gerne wieder!	Willy, jetzt regier' doch endlich!	Immer schön brav bleiben, Revolution ist nicht nötig.

XVIII. Quellen beobachten: Ernst Jüngers „In Stahlgewittern"

„Noch *wuchtet* der *Schatten* des Ungeheuren über uns. Der *gewaltigste* der Kriege ist uns noch zu nahe, als daß wir ihn ganz überblicken, geschweige denn seinen *Geist* sichtbar *auskristallisieren*

---

168 Diesen reichlich kritischen Satz über Bundeskanzler Willy Brandt schrieb der Spiegel im Jahre 1973 dem damaligen SPD-Fraktionsvorsitzenden im Bundestag zu, Herbert Wehner: „Was der Regierung fehlt, ist ein Kopf", in: Der Spiegel, Nr. 41/1973, S. 25–34, hier: S. 27.

169 So nachzulesen in Friedrichs „Antimachiavell": Die Werke Friedrichs des Großen, Band 7: Antimachiavell und Testamente, hg. v. Gustav Berthold Volz, übersetzt von Eberhard König/Friedrich v. Oppeln Bronikowski/Willy Rath, Berlin 1913, S. 154.

können. Eins hebt sich indes immer klarer aus der *Flut* der *Erschei-nungen:* Die *überragende* Bedeutung der *Materie.* Der Krieg gipfelte in der *Materialschlacht; Maschinen, Eisen* und *Sprengstoff* waren seine Faktoren. Selbst der *Mensch* wurde als *Material* gewertet. Die Verbände wurden wieder und wieder an den *Brennpunkten* der Front zur *Schlacke zerglüht, zurückgezogen* und einem *schematischen Gesundungsprozeß unterworfen.*"[170]

Vorschläge zur weiteren Erforschung:

▶ Um welchen Teil des Textes handelt es sich? Worum geht es? Wie verhielten sich diese ersten Zeilen von „In Stahlgewittern" zum Titel des Buches?

▶ Unter welchen Umständen entstand die hier zitierte Erstauflage von 1920, wann und wo genau? Wer war Ernst Jünger, als er diese erste Auflage verfasste?

▶ Wie stellte die Quelle den Ersten Weltkrieg dar? Welche sprachlichen Mittel (bis hin zum Satzbau) und Stilelemente (Superlative), welche Metaphern welchen Ursprungs nutzte der Autor? Wie lassen sich die hier kursiv hervorgehobenen Metaphern klassifizieren? Was bedeutet das wiederum für den Text?

▶ In welcher Tradition (oder auch: jenseits welcher Traditionen) standen diese Gestaltungsmittel? In wessen Nähe beziehungsweise Ferne stellte sich der Autor durch die Wahl dieser Mittel?

XIX. Selbst- und Fremddeutungen: Der „Aufruf an die Kulturwelt"
Im Aufruf „An die Kulturwelt!" fallen etwa die nachfolgend hervorgehobenen Deutungen auf: „*Wir* als Vertreter *deutscher Wissenschaft* und *Kultur* erheben vor der gesamten *Kulturwelt* Protest gegen die *Lügen und Verleumdungen,* mit denen *unsere Feinde* Deutschlands *reine Sache* in dem ihm *aufgezwungenen* schweren *Daseinskampfe* zu *beschmutzen* trachten. Der *eherne Mund der Ereignisse* hat die Ausstreuung *erdichteter deutscher Niederlagen* widerlegt. Um so eifriger arbeitet *man* jetzt mit *Entstellungen* und *Verdächtigungen.* Gegen sie erheben *wir* laut unsere Stimme. Sie soll die *Verkünderin* der *Wahrheit* sein."

Anhang

---

170 Jünger, Ernst: In Stahlgewittern. Historisch-kritische Ausgabe, hg. v. Helmuth Kiesel, Stuttgart ²2014, S. 18 [Hervorhebungen eingefügt].

Vorschläge für weitere semantische Studien:

▶ „Wir": Wer waren die Unterzeichner des Aufrufs, wie untermau-
erten sie ihren Anspruch, andere zu „vertreten"?

▶ „Kultur" und „Kulturwelt": Welche Assoziationen dürften die
Begriffe geweckt haben, wen schlossen sie ein respektive aus?

▶ „reine Sache": Welche Deutung des Kriegs liegt dieser Formulierung zugrunde?

▶ „schweren Daseinskampfe": Warum stand hier nicht einfach
„Krieg"?

▶ „Der eherne Mund der Ereignisse": Welche Bedeutung könnte
diese Metapher gehabt haben?

▶ „erdichteter deutscher Niederlagen": Was war damit gemeint?

▶ „man": Wer waren die Gegner, wie wurden sie schon in diesen
Zeilen charakterisiert? Welche Kausalitäten wurden konstruiert?

▶ „Verkünderin der Wahrheit": Ob die Autoren im Recht waren,
ist für die Analyse irrelevant – nicht aber, wie sie ihre „Wahrheit"
definiert haben. Was war damit gemeint?

XX. Wege zur Fragestellung: Was nun, Feldpostkarte?
Welche Zugänge zur Quelle (Transkription siehe S. 245) lassen sich
aus der entzifferten Postkarte gewinnen? Was für Erkenntnisse können daraus resultieren?

Zugänge	Mögliche Erkenntnisse
Ego-Dokument	Lebensgeschichte des Individuums: biographische Auslegung
Militärgeschichte	Rückschlüsse auf strategische und taktische Lage: Bewegungen oder Stillstand im Feld
Alltagsgeschichte bzw. „Geschichte von unten"	Kollektive Erlebnisse und Überzeugungen: „typische" Schilderungen
Politikgeschichte	Bewertungen des Krieges: politische Überzeugungen und ihr Wandel im Schützengraben
Sozialgeschichte	Soziale Differenzen im Krieg: schichtenspezifische, biswei-len konfligierende Kriegserlebnisse und Schreibweisen
Geschlechter-geschichte	„Männliche" Stereotype: Erkennen von Geschlechterrollen

Zugänge	Mögliche Erkenntnisse
Wahrnehmungs-geschichte	Deutungen des Krieges: Verhältnis zwischen Front und Hei-mat, Postkarten (allesamt zensiert!) als Teil der Propaganda
Kulturgeschichte	Handlungs- und Deutungsweisen: insbesondere Blick auf Kommunikationsprozesse

XXI. Eine Münze als Bildquelle: Caesars Propaganda im Bürgerkrieg

Die eine Seite der Münze zeigt die römische Göttin Venus, die hier vorliegende den mit ihrer Hilfe aus Troja geflohenen, später von Vergil in seinem Epos verherrlichten Aeneas – und zwar in einer äußerst muskulären und kraftvollen Gestalt: Er holt weit zum Schritt nach links aus und trägt in der einen Hand mit Leichtigkeit seinen greisen Vater Anchises, in der anderen, nach links ausgestreckten Hand das trojanische Palladion, das unterdessen zu einem römischen Staatsheiligtum geworden war. Der Sinn der Abbildung erschließt sich im Wissen darum, dass die gens Iulia – die aristokratische Familie, der Caesar entstammte – sich von Iulus ableitete, Sohn des Aeneas und der Legende nach der Ahnherr Roms. So lässt die Münze wesentliche Elemente der caesarischen Propaganda erkennen: die historische Anspielung auf die legendäre Gründung Roms, den Verweis auf die göttliche Abkunft der gens Iulia, die von Aeneas personifizierte urrömische Tugend der pietas als Pflichterfüllung gegenüber Eltern und Göttern, untrennbar verbunden mit der Berufung auf den besonderen Schutz der Götter.

XXII. Berninis Aeneas-Gruppe: Funktionen einer Skulptur

An der Skulptur und ihrer Bestimmung lassen sich die Besonderheiten des Kirchenstaates aufzeigen: eine absolute Monarchie, aber eben keine erbliche, in der Netzwerken – oder anders gesagt: Mikropolitik[171] – besondere Bedeutung zukam. Der Auftraggeber der Skulptur, Scipio Caffarelli Borghese, war Adoptivneffe des Papstes Paul V. (Camillo Borghese), der ihn zum Kardinal ernannte; er

---

171 Reinhard, Wolfgang: Paul V. Borghese (1605–1621). Mikropolitische Papstgeschichte, Stuttgart 2009, S. 4–22.

war also einer der sogenannten Kardinalnepoten, die das besondere Vertrauen des mit ihnen verwandten Papstes, zugleich aber das besondere Misstrauen aller anderen genossen – als absolut loyale Funktionsträger dienten sie dem Papst, sollten jedoch zugleich die Bedeutung ihrer Familie auch über den Tod des Papstes hinaus bewahren.[172] Der Kunstförderung kam dabei eine besondere Bedeutung zu: Der Kardinalnepot Scipio Borghese profilierte sich und seine Familie durch Mäzenatentum, investierte sozusagen in Prestige.[173]

Das antike Sujet bestand im Mythos von der Gründung des antiken Rom durch Nachfahren des aus Troja mit seinem Vater Anchises und seinem Sohn Iulus (auch Ascanius genannt) geflohenen Aeneas, wie sie aus Vergils „Aeneis" bekannt war. Schon dadurch geriet die Skulptur hochpolitisch, weil sie die weltlichen, historisch begründeten Machtansprüche des Kirchenstaats ebenso symbolisierte wie das Zusammenwirken des Papstes und seines Kardinalnepoten – ein muskelbepackter, junger Aeneas (Scipio Borghese), für seine Frömmigkeit gepriesen, ein unterstützungsbedürftiger greiser Anchises (Papst Paul V.), durchstilisiert bis hin zur Anspielung auf den Namen („Scipio" bedeutete zugleich „Stützstock"):[174] auch hier eine dreifache Treue zur Tradition, zur Familienehre und zur Kirche.

XXIII. Eine Bildquelle verstehen: Plakat aus dem Jahre 1917

1) Visuelle Bestandsaufnahme: Ein muskelstrotzender Mann holt mit einem langen Schwert weit zum Schlag gegen einen Löwen aus, der mit geöffnetem Maul schon halb am Boden liegt – im Plakatformat (86 auf 59 cm).

2) Ikonographische Analyse: Der Mann ist altertümlich gekleidet und führt ein archaisches Schwert. Seine Gürtung – auf zeitgenössischen Darstellungen sind etwa Hermann der Cherusker oder der mythische Siegfried ähnlich gewandet – lässt ihn als deutsch erscheinen; als Löwe wurde damals allegorisch das britische Empire dargestellt.

---

172 Emich, Birgit: Bürokratie und Nepotismus unter Paul V. (1605–1621). Studien zur frühneuzeitlichen Mikropolitik in Rom, Stuttgart 2001, S. 34–41.

173 Reinhardt, Volker: Kardinal Scipione Borghese (1605–1633). Vermögen, Finanzen und sozialer Aufstieg eines Papstnepoten, Tübingen 1984, S. 126.

174 Karsten, Arne: Bernini. Der Schöpfer des barocken Rom, München 2007, S. 28–33.

Die ungleichen Gegner befinden sich auf einem geradezu denk-
malartigen Podest, dessen Inschrift zwischen Eichen- und Lorbeer-
zweig zur Zeichnung einer nicht genauer beschriebenen deutschen
Kriegsanleihe aufruft. Hinter ihnen dehnt sich eine Wolke aus. Der
Aufruf ist als Monument der Kriegsanstrengung gedeutet, zu der es
nur noch die „letzten Schläge" brauche.

3) Ikonologische Deutung: Das Plakat ruft explizit zur Zeichnung
jener Kriegsanleihe auf, mit der die optisch schon angedeutete Nie-
derringung des britischen Empire angeblich vollendet werden könne.
Wie nah der Kriegserfolg sei, soll der bereits in die Knie gezwungene
Löwe zeigen. Das Lorbeerblatt steht ebenfalls für den vermeintlich
unmittelbar bevorstehenden Sieg, das Eichenblatt für „deutsche"
Wehrhaftigkeit. Die Wolke bringt die scheinbar mythische Szene mit
dem Schützengrabenkrieg in Verbindung: Sie könnte Druckwellen
von Explosionen oder Giftgas symbolisieren.

XXIV. Eine Simulation: Feldpostkarte aus dem Ersten Weltkrieg

Derartige Postkarten mussten erworben werden, waren selbst eine
Ware (an der in diesem Fall die Gebrüder Haeckel gut verdient haben
dürften); indem sich ein Soldat für ein bestimmtes Motiv entschied
(sofern er konkret die Auswahl hatte), vermittelte er wortwörtlich
ein bestimmtes Bild des Krieges an die Heimatfront. Der hier abge-
bildete Krieg war unter anderem: exklusiv männlich, siegreich („Mittagspause in Feindesland"), zerstörerisch (zerschossenes Dach), aber
unblutig (keine Toten oder Verletzten abgebildet), sauber (trock-
nende Wäsche, glänzende Stiefel), kameradschaftlich (keine Hierar-
chie zu erkennen), fröhlich (lächelnde Gesichter), nachgerade zivil
(die Soldaten tragen Schirmmützen statt Stahlhelm), eher roman-
tisch (man sieht Pferde, aber keine Waffen, nicht einmal Karabiner),
sonnig (statt im matschigen Schützengraben) – kurzum: ein schö-
ner Krieg, der hier simuliert wurde. Umso wichtiger ist das Wissen
um den Kontext des brutalen Frontalltags. Erst in diesem Kontrast
erschließt sich die spezifische Inszenierung des Bildes, mit dessen
Versand der Absender seine Adressatin offenkundig beruhigen
wollte – dazu passte auch der Text auf der Rückseite der Postkarte.

XXV. Graphische Kriegsführung:
Karikatur aus der napoleonischen Ära

Die Karikatur spielt auf den systematisch betriebenen Kunstraub an, der mit Napoleons Feldzügen verbunden war;[175] so ließ Napoleon nach seinem Einzug in Berlin im Oktober des Jahres 1806 auch die Quadriga mit der Siegesgöttin Victoria vom Brandenburger Tor abnehmen, um sie nach Paris zu verbringen und dort auf einem (dann allerdings nicht erstellten) Triumphbogen zu plazieren.[176] Die Karikatur spielt auf diese Abnahme an, die aber natürlich nicht durch Napoleon selbst geschah: Er wurde hier als gemeiner Dieb lächerlich gemacht, der sich klammheimlich eine persönliche Beute sicherte – nicht etwa als großer Feldherr, der einen Spezialeinsatz seiner Pioniere kommandierte. Das von Napoleon beabsichtigte Symbol der Demütigung des preußischen Königs und Preußens wurde vom Karikaturisten umgekehrt: indem er Napoleon eine denkbar niedrige Gesinnung anzeichnete. Man beachte den raffgierigen Blick des Kaisers!

---

175 Savoy, Bénédicte: Kunstraub. Napoleons Konfiszierungen in Deutschland und die europäischen Folgen, Wien 2010.
176 Siefart, Emil von: Aus der Geschichte des Brandenburger Tors und der Quadriga, Berlin 1912, S. 71–77.

Abbildungsverzeichnis

Sofern nicht anders angegeben, sind die schematischen Darstellungen und Scans von den Verfassern dieses Buches angefertigt worden.

Abb. 1, S. 19: Elemente des Historisch Arbeitens.

Abb. 2, S. 21: Der Einstieg in die Recherche.

Abb. 3, S. 29: Screenshot: Themenportal Erster Weltkrieg der Bibliothek für Zeitgeschichte in der Württembergischen Landesbibliothek, Stuttgart. Quelle: http://www.wlb-stuttgart.de/sammlungen/bibliothek-fuer-zeitgeschichte/themenportal-erster-weltkrieg (Stand: 24. Juni 2018).

Abb. 4, S. 33: Screenshot: Bundesarchiv, Zentrale Datenbank Nachlässe (ZDN). Quelle: http://www.nachlassdatenbank.de (Stand: 24. Juni 2018).

Abb. 5, S. 34: Formen der Literatur-Recherche.

Abb. 6, S. 35: Die Schneeballsuche.

Abb. 7, S. 38: Screenshot: Erweiterte Suche des USB-Portals, © Universitäts- und Stadtbibliothek Köln. Quelle: https://www.ub.uni-koeln.de/usbportal?service=searchmask&mode=ext (Stand: 24. Juni 2018).

Abb. 8, S. 39: Deutsche Bibliotheksverbünde. CC BY-SA 3.0. Quelle: https://de.wikipedia.org/wiki/Bibliotheksverbund#/media/File:Karte_Bibliotheksverb%C3%BCnde_Deutschland.png. User: Lencer. Titel: Bibliotheksverbünde in Deutschland (Stand: 24. Juni 2018).

Abb. 9, S. 40: Screenshot: Karlsruher Virtueller Katalog. Quelle: https://kvk.bibliothek.kit.edu (Stand: 24. Juni 2018).

Abb. 10, S. 41: Screenshot: Portale wie historicum.net helfen bei der Orientierung in den aktuellen digitalen Angeboten. Quelle: https://www.historicum.net/recherche/chronicon (Stand: 24. Juni 2018).

Abb. 11, S. 46: Screenshot: Wikipedia: Artikel August von Mackensen, Auszug. Quelle: https://de.wikipedia.org/wiki/August_von_Mackensen (Stand: 24. Juni 2018).

Abb. 12, S. 48: Screenshot: Kombinierte Stichwort-/Schlagwortsuche: „Kriegswahrnehmung" + „Erster Weltkrieg" im OPAC der Bayerischen Staatsbibliothek. Katalog OPACplus der Bayerischen

Staatsbibliothek, München. Quelle: https://opacplus.bsb-muenchen.de/metaopac/start.do (Stand: 24. Juni 2018).

Abb. 13, S. 51: Screenshot: Rechercheergebnis auf Basis der Digi-Bib-Suchmaschinensuche in den NRW-Verbundindices des hbz, Stichwortsuche: „Kriegsbegeisterung". Quelle: https://www.hbz-nrw.de/literatursuche (Stand: 05. April 2018).

Abb. 14, S. 53: Screenshot: Ergebnis einer Recherche im OPAC des GBV, Titelstichwortsuche „Langemarck". Quelle: https://gso.gbv.de (Stand: 24. Juni 2018).

Abb. 15, S. 54: Screenshot: Ergebnis einer Recherche im OPAC der Universitätsbibliothek Wuppertal, freie Suche nach „Langemarck". Quelle: https://www.bib.uni-wuppertal.de (Stand: 24. Juni 2018).

Abb. 16, S. 56: Screenshot: Provisorische Arbeitsbibliographie.

Abb. 17, S. 67: Schriftliche Quellen zum Ersten Weltkrieg: Ansätze zu einer schematischen Aufstellung.

Abb. 18, S. 75: Stahlhelm – Auszug aus einer zeitgenössischen Zeichnung. Quelle: Die Gartenlaube, Nr. 1/1917, S. 1.

Abb. 19, S. 87: Feldpostkarte, versandt am 17. April 1916: Der Europäische Krieg. Wirklichkeitsbilder vom Kriegsschauplatz, Nr. 131: Mittagspause im Feindesland, Maße: 13,7 × 8,7 cm, Privatbesitz Thorsten Beigel, Rückseite.

Abb. 20, S. 92: Schaubild: Zur Quelle hin denken.

Abb. 21, S. 93: Schaubild: Aus der Quelle heraus denken.

Abb. 22, S. 110: Auszug aus dem Heeresbericht vom 11. November 1914. Quelle: Der Weltkrieg, hg. vom General-Anzeiger Elberfeld-Barmen, Essen 1915, S. 175.

Abb. 23, S. 122: Zur Erstürmung von Dixmuiden. Erschienen in der Königsberger Hartungschen Zeitung am Donnerstag, den 12. November 1914, Nr. 531, auf Seite 2. Staatsbibliothek zu Berlin – Preußischer Kulturbesitz Zeitungsabteilung. © bpk.

Abb. 24, S. 127: Schaubild: Der Gang der Denkbewegung.

Abb. 25, S. 143: Feldpostkarte, versandt am 17. April 1916: Der Europäische Krieg. Wirklichkeitsbilder vom Kriegsschauplatz, Nr. 131: Mittagspause im Feindesland, Maße: 13,7 × 8,7 cm, Privatbesitz Thorsten Beigel, Vorder- und Rückseite.

Abb. 26, S. 188: Römischer Denar, 47/46 v. Chr., Afrika. Quelle: Numismatische Bilddatenbank Eichstätt, http://www.nbeonline.

de (Stand: 24. Juni 2018). Beleg bei: Crawford, Michael: Roman Republican Coinage, 2 Bände, Cambridge 1975, Nr. 458/1.

Abb. 27, S. 188: Gianlorenzo Bernini: Aeneas, Anchises und Ascanius, Galleria Borghese, Rom. Quelle: Digitale Diathek, Technische Universität Berlin, Institut für Kunstgeschichte.

Abb. 28, S. 189: Gerd Paul: Es gilt, die letzten Schläge, den Sieg zu vollenden! Zeichnet Kriegsanleihe! Werbeplakat, 1917, Maße: 86 auf 59 cm. Quelle: Eybl, Plakatmuseum Wien/Wikimedia Commons, https://upload.wikimedia.org/wikipedia/commons/9/9b/20_Sammlung_Eybl_Deutsches_Reich._Gerd_Paul._Es_gilt_die_letzten_Schl%C3%A4ge_den_Sieg_zu_vollenden%21_Ohne_Jahr%2C_86_x_59_cm._%28Slg.Nr._197%29.jpg (Stand: 24. Juni 2018).

Abb. 29, S. 190: Nr. 131: Feldpostkarte, versandt am 17. April 1916: Der Europäische Krieg. Wirklichkeitsbilder vom Kriegsschauplatz, Nr. 131: Mittagspause im Feindesland, Maße: 13,7 × 8,7 cm, Privatbesitz Thorsten Beigel, Vorderseite.

Abb. 30, S. 191: Der Pferdedieb von Berlin, Karikatur, 1806. Quelle: Kunstbibliothek, Staatliche Museen zu Berlin. © bpk/Kunstbibliothek, SMB/Knud Petersen.

Abb. 31, S. 194: Schematische Darstellung: Deckblatt einer Hausarbeit.

Abb. 32, S. 195: Schematische Darstellung: Aufbau eines Inhaltsverzeichnisses Hausarbeit.

Abb. 33, S. 196: Schematische Darstellung: Aufbau einer Textseite einer Hausarbeit.

Abb. 34, S. 197: Schematische Darstellung: Haupttext und Fußnoten.

Abb. 35, S. 198: Schematische Darstellung: Gelungenes Layout – ein Beispiel.

Abb. 36, S. 199: Schematischer Aufbau der Bibliographie.

Abb. 37, S. 200: Beispiel eines Anhangs mit Abbildung: Feldpostkarte, versandt am 19. April 1916: Deutsche Kriegerkarte, Serie 1: „Vorm Feinde", Karte Nr. 3: „Sein Einziger.", Maße: 8,7 × 13,7 cm, Privatbesitz Thorsten Beigel, Vorderseite.

Abb. 38, S. 211: Beispiel einer Bibliographie.

Abb. 39, S. 225: Gestaltungsrichtlinien der Historischen Zeitschrift. Nach der Quelle: http://historische-zeitschrift.degruyter.com/gestaltungsrichtlinien (Stand: 24. Juni 2018).

Anhang

Nachwort

Ad fontes! Auch dieses Buch hat Quellen: Lehrveranstaltungen im Laufe unseres eigenen Studiums, weit über zweihundert selbst gegebene Lehrveranstaltungen, als Sekundärquellen auch Lehrveranstaltungen zahlreicher Kollegen. In allen diesen Quellen überwiegen die erfreulichen Eindrücke. Nun ist Geschichte in unserem gesellschaftlichen Alltag glücklicherweise bis heute präsent, doch eben ganz anders als in der Geschichtswissenschaft. Studenten (natürlich aller Geschlechter) eine Brücke über diese Kluft zu bauen, ist eine große Aufgabe, eine schöne, aber auch eine schwierige. Sie kennt mit anregenden Seminardiskussionen, spannenden Referaten und lesenswerten Hausarbeiten viele Erfolgserlebnisse. Aber sie bewirkt bisweilen auch Frustration: wenn unreflektierte Literaturauswahl eine fachliche Debatte verhindert, wenn unbeholfene Strukturierung einen noch so kompetenten Vortrag wirkungslos macht, wenn unglücklich komponierte Hausarbeiten den Zweck einer kundigen Quellenanalyse verfehlen.

Stoßseufzer auf allen Seiten begleiten den Universitätsalltag, weil alle Beteiligten im Grunde wissen: Viele der üblichen Stolperfallen auf dem Wege zur Erkenntnisbildung lassen sich vergleichsweise einfach umgehen. Historisch Arbeiten ist eigentlich ganz leicht. Es ist bisweilen nur schwer, genau zu beschreiben, worin es besteht. Diesen Versuch unternimmt das vorliegende Büchlein in seiner praxisnahen Herangehensweise. Wenn er gelingt, haben die Autoren daran das geringste Verdienst, Kai Pätzke vom Verlag Vandenhoeck & Ruprecht hingegen ein großes. Zu herzlichem Dank verbunden sind wir vielen Kollegen des Historischen Seminars der Bergischen Universität Wuppertal für Anekdoten und Anregungen aus dem kunterbunten Alltag der Lehre, insbesondere Herrn PD Dr. Arne Karsten, ohne dessen enthusiastische Initiative dieses Büchlein nie entstanden wäre, Herrn Dr. Rolf Kuithan für mediävistischen Rat – und den Herren Proff. Dres. Armin Eich sowie Gerrit Walther, die uns Freiräume für die intensive Arbeit am Text gelassen haben. Danken möchten wir auch den Riesen, auf deren Schultern wir stehen: jenen Studenten, deren Reaktionen uns zu dieser praxisnahen Handreichung inspiriert haben und deren Leidenschaft fürs Historisch Arbeiten die unsrige aufrechterhält. Es lebt sich ganz gut als Zwerg.

DIESES LEHRBUCH BIETET EINEN EINBLICK IN DIE IDEE UND PRAXIS DER PUBLIC HISTORY

Martin Lücke |
Irmgard Zündorf
**Einführung in
die Public History**

2018. 207 Seiten mit 8 Abb. und
2 Tab., kartoniert
ISBN 978-3-8252-4909-0

Im Unterschied zur »klassischen« akademischen Form der
Geschichtswissenschaft bietet Public History vor allem einen öffentlichkeitsbezogenen Zugang zur Geschichte. Zur
wissenschaftlichen und reflexiven Vorgehensweise und der
Auseinandersetzung mit den ästhetischen, politischen und
kommerziellen Dimensionen der Geschichte werden Hilfestel-
lungen und Impulse gegeben. Darüber hinaus zeigt das Buch
erweiterte Berufsperspektiven für Historikerinnen und Historiker in Verlagen, Museen, Gedenkstätten, Verbänden, Stiftungen und Agenturen auf.

Vandenhoeck & Ruprecht Verlage

www.vandenhoeck-ruprecht-verlage.com

IN WELCHEN BEREICHEN DER GESCHICHTS-FORSCHUNG HILFSWISSENSCHAFTLICHES GRUNDWISSEN UNUMGÄNGLICH IST

Christian Rohr
Historische Hilfswissenschaften
Eine Einführung

2015. 284 Seiten mit 58 Abb., kartoniert
ISBN 978-3-8252-3755-4

Die Historischen Hilfswissenschaften haben auch für aktuelle Fragestellungen in der Geschichte ihre Bedeutung und sind deshalb ein fester Bestandteil des Geschichtsstudiums. Sie vermitteln die wichtigsten Kenntnisse für die Auswertung und Interpretation von Quellen, leisten aber auch einen Beitrag zur Wissenschafts- und Geistesgeschichte. Diese Einführung führt von der Zeit der Römer bis zum 20. Jh. und zeigt auf, in welchen Bereichen der Geschichtsforschung hilfswissenschaftliches Grundwissen unumgänglich ist.

Vandenhoeck & Ruprecht Verlage

www.vandenhoeck-ruprecht-verlage.com